CB047127

EU SOU

---✝---

*Características
da Revelação
Verbal*

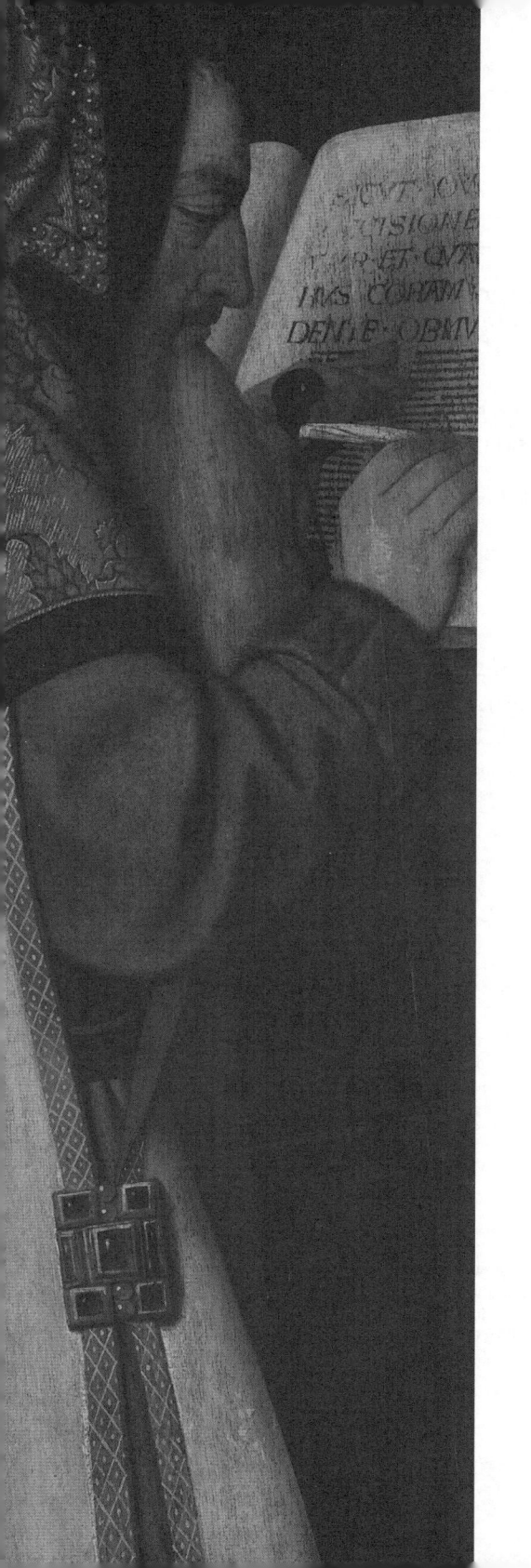

EU SOU

✝

Características da Revelação Verbal

✝

VOLUME III

HEBER CAMPOS

FIEL
Editora

C198e Campos, Heber Carlos de
   Eu sou : características da revelação verbal / Heber Campos. – São José dos Campos, SP: Fiel, 2018.

   394 p. – v. 3
   Inclui referências bibliográficas.
   ISBN 9788581325507

   1. Palavra de Deus (Teologia cristã). 2. Bíblia. I. Título.

CDD: 238.51

Catalogação na publicação: Mariana C. de Melo Pedrosa – CRB07/6477

EU SOU:
Características da Revelação Verbal
(Vol 3)
por Heber Carlos de Campos
Copyright © Heber Carlos de Campos 2018

■

Copyright © Fiel 2018
Primeira Edição em Português: 2018

Todos os direitos em língua portuguesa reservados por Editora Fiel da Missão Evangélica Literária

PROIBIDA A REPRODUÇÃO DESTE LIVRO POR QUAISQUER MEIOS, SEM A PERMISSÃO ESCRITA DOS EDITORES, SALVO EM BREVES CITAÇÕES, COM INDICAÇÃO DA FONTE.

■

Diretor: James Richard Denham III
Editor: Tiago J. Santos Filho
Revisão: Shirley Lima – Papiro Soluções Textuais
Diagramação: Rubner Durais
Capa: Rubner Durais

ISBN: 978-85-8132-550-7

FIEL
Editora

Caixa Postal 1601
CEP: 12230-971
São José dos Campos, SP
PABX: (12) 3919-9999
www.editorafiel.com.br

DEDICATÓRIA

À minha amada neta Sabrina,
filha primogênita de meus filhos Eduardo e Milena,
herdeira do pacto, dedico este livro.
Minha oração — que expressa o desejo do meu coração —
é para que ela venha a conhecer, de maneira eficaz, todas as
coisas espantosas da revelação divina e, assim, no tempo
apropriado, chegue ao pleno conhecimento do Deus único,
que tem sido o Deus de seus ancestrais.

AGRADECIMENTOS

Na confecção deste livro,
sou muito grato a vários acadêmicos do
Centro Presbiteriano de Pós-Graduação Andrew Jumper.
Todos estes me ajudaram com pesquisas específicas,
sem as quais meu livro seria mais pobre:

Alan Rennê Alexandrino Lima
Ewerton Barcelos Tokashiki
Gustavo Henrique Quintela França
Jair Bento Quirino
Ozéias Evalde Vieira

Minha oração é para que Deus abençoe
esses irmãos e os faça prósperos e diligentes nos
ministérios que receberam do Senhor Jesus.

SUMÁRIO

Prefácio 11

Introdução 17

Capítulo 1: A revelação divina é proposicional 21

Capítulo 2: Testemunhos sobre a revelação verbal proposicional 39

Capítulo 3: A negação da revelação verbal proposicional 49

Capítulo 4: A revelação verbal é sobrenatural 77

Capítulo 5: A revelação especial é histórica 95

Capítulo 6: A negação da historicidade da revelação 143

Capítulo 7: A revelação especial é progressiva 155

Capítulo 8: A revelação verbal é objetiva e subjetiva 249

Capítulo 9: Antecedentes da revelação verbal subjetiva 263

Capítulo 10: Efeitos da revelação verbal subjetiva 273

Capítulo 11: A revelação verbal pode ser objetiva sem ser subjetiva 285

Capítulo 12: A revelação verbal objetiva pode ser subjetivada 295

Capítulo 13: A revelação verbal é futura 315

Capítulo 14: A revelação verbal é admirável 355

PREFÁCIO

Ler e estudar este livro é tanger uma nota dissonante na melodia da cultura contemporânea – talvez um gesto surpreendentemente contracultural. No Ocidente já presenciou-se um tempo em que, tendo em vista sua abrangência e visto ser ela necessária a todos os ramos de conhecimento, a *Teologia* passou a ser vista como a "rainha das ciências". Ela suplantou inclusive a Filosofia que, no mundo greco-romano, reinava absoluta e inquestionavelmente. Porém, no mundo atual, a Teologia já não desfruta de muito prestígio. Este livro, entretanto, pelo que representa em si mesmo, relembra-nos que estudar Teologia é uma das atitudes mais importantes que podemos tomar, uma vez que existe uma relação entre aquilo em que cremos e a forma como vivemos.

Em uma cultura marcadamente caracterizada pelo caos, e mesmo no mundo evangélico mais amplo, encontraremos bastante dificuldade para motivar pessoas a interessarem-se por qualquer estudo de Teologia, quanto mais adicionando o adjetivo "sistemática". Trata-se de um conceito estranho à nossa cultura. *Teologia Sistemática* é um estudo ordenado da Bíblia. Significa responder à pergunta: "O que é que toda a Bíblia nos diz hoje sobre um certo assunto ou tópico?" Teologia Sistemática é uma maneira de olhar para a revelação de Deus que fortemente afirma a coerência e consistência de tudo o que Deus revela. Ela contribui decisivamente para que possamos ver mais plenamente e nos alegrarmos mais profundamente na glória de Deus. O salmista pediu ao Senhor: "Abre os meus olhos para que eu veja as maravilhas da tua lei" (Sl 119.18); e em outro lugar ele diz ao Senhor: "A soma da tua palavra é a verdade" (Sl 119.160). Estudar a Teologia Sistemática é vital, e devemos fazê-lo com intencionalidade e propósito.

A teologia cristã proclama a verdade fundamental e impactante de que Deus se revelou. De uma grandeza infinita, Deus habita em luz inacessível, a quem nenhum homem viu nem pode ver. "Nuvens e escuridão o rodeiam". Ele é "o Alto e o Sublime". Em princípio, Deus não pode ser comparado a nada; ou seja, ele não é exatamente como ninguém ou alguma coisa qualquer. "Porventura, desvendarás os arcanos de Deus ou penetrarás até à perfeição do Todo-Poderoso? Como as alturas dos céus é a sua sabedoria; que poderás fazer? Mais profunda é ela do que o abismo; que poderás saber? A sua medida é mais longa do que a terra e mais larga do que o mar." (Jó 11.7-9). Quão insondáveis são os seus juízos! Quão inescrutáveis, os seus caminhos! Quem, pois, conheceu a mente do Senhor? Quem guiou o Espírito do Senhor? "Com quem comparareis a Deus? Ou que cousa semelhante confrontareis com ele?... A quem, pois, me comparareis para que eu lhe seja igual? – diz o Santo" (Is 40.18, 25).

PREFÁCIO

Deus é transcendente. Ele está tão longe do homem em seu modo de ser, que este não pode vê-lo, nem encontrá-lo por mais que o tente, nem ler os seus pensamentos mediante habilidosas teorias. "Porque, assim como os céus são mais altos do que a terra, assim são os meus caminhos mais altos do que os vossos caminhos, e os meus pensamentos mais altos do que os vossos pensamentos" (Is 55.9). Ainda que o ser humano não houvesse pecado, não poderia conhecer a Deus sem que ele se revelasse. Acrescente-se, em tempo, que o homem agora é pecaminoso. Seus poderes de percepção, no terreno das coisas divinas têm sido de tal modo embotados, e sua mente está de tal maneira tomada desde o princípio de seus dias pela "sabedoria" que imagina ter – e que, aliás, está em luta contra o verdadeiro conhecimento de Deus –, que está muito além de seus poderes naturais compreender a Deus, como quer que Deus lhe seja apresentado.

Disto se conclui que a *revelação* de Deus é uma necessidade. O homem só poderia conhecer a Deus se este se desse a conhecer. A palavra portuguesa "revelar", deriva do latim *revelo*, que traduz a palavra hebraica e grega que expressam todas a mesma ideia – a de desvendar alguma coisa oculta, para que possa ser vista e conhecida conforme é. A palavra "revelação" assume sentido técnico para expressar a manifestação que Deus faz de si mesmo. "As coisas encobertas pertencem ao Senhor nosso Deus, mas as reveladas nos pertencem a nós e a nossos filhos para sempre, para que observemos todas as palavras desta lei" (Dt 29.29). As coisas reveladas nos pertencem para sempre. Devemos observá-las, obedecê-las. E, para tanto, devemos estudá-las, buscar compreendê-las e meditar nelas. Deus desejou fazer-se conhecido pelo homem; daí a razão de ele se revelar. O centro de toda a revelação é o próprio Deus.

Em nosso contexto cultural, já não muito confiante no valor da comunicação verbal para expressar a realidade, a Bíblia afirma: "Havendo Deus falado outrora... nestes últimos dias, nos falou..." (Hb 1.1-2). Deus comunicou-se com os seres humanos através da linguagem humana. Essa crença é fundamental! Embora possam ser frágeis e imperfeitas, as palavras humanas possuem, no entanto, a capacidade de operar como um meio através do qual Deus é capaz de se revelar, e se dar a conhecer. Como simples palavras podem fazer justiça à majestade de Deus? Como as palavras podem atravessar o enorme abismo que há entre Deus e a humanidade pecadora? João Calvino respondeu a essas questões salientando que Deus adapta a si mesmo às capacidades da mente e do coração humano. Deus se retrata de uma forma que somos capazes de compreender. Deus "reclinou-se" a fim de revelar-se a nós. A revelação, portanto, é um ato de condescendência divina, através do qual Deus transpõe o abismo entre si próprio e suas capacidades e a humanidade pecadora com suas frágeis potencialidades. E o fato de tê-lo feito em linguagem e forma humanas, é um sinal de seu amor misericordioso e de seu cuidado por nós.

O Dr. Heber Campos, valoroso e amado ministro presbiteriano, nobre e primoroso docente, e seguramente um de nossos mais eminentes sistematas no vasto mundo de língua portuguesa, dedicou-se ao laborioso empreendimento de nos oferecer uma preciosa série de vários volumes sobre a *Revelação Verbal*, a qual vem a público com o respeitável selo da Editora Fiel. Um propósito expresso pelo próprio autor é o de preencher uma lacuna na literatura evangélica. No primeiro volume, dedicou-se à *Doutrina da Revelação Verbal*; no segundo, aos *Modos da Revelação Verbal*; agora, neste exemplar que o leitor tem em mãos, às *Características da Revelação Verbal*. "Embora a maioria dos cristãos conheça alguma coisa sobre a revelação verbal, eles não contam com material disponível para trabalhar com suas várias características, que são muito ricas e esclarecedoras", observa o autor.

Que neste contexto de nossa cultura mais ampla, e de nossa realidade evangélica em particular, estes volumes, que até agora superam a soma de mil e duzentas páginas, acentuem nossa reverência ao verbo divino, conduzindo-nos ao deleite em sua amorosa, sublime e sábia palavra. "E quão preciosos me são, ó Deus, os teus pensamentos! Quão grande é a soma deles!" (Sl 139.17). O salmista reagiu maravilhado, pleno de uma alegria que o conduziu ao louvor pelo que Deus revelou acerca de si mesmo e seus atos. Que esta também seja a nossa resposta.

Gilson Carlos de Souza Santos
Pastor na Igreja Batista da Graça em São José dos Campos
Professor de Aconselhamento Cristão e
Ministério Pastoral no Seminário Martin Bucer
Presidente do Instituto Poimênica:
Apoio e promoção à poimênica cristã[1]
Setembro/2018

---

1 www.institutopoimenica.com

INTRODUÇÃO

Este é o terceiro livro da série sobre a Revelação Verbal de Deus. Com esta publicação, buscamos trazer material para estudo nos seminários teológicos e enriquecer os estudantes cristãos com um conteúdo extraído principalmente dos textos bíblicos. Além disso, as igrejas locais podem servir-se desta obra para embasar estudos que ajudem os crentes a entender não somente a história da revelação, mas também os objetivos de Deus ao revelar verdades sobre si, sobre os pecados e sobre a redenção dos seres humanos.

Entendemos que este livro adquire grande importância porque é inusitado, ao menos na forma como é apresentado. Existe pouco material publicado no que diz respeito a esse conteúdo em nossa língua e até mesmo na língua inglesa. Como já deixamos bem claro em publicações anteriores, um de nossos alvos ao escrever esta série de livros é preencher uma lacuna na literatura evangélica.

O primeiro livro desta série abordou a doutrina bíblica da Revelação Verbal. O segundo tratou dos "Modos da Revelação

Verbal". Agora, este terceiro livro aborda as "Características da Revelação Verbal". Embora a maioria dos cristãos conheça alguma coisa sobre a revelação verbal, eles não contam com material disponível para trabalhar com suas várias características, que são muito ricas e esclarecedoras.

Inicialmente, trabalhamos com o fato de a revelação ser proposicional. Isso é algo fundamental, em face da oposição de vários teólogos que negam a revelação verbal e as proposições (caps. 1-3). Em seguida, abordamos a sobrenaturalidade e a historicidade da revelação verbal. Na revelação, o eterno invade a história e, ali, Deus se dá a conhecer, mas isso é contestado por alguns teólogos renomados (caps. 4-6). Na sequência, vem a tônica da progressividade da revelação, um assunto bem conhecido, mas sem argumentos cuidadosamente elaborados (cap. 7). Após, expomos um ponto que poucos cristãos têm aprendido: a objetividade e a subjetividade da revelação verbal, ou seja, a internalização da verdade que está afirmada objetivamente nas Escrituras (caps. 8-12). Ao final, discorremos acerca de algo que tem sido negligenciado nos livros de teologia, sob o temor de gerar confusão: a doutrina do fechamento do cânon, afirmando a continuidade da revelação na glória futura (cap. 13).

O esforço conjunto para a elaboração deste livro certamente trará abertura para novas publicações futuras que venham a enriquecer a literatura cristã evangélica. Ao menos, é esse nosso desejo.

Oramos para que Deus ilumine a mente dos leitores deste livro e, assim, eles venham a ter muito mais apreciação e uma adoração mais refinada e sincera pelo Deus que se dá a conhecer tão maravilhosamente!

CAPÍTULO 1: ESTRUTURA

1. A VERDADE DE DEUS É PROPOSICIONAL[1]
2. AS PROPOSIÇÕES DA REVELAÇÃO DIVINA SÃO VERDADEIRAS
   A. As proposições são verdadeiras quanto às coisas naturais
   B. As proposições são verdadeiras quanto às coisas espirituais
3. AS PROPOSIÇÕES DA REVELAÇÃO SÃO O OBJETO DE NOSSA FÉ
4. ENGANOS SOBRE A REVELAÇÃO PROPOSICIONAL
   A. Não considere a revelação proposicional um amontoado de frases armazenadas num livro
   B. Não ENTENDA a revelação especial ligada unicamente à redenção
   C. Não reverencie a Bíblia em si mesma

---

[1] Esta parte tem o respaldo da pesquisa realizada pelo acadêmico Jair Bento Quirino, na disciplina "A Teologia da Revelação", ministrada no CPAJ, em 2015.

CAPÍTULO 1

A REVELAÇÃO DIVINA É PROPOSICIONAL

Em contraste com a *revelação geral*, que é feita por Deus por meio das obras da natureza, tratando-se, portanto, de uma revelação muda, a revelação especial é realizada pelo mesmo Deus em palavras. Por essa razão, aqui optamos pela nomenclatura *revelação verbal*, em detrimento de *revelação especial*, porque é essencialmente proposicional.

E o que é uma proposição? Uma proposição é a expressão verbal de algo que pode ser verdadeiro ou falso.

A revelação divina é composta de muitas proposições verbais que apontam para verdades históricas ou para verdades espirituais, com vistas à edificação do povo de Deus. Enfatiza-se a revelação proposicional para se combater uma ideia, como, por exemplo, a crença de que Deus se revela somente em atos da história, o que é o caso da teologia de Wolfhart Pannenberg e da teologia de Karl Barth, estudiosos que afirmam que Deus não se revela em palavras, mas em atos.

Todo o conteúdo da chamada revelação verbal é proposicional porque diz respeito à elaboração de verdades por meio de palavras dispostas de maneira a apontar para uma verdade que o escritor bíblico deseja comunicar.

1. A VERDADE DE DEUS É PROPOSICIONAL

> Havendo Deus, outrora, *falado*, muitas vezes e de muitas maneiras, aos pais, pelos profetas, nestes últimos dias, nos *falou* pelo Filho, a quem constituiu herdeiro de todas as cousas (Hb 1.1)

A tônica desse verso é a revelação verbal de Deus aos homens. Em todos os períodos da história da salvação, Deus se revelou aos homens em palavras. E, com frequência, essa revelação se deu de muitas maneiras, mas sempre em palavras.

Uma proposição é uma ideia concatenada, formada por palavras que não são lançadas a esmo, mas dispostas umas após as outras, produzindo um sentido e dando ao interlocutor (leitor ou ouvinte) a sensação de entendimento pleno. A revelação era, às vezes, primordialmente feita em palavras; outras vezes, era comunicada por atos explicados em palavras. Não há como negar essa verdade proposicional ensinada pela totalidade das Escrituras.

Toda verdade é essencialmente proposicional. Não existe verdade que não seja revelada e/ou explicada em palavras. Uma verdade é clara e tipicamente composta de proposições. Contra essa verdade, alguns teólogos se opõem, dizendo que a verdade pode ser vista como um encontro, como uma coisa experiencial. Ainda que pensemos na verdade como um encontro, esse encontro pessoal não tem sentido se não houver comunicação verbal entre aqueles que se encontram. As tentativas de contrariar a noção de revelação proposicional servem para negar que a Escritura é a Palavra infalível de Deus. Alguns desses teólogos querem minar a verdade proposicional da revelação para negar a doutrina da inerrância das Escrituras, pondo em dúvida, assim, a beleza da comunicação confiável entre Deus e os homens, registrada na Bíblia.

2. AS PROPOSIÇÕES DA REVELAÇÃO DIVINA SÃO VERDADEIRAS

Não somente a verdade é proposicional, como também as proposições da revelação divina são verdadeiras, quer nas coisas da esfera natural, quer nas da esfera sobrenatural. Em geral, começamos por explanar as coisas espirituais, depois as naturais, mas aqui vamos começar com as proposições que tratam das coisas da natureza.

A. As proposições são verdadeiras quanto às coisas naturais

> Pois, no caso, é verdadeiro o ditado: Um é o semeador, e outro é o ceifeiro (Jo 4.37).

Essa é uma proposição verbal a respeito de coisas da natureza. Esse verso, na verdade, é um provérbio que a Escritura descreve como verdadeiro: um é o que semeia e outro é o que colhe. Não há como não entender essa verdade, que não é absolutamente mística ou sobrenatural. Trata-se de uma verdade literal, verbal e proposicional das leis naturais estabelecidas por Deus. É uma verdade que deve ser entendida literalmente, pois não há como entendê-la de modo figurativo; é verbal porque nos foi dita em palavras; e é proposicional porque é composta de um conjunto de palavras que fazem sentido entre si. Em qualquer língua que possamos proferir este provérbio, ele será entendido, porque revela uma verdade proposicional a respeito de coisas da natureza.

> Porque semeiam ventos, e segarão tormentas (Os 8.7).

Essa é outra verdade que fala a respeito das coisas da natureza. De forma semelhante à verdade do texto anterior, é um enunciado verbal e proposicional. Todavia, diferentemente da verdade do texto antes comentado, trata-se de uma linguagem figurativa. Por essa razão, o enunciado não pode ser entendido literalmente, embora também seja uma proposição verdadeira.

Esses são apenas dois exemplos dos vários que existem apontando para as proposições verdadeiras a respeito das coisas da natureza.

B. as proposições são verdadeiras quanto às coisas espirituais

> Se eu testifico a respeito de mim mesmo, o meu testemunho não é verdadeiro (Jo 5.31).

Em uma leitura desatenta do versículo citado, poderia surgir o argumento de que Jesus sempre necessitava de algum testemunho para comprovar suas proposições. Ocorre que os judeus sempre exigiam mais de um testemunho para condenar ou justificar uma declaração (Dt 19.15; Mt 18.16; 2Co 13.1). Esses judeus não mudaram seu modo de agir em relação a Jesus. Exigiram também algum outro testemunho a respeito da veracidade das palavras proferidas por ele entre o povo. E Jesus confirma a preocupação daqueles religiosos sisudos no verso em questão.

Buscaram, por exemplo, o testemunho de João Batista para confrontá-lo com o testemunho de Jesus (Jo 5.33). Notamos o cuidado de Jesus em seguir o curso dos acontecimentos com aqueles que insistiam em descaracterizar sua mensagem. Entretanto, algo que Jesus fez questão de ensinar com toda a autoridade é que havia um testemunho muito maior do que o de João. Isso fica evidente na declaração veemente que faz, traduzida nas seguintes palavras:

> Mas eu tenho maior testemunho do que o de João; porque as obras que o Pai me confiou para que eu as realizasse, essas que eu faço, testemunham a meu respeito de que o Pai me enviou. O Pai, que me enviou, esse mesmo é que tem dado testemunho de mim. Jamais tendes ouvido a sua voz, nem visto a sua forma. Também não tendes a sua palavra permanente em vós, porque não credes naquele a quem ele enviou (Jo 5.36-38).

Depreende-se daí que as proposições espirituais só têm sentido quando apreendidas na forma espiritual. Isso implica dizer que qualquer testemunho, desprovido da ação soberana de Deus em comunicar algo, não pode ser reputado como um testemunho de sua revelação especial. Vemos, no texto citado, que o próprio Jesus submete-se ao testemunho daquele que o enviou. Em outras palavras, Jesus quer ensinar que o testemunho verdadeiro é aquele que está revestido de autoridade. Nesse aspecto, levando em conta o contexto no qual o verso 31 do capítulo 5 do evangelho de João está inserido, a proposição de Jesus nos leva à compreensão espiritual de que ele é a verdade, que seu testemunho é verdadeiro. É o que também se mostra claramente no verso a seguir:

> Outro é o que testifica a meu respeito, e sei que é verdadeiro o testemunho que ele dá de mim (Jo 5.32).

As verdades espirituais são entendidas por aqueles que são espirituais. É notório que Jesus entende perfeitamente sua missão e a traduz em proposições que comunicam suas verdades espirituais. Essas verdades espirituais são fidedignas e podem ser compreendidas quando o Espírito Santo de Deus age no coração do homem, despertando-o para uma nova vida, que o capacita a entender as coisas espirituais. Os judeus buscavam provas palatáveis que pudessem ser, *mutatis mutandis*, "arquivadas em algum tipo de processo comprobatório". Jesus afirma que *outro* (no grego ἄλλος)[1] era o que testificava a seu respeito, e era um testemunho verdadeiro ou válido (NVI). Mas os judeus, cegos em suas próprias convicções errôneas a respeito do Messias, não tinham seus corações abertos para as proposições que Jesus lhes expunha naquele momento. Em verdade, buscavam apenas uma ocasião para tentar desconstruir tudo aquilo que Jesus realizava em palavras e obras. Mas Jesus não necessitava de testemunho para comprovar o que dizia, pois ele fazia a obra do Pai, que o enviou. D. A. Carson considera o seguinte a esse respeito:

---

[1] ἄλλος significa "o outro, quando há apenas dois. Cf. Gerhardt Kittel e Gerhardt Friedrich. *Dicionário teológico do Novo Testamento*, v. I. São Paulo: Cultura Cristã, 2013, p. 48. John MacArthur Júnior uma importante contribuição ao entendimento do significado de *allos* quando afirma que é a mesma palavra que Jesus usou para descrever o Espírito Santo: "um outro (*allos*) Ajudador". Ele estava, com efeito, dizendo: "Eu estou lhes enviando um exatamente da mesma essência que eu". John MacArthur Jr., *Como ser crente em um mundo de descrentes*. São Paulo: Cultura Cristã, 2003, p. 94.

O Pai, que testifica nessa passagem, faz isso por causa de Jesus, para estabelecer o conteúdo da declaração do próprio Jesus sobre si mesmo: "Sei que o testemunho a meu respeito é válido".[2]

Um pouco mais adiante, o mesmo autor assinala o seguinte: Isso é precisamente o que garante que Jesus não está simplesmente testificando sobre si mesmo. Nesse contexto, o testemunho do Pai, só indiretamente, é para outros, ou seja, por meio de Jesus, que fala e faz o que seu Pai deseja.[3]

As proposições de Jesus, portanto, são verdadeiras em todos os sentidos, embora não sejam compreendidas por aqueles que estão alheios à necessidade premente de uma nova vida com o Filho de Deus. Essa nova vida passa a ter um novo significado porque é conduzida pelo Espírito Santo de Deus, que ilumina o coração regenerado, levando-o a compreensão espiritual da revelação proposicional de Deus.

> E iam muitos ter com ele e diziam: Realmente, João não fez nenhum sinal, porém tudo quanto disse a respeito deste era verdade (Jo 10.41).

João Batista, ao proclamar a respeito de Jesus e de seu ministério, tinha convicção de sua mensagem. Ele foi preparado por Deus para ser aquele que prepararia o caminho para o início do ministério de Jesus. Enquanto teve a oportunidade de proclamar as verdades espirituais acerca do reino messiânico, não necessitou realizar sinais. Apenas suas proposições foram suficientes para que,

---

2 D. A. Carson. *O comentário de João*. São Paulo: Shedd Publicações, 2011, p. 261.
3 Ibid., p. 261

já no ministério de Jesus, muitos daqueles que o seguiam compreendessem o real sentido espiritual de sua ousada pregação.

Esse entendimento espiritual de tudo o que Jesus declarava confirma que as proposições são verdadeiras quanto às coisas espirituais. Aqueles que creram em Jesus tiveram a grande oportunidade de confirmar suas esperanças na obra do Messias tão aguardado. Foram homens e mulheres que tinham seus corações inundados pelas proposições que vinham da boca do próprio Deus. "João não fez nenhum sinal", mas os milagres realizados por Jesus confirmavam a pregação de João Batista. Calvino pondera o seguinte sobre o versículo em análise:

> João não falava de si mesmo, e suas palavras mostravam que havia duas razões para que cressem em Cristo. Por um lado, eles viram que o testemunho que João dera a eles era verdadeiro; e, por outro lado, que os milagres de Cristo que eles recebiam eram de grande autoridade.[4]

Percebe-se claramente que houve um complemento perfeito entre aquilo que João Batista pregara e a obra realizada por Jesus. Desse modo, podemos nos valer de outra passagem no evangelho de João que assegura a importância da fé no testemunho do Filho de Deus:

> Aquele que isto viu testificou, sendo verdadeiro o seu testemunho; e ele sabe que diz a verdade, para que também vós creiais (Jo 19.35).

---

4 João Calvino. *John Calvin's Commentaries*. Disponível em http://biblehub.com/commentaries/calvin/john/10.htm. Acesso em 10 mar. 2015.

Nesse verso, fica evidente a importância do testemunho verdadeiro. Aquele que testifica tem sobre os ombros a grande responsabilidade de se cobrir com a verdade, para que possa ser crido.

Nesse contexto, está registrado o momento em que Jesus é retirado da cruz para ser sepultado. As palavras são de um observador que presenciava as ações dos soldados retirando o corpo de Jesus da cruz. É bem provável que aquele que estava presenciando os acontecimentos fosse o discípulo amado, João, o evangelista, embora alguns comentadores lancem outras possibilidades.[5]

Assim, o que pode ser posto em relevo nesse texto é que a proposição proferida pelo autor do evangelho está devidamente costurada à verdade com determinado fim: "para que também vós creiais". Crer, portanto, está intimamente ligado àquilo que é ouvido. As coisas que são ouvidas devem ser discernidas espiritualmente, e o fim último sempre é para que sejam cridas. A revelação especial de Deus não gera nenhum tipo de dúvida quando recebida pela orientação do Espírito Santo. O testemunho dos profetas, dos apóstolos e do próprio Jesus é a verdade revelada que nos conduz ao conhecimento de Deus e a que descansemos, seguros, em sua santa vontade. François Turretini esclarece: "Nossa fé não pode ser depositada no homem, mas unicamente em Deus, de quem depende o sentido e o significado das Escrituras e que é o melhor intérprete de suas próprias palavras".[6]

---

[5] Carson divide essas opiniões em três possibilidades: (1) O pronome *ekeinos* (ele) refere-se a Cristo ou a Deus; (2) o pronome *ekeinos* (ele) refere-se ao evangelista, mas a testemunha ocular é outra pessoa; (3) Com o pronome *ekeinos* (ele), a testemunha ocular refere-se a si mesma. Nesse caso, a pessoa mais provável é o próprio discípulo amado (D. A. Carson, op. cit., p. 627).

[6] François Turretini. *Compêndio de teologia apologética*. São Paulo: Cultura Cristã, 2011, v. I, p. 221.

As proposições encontradas nas Sagradas Escrituras são verdadeiras porque o autor é o próprio Deus. Nossa fé, portanto, deve estar firmada naquele que, por meio do Espírito Santo, nos leva à compreensão sadia das doutrinas que devem nortear nossa vida.

3) AS PROPOSIÇÕES DA REVELAÇÃO SÃO O OBJETO DE NOSSA FÉ

O relacionamento entre uma proposição e a fé é que esta depende daquela. Não existe fé sem haver uma proposição. Quando dizemos que cremos em Deus, temos de crer no que ele diz em palavras. O objeto da fé é sempre uma proposição. Ninguém pode crer em Jesus Cristo sem crer nas proposições feitas por ele, e uma proposição sempre é verbal. Quando alguém olha para um evento ou um quadro, essas coisas não podem ser objeto de sua fé. Para alguém crer, tem de crer ao menos nas palavras que explicam aquele evento ou quadro.

Quando uma pessoa crê em Jesus, não está crendo num ícone ou numa pintura, mas numa pessoa que se comunica verbalmente e que deixou suas palavras como herança e objeto de nossa fé. Ele disse a respeito de "crer em mim e nas minhas palavras" (Jo 5.24). A Escritura é o registro inspirado de palavras ditas diretamente por Cristo ou por alguém dirigido por ele. Para que creiamos no *logos* (palavra, verbo), temos de crer nos *logoi* (palavras) do *logos*. Isso porque somos bombardeados diariamente por várias espécies de proposições. Há uma polifonia ao nosso redor que pode, em certa medida, induzir-nos a cometer algum equívoco em nossa vida espiritual. As proposições podem ser construídas, inclusive, tendo como base alguma mentira.

A essa altura, surge a seguinte indagação: Como ter a certeza de que o que ouvimos contém algo que deve ser crido e a que devemos obedecer? Há duas formas de responder a essa questão:

Em primeiro lugar, é necessário que busquemos na palavra de Deus a segurança primordial na condução de nossas ações em todos os segmentos de nossa vida.

Em segundo, numa época em que tudo está imerso no relativismo, o grande "guarda-chuva" da pós-modernidade, faz-se necessário abandonar qualquer sinal de desvio da verdade única de Deus. Em outras palavras, o que vivemos deve, de fato, traduzir aquilo em que cremos.

Turretini tem razão quando afirma que "Deus não dependia das Escrituras, porém nos tornou dependentes dela".[7] Somos seres criados por Deus com a potencialidade de buscar constantemente o conhecimento. Todas as coisas criadas por Deus estão à nossa disposição para observação, exploração e estudo. No entanto, o conhecimento de Deus não se estabelece apenas em nosso potencial humano de descoberta. Necessitamos do próprio Deus para alcançar o entendimento de sua santa palavra; o que nos leva a entender que é necessária uma linguagem especial.

Bernard Ramm nos auxilia nessa compreensão ao expor o seguinte:

> Portanto, a linguagem como raiz do conhecimento é também raiz do conhecimento de Deus na revelação especial. Não pode haver conversação entre Deus e o homem se não houver antes *logos* (palavra). Desse *logos*, deriva a *logia* (conhecimento) de Deus. Por essa razão, a revelação especial em forma de linguagem é condição prévia ao conhecimento.[8]

---

7 François Turretini, op. cit., p. 106.
8 Bernard Ram. *Revelação especial e a palavra de Deus*. São Paulo: Editora Cristã Novo Século, 2004, p. 142.

Essa linguagem especial foi a que transformou o apóstolo Paulo, levando-o a uma confissão indelével: "Eu sei em quem tenho crido" (2Tm 1.12). Essa declaração de fé do apóstolo anulou qualquer possibilidade de questionamento de seu ministério por parte daqueles que estavam sempre à espreita para desqualificá-lo. A profissão de fé de Paulo deixou claro que suas proposições emanadas da pregação do evangelho não eram fruto de sua própria elaboração. Ele sabia, de fato, o que significava crer em Jesus.

Nesse sentido, crer implica ter fé. Mas fé *em que* ou *em quem*? Fé nas palavras de Jesus e fé na pessoa de Jesus. Não há como crer numa pessoa sem crer no que ela diz! Na carta aos Hebreus, capítulo 11, versículo 1, lemos o seguinte: "Ora, a fé é a certeza de coisas que se esperam, a convicção de fatos que se não veem".

O que nos chama a atenção nesse versículo é que, embora não possamos ainda enxergar a totalidade da revelação especial de Deus, podemos ter a certeza e também a convicção dos fatos que a Escritura nos ensina. As proposições encontradas nas Sagradas Escrituras revelam a verdade que nos conduz à esperança em Deus.

O Espírito Santo tem o poder de abrir nossos olhos espirituais para entendermos as proposições que compõem toda a Escritura Sagrada. A fé em Deus e no sacrifício suficiente de seu Filho Unigênito nos traz a segurança necessária para um viver comprometido com sua palavra. Mesmo imersos num contexto em que muitas proposições são elaboradas, levando em conta as tendências culturais, sociais e religiosas, torna-se urgente fincar o pé em terreno sólido. E isso só é possível tendo como fundamento as Escrituras.

J. I. Packer faz uma constatação que comprova claramente o grande perigo de se deixar levar por aquilo que não esteja em conformidade com a palavra de Deus:

O que, então, dizer da maioria das nossas igrejas atualmente? Pois em tempo algum, desde a Reforma, os cristãos protestantes, como um corpo, têm estado tão inseguros, incertos e confusos quanto ao que devem crer e fazer. De ponta a ponta, falta certeza sobre os assuntos importantes da fé e da conduta cristã. O observador externo nos vê como pessoas que cambaleiam, passando de um truque publicitário a outro e de acrobacia em acrobacia, como muitos bêbados numa neblina, não sabendo de modo algum onde estamos ou em que direção deveríamos estar caminhando. A pregação é obscura; as cabeças estão desnorteadas; os corações, inquietos; as dúvidas sugam as nossas forças; a incerteza paralisa a ação.[9]

As proposições que encontramos na palavra de Deus são o objeto de nossa fé. Nosso coração, portanto, sempre deve ser alimentado por essas proposições divinas que nutrem nossa vida espiritual e nos capacitam a identificar o que realmente é verdadeiro.

4. ENGANOS SOBRE A REVELAÇÃO PROPOSICIONAL
Antes de tratar mais detalhadamente da revelação proposicional, temos de corrigir alguns enganos.

> A. Não considere a revelação proposicional um amontoado de frases armazenadas num livro
> Se, por revelação proposicional, se quer dizer que certas proposições foram divinamente reveladas e armazenadas num livro e que esta é a estória toda, então o conceito é corretamente rejeitado.[10]

---
9 J. I. Packer. *Havendo Deus falado*. São Paulo: Cultura Cristã, 2009, p. 31.
10 Leon Morris. *I Believe in Revelation*. London: Hodder and Stoughton, 1976, p. 113.

Há uma harmonia e uma sequência inteligente no conjunto de proposições encontradas na Escritura. As proposições ali encontradas não são um amontoado de frases, nem são lançadas a esmo. No entanto, são frases que não somente fazem sentido, como também apresentam um plano divino maravilhosamente elaborado e revelado, especialmente se considerarmos que a Escritura é um livro composto de 66 livros escritos por cerca de quarenta autores diferentes, em épocas e contextos distintos, um sendo a explicação do outro e harmonizando-se perfeitamente entre si. A revelação proposicional de Deus é harmônica e consistente.

B. Não ENTENDA a revelação especial ligada unicamente à redenção

É verdade que a maior parte da revelação especial tem caráter redentor, porque, a partir da Queda no Éden, Deus anunciou proposicional e profeticamente a redenção humana que seria trazida pela descendência da mulher (Gn 3.15).

Todavia, a revelação especial, que é a revelação verbal, precede a Queda. Deus já se comunicava verbalmente com sua criatura na beleza do Éden. Havia diálogos entre Deus e Adão. Geerhardus Vos chama essa comunicação de "revelação especial pré-redentora".[11]

A ideia de redenção deve vir antes da ideia de revelação especial redentora. É verdade que a redenção foi planejada antes da fundação do mundo (como também a Queda), mas a revelação da redenção só aconteceu após a Queda. Deus se revelou redentoramente por causa do pecado humano, a fim de atender às necessidades dos seres humanos pecadores. É um

---

11 Geerhardus Vos. *Biblical Theology*. Grand Rapids: Eerdmans, 1980, p. 27.

erro considerar a revelação proposicional simplesmente posterior à queda, porque revelação especial não é sinônimo de revelação salvadora, mas de revelação verbal. Portanto, a revelação proposicional não somente segue-se à Queda, como também a precede.

E. Carnell assume uma posição diferente. Ele afirma prioritariamente a noção de eventos antes de palavras. Ele disse: "Conceber a Bíblia como a revelação primária é uma heresia. Se não tivesse havido quaisquer eventos redentores, não haveria nenhuma teologia".[12] Obviamente, Carnell tenta evitar a proposicionalidade da revelação, afirmando os eventos antes das palavras. Essa é uma tentativa típica da neo-ortodoxia. Mesmo quando Deus se revela em eventos, não fazem sentido algum quando não são explicados por palavras. Se as palavras não estiverem presentes, a revelação fica muda, deixando de ser revelação especial e passando a ser revelação natural.

Ainda que não sejamos totalmente contrários à ideia de que a revelação é um encontro de Deus com o homem, não podemos nos esquecer de que os encontros são recheados de comunicação verbal. Do contrário, eles seriam ininteligíveis. Os encontros face a face com Deus são entremeados de expressões proposicionais redentoras, especialmente da parte de Deus, em suas teofanias.

C. Não reverencie a Bíblia em si mesma

A Bíblia é apenas um meio estabelecido para um fim maior: a redenção do pecador. Por meio das verdades registradas na Escritura, chegamos ao conhecimento da salvação produzida pelo Deus triúno. Entretanto, a Bíblia

---

[12] E. Carnell. *The Case for Orthodox Theology*. Filadélfia, 1959, p. 49.

não deve ser venerada pelo que é em si mesma e reverenciada como um objeto religioso produzido por um processo divino, de modo que os homens possam atribuir a ela o devido respeito.[13]

Devemos ter respeito pela Escritura, mas não devemos colocá-la em pé de igualdade com seu Revelador. Deus não é equivalente à Escritura, mas a Escritura revela quem é Deus. Portanto, ela não pode ser adorada; ela não pode ser tocada nem mesmo manuseada por causa de sua santidade. Não atribua à Escritura o que é devido somente a Deus.

Todavia, devemos considerá-la o grande instrumento que Deus nos deu para que conhecêssemos a revelação a respeito de si próprio, de nós mesmos e de nossas necessidades, bem como das respectivas soluções.

---

13 Leon Morris, op. cit., 114.

CAPÍTULO 2: ESTRUTURA

1. TESTEMUNHO DA IGREJA APOSTÓLICA SOBRE A REVELAÇÃO PROPOSICIONAL
   A. Estêvão chama às Escrituras "Oráculos Vivos"
   B. Paulo chama às Escrituras "Oráculos de Deus"
   C. O autor de Hebreus chama às Escrituras "Oráculos de Deus"
   D. Pedro chama às Escrituras "Oráculos de Deus"

2. TESTEMUNHO TEXTUAL DA REVELAÇÃO PROPOSICIONAL
   A. Deus *falou* na revelação do Antigo Testamento
   B. Deus *falou* na revelação do Novo Testamento

3. TESTEMUNHO DE CRISTO SOBRE A REVELAÇÃO PROPOSICIONAL

CAPÍTULO 2
OS TESTEMUNHOS SOBRE A REVELAÇÃO VERBAL PROPOSICIONAL

Aqui, são expostos três tipos de testemunho fundamentais, no sentido de mostrar a proposicionalidade da revelação: o testemunho da igreja apostólica, o testemunho textual da Escritura e o testemunho daquele que tem maior autoridade, que é o próprio Senhor Jesus.

1. TESTEMUNHO DA IGREJA APOSTÓLICA SOBRE A REVELAÇÃO PROPOSICIONAL

A Escritura vê a si mesma como a revelação divina na forma escrita, e as palavras são o meio que Deus escolheu para se revelar oracularmente aos homens.

Um oráculo é uma *declaração revelacional*, ou uma *verdade revelada*. A característica de um oráculo é ser composto totalmente de palavras ou proposições. Todavia, existem casos em que Deus se revela em eventos, mas ninguém os compreenderia se não houvesse a revelação proposicional que explica esses eventos. A revelação proposicional deve ser considerada a palavra que vem de Deus, imediata ou mediatamente. Esse é o sentido pretendido pelos escritores da Bíblia quando se referiam aos "oráculos de Deus".

Deus é o autor das palavras; os homens registram as palavras divinas. A expressão "oráculos de Deus" só pode exprimir palavras emitidas e registradas, que são as palavras de Deus; e, se são palavras de Deus, consistem em sua revelação aos homens. Por essa razão, são devidamente chamadas "oráculos".

A. Estêvão chama às Escrituras "Oráculos Vivos"

> É este Moisés quem esteve na congregação no deserto, com o anjo que lhe falava no Monte Sinai e com os nossos pais; o qual recebeu *palavras vivas* para no-las transmitir (At 7.38).

Nessa passagem, a Lei do Sinai, no Antigo Testamento, é considerada por Estêvão "palavras vivas" ou "oráculos vivos". Ele usa o mesmo termo grego aplicado por Paulo: *logia*.

Comentando esse texto, o puritano John Gill observa que, como parte de sua defesa, Estêvão recorre aos antepassados judeus, especialmente a Moisés, libertador e governador dos israelitas, enfatizando que ele recebeu as palavras de vida que são reconhecidas como "oráculos". São chamadas oráculos porque vieram da mente e da vontade de Deus. Foram declarações certas e infalíveis de Deus; são chamadas "vivas" porque foram entregues de "viva voz", com um voz articulada e sons audíveis.[1]

---

1 Disponível em http://www.freegrace.net/gill/. Acesso em set. 2015.

B. Paulo chama às Escrituras "Oráculos de Deus"

(...) porque aos judeus foram confiados *os oráculos de Deus* (Rm 3.2).

Theodore Beza, sucessor de Calvino em Genebra, entende que, por *ta logia* (oráculos), o apóstolo Paulo está se referindo à lei, enquanto outros, como Grotius, Tholuck, entre outros, referem-se a promessas messiânicas. Outros como Calvino, Rosenmüller e de Wette referem-se à totalidade das Escrituras. Hodge prefere essa última posição, em que o texto aponta para a revelação verbal de Deus no Antigo Testamento. Cremos que, de fato, o contexto não limita o significado de *ta logia*. No entanto, aponta para o tesouro revelador em forma de proposições confiadas aos judeus do antigo pacto.[2]

Dizer que as Escrituras são "oráculos de Deus" é um reconhecimento que implica sua autoridade. Esses oráculos são afirmações proposicionais absolutamente confiáveis. Os judeus foram os primeiros a receber esses oráculos. Provavelmente nenhuma pessoa de outra origem recebeu os oráculos de Deus, já que praticamente todos os escritores das Escrituras tinham ascendência judaica. Nesse sentido, somente os judeus receberam os oráculos de Deus.

Dessa maneira, Paulo está afirmando aos crentes gentios de Roma que os judeus haviam recebido originariamente todas as palavras normativas de Deus. Em tese, somente eles tinham a luz da revelação verbal para se portar convenientemente (ainda que não se tenham portado assim!); somente eles haviam sido originalmente familiarizados com as doutrinas da criação, da messianidade, do sacrifício e da ressurreição de Jesus, coisas das quais só posterior-

---
2 Ibid.

mente os gentios tomaram conhecimento. É com esse espírito que Paulo disse que "aos judeus foram confiados os oráculos de Deus".

C. O autor de Hebreus chama às Escrituras "Oráculos de Deus"

> Pois, com efeito, quando devíeis ser mestres, atendendo ao tempo decorrido, tendes necessidade novamente de alguém que vos ensine, de novo, quais são os princípios elementares dos *oráculos de Deus*; assim vos tornastes como necessitados de leite, e não de alimento sólido (Hb 5.12).

Embora já tenhamos visto que John Gill considera a expressão "oráculos de Deus" uma referência às Escrituras, não podemos nos esquecer de que muitos crentes ainda estavam marcando passo no ensino básico do evangelho — chamado pelo escritor de Hebreus "princípios elementares" (*stoicheia*), os quais descrevem os ensinos primários de uma verdade.

Os Oráculos de Deus contêm não somente os "princípios elementares", mas também toda a verdade ou a totalidade do conselho de Deus, para que os adultos na fé possam conhecer. Por essa razão, os Oráculos de Deus devem ser estudados com afinco, a fim de que não haja, por muito tempo, crianças em Cristo, mas crianças que começam a comer alimento sólido.

D. Pedro chama às Escrituras "Oráculos de Deus"

> **Se alguém fala,** fale de acordo com *os oráculos de Deus* (...) (1Pe 4.11).

Nessa passagem, Pedro toma a expressão "oráculos de Deus" como um padrão de verdade a ser seguido. Os oráculos de Deus devem ser a fonte com a qual os homens de Deus trabalhem. Todos os que possuem dons espirituais ligados à pregação, ao ensino, ao pastoreio e aos evangelistas devem tomar a Escritura (oráculos de Deus) como a fonte da qual retiram suas palavras.

Nossas proposições devem ter como fundamento as proposições de Deus. Nossa palavra deve ter como fundamento as palavras de Deus.

2. TESTEMUNHO TEXTUAL DA REVELAÇÃO PROPOSICIONAL

Quando examinamos os muitos textos da Escritura, chegamos à conclusão de que afirmam categoricamente a proposicionalidade da revelação divina.

Todas as coisas que sabemos sobre Deus advêm da revelação divina em palavras. Se ele não falasse, não saberíamos nada dele. Sabemos que ele é *Criador* (Hb 11.3); que ele é Provedor (Fp 4.19); e que ele é Redentor (Rm 11.26), por causa das informações proposicionais que recebemos nas Santas Escrituras. Sabemos das coisas passadas e das coisas futuras, do céu e do inferno, da salvação e da perdição, tudo com base na revelação proposicional, pois elas têm a ver com a verbalização profética que Deus deu aos homens.

A. Deus *falou* na revelação do Antigo Testamento

Um escritor do Novo Testamento afirmou categoricamente que, no Antigo Testamento, Deus se revelou de modo proposicional.

> Havendo Deus, outrora, falado, muitas vezes e de muitas maneiras, aos pais, pelos profetas, nestes últimos dias, nos falou pelo Filho, a quem constituiu herdeiro de todas as coisas, pelo qual também fez o universo (Hb 1.1-2).

Deus iniciou alguns de seus oráculos dizendo: "Eu sou o Deus de Abraão, Isaque e Jacó". Deus sempre se comunicou verbalmente com os homens. Nunca houve uma só vez em que Deus se tenha revelado aos homens sem palavras.

Observe o caso da visão de Isaías, por exemplo. Na revelação por meio de uma visão, o evento (a visão em si mesma) não é revelacional, mas, sim, o conteúdo da visão (os conceitos que Deus dá a conhecer por meio da visão). O evento em si mesmo não revelaria nada a Isaías se não houvesse palavras relacionadas ao que ele estava vendo. Foram as palavras que ele ouviu que tornaram aquela visão significativa.

Os conceitos transmitidos por meio de sonhos e visões são apreendidos porque os videntes e os sonhadores não somente viam alguma coisa, como também ouviam uma elocução proposicional. Os conceitos emitidos proposicionalmente eram apreendidos pelos videntes por meio da ação do Espírito Santo, que estava neles. Uma das revelações proposicionais mais importantes está registrada em Daniel 7, que trata do Filho do Homem. O que ele viu foi importante por causa da interpretação verbal que ouviu, que não pode ser entendida de outra maneira senão como "revelação proposicional".

B. Deus *falou* na revelação do Novo Testamento

O verbo grego *laleo* [falar] é usado muitas vezes para denotar o fato de Deus se comunicar em palavras com os homens.

Tome o caso da verdade de Deus que veio ao profeta João Batista. O evangelista Lucas reporta-se às palavras de Deus vindas ao profeta da seguinte forma: "sendo sumos sacerdotes Anás e Caifás, *veio a palavra de Deus a João,* filho de Zacarias, no deserto" (Lc 3.2).

Note o caso da revelação verbal de Deus no batismo de Jesus. Os destinatários imediatos da revelação ouviram Deus *falar,* por exemplo, no batismo de Jesus Cristo: "Este é o meu Filho amado, a ele ouvi". Essa voz foi claramente ouvida por todos os presentes naquele evento singular.

O texto fundamental dessa verdade está em Hebreus: "Havendo Deus *outrora falado* muitas vezes, e de muitas maneiras, aos pais, pelos profetas, nestes últimos dias *nos falou* através do Filho (...)". Durante todo o tempo que esteve entre nós, Jesus Cristo, o revelador divino, falou verdades sobre seu Pai, sobre si e sobre nós mesmos. As palavras reveladoras de Jesus são espírito e vida!

A revelação divina é verbal. Por isso, para Deus, a revelação é um fenômeno *dictivo,* enquanto, para nós, o fenômeno é *auditivo.* Deus fala palavras que formam uma proposição e nós ouvimos a revelação divina, que é verbal.

3. TESTEMUNHO DE CRISTO SOBRE A REVELAÇÃO PROPOSICIONAL

Um oráculo é um discurso revelacional composto exclusivamente por palavras. As palavras podem ser descritivas de atos divinos ou de um conceito expresso por Deus. De qualquer forma, as palavras formam proposições que são chamadas *oráculos.* Jesus cria que Deus se revelava em proposições, e ele próprio se dirigia aos seus ouvintes em palavras, que são chamadas *palavras vivificadoras!* Ele disse: "As minhas palavras são espírito e são vida!".

Jesus cria que as palavras, que formam proposições, devem ser ouvidas e cridas pelos homens que as ouvem ou as leem. Jesus cria na revelação proposicional do Antigo Testamento.

> Então, respondeu ele: Não *tendes lido* que o Criador, desde o princípio, os fez homem e mulher *e que disse*: Por esta causa deixará o homem pai e mãe e se unirá a sua mulher, tornando-se os dois uma só carne? (Mt 19.4-5).

Nessa passagem, existem dois pontos significativos registrados por Mateus. Jesus disse aos seus objetores: "Não tendes lido". Só podemos ler palavras. Não há outro tipo de entendimento. Além disso, Jesus afirmou que Deus "disse". As coisas ditas não podem ser expressas senão em palavras, que formam proposições. Jesus cria que seu Pai emitia conceitos e ideias por meio de palavras. Portanto, a revelação em que Jesus cria era eminentemente verbal/proposicional.

> E quanto à ressurreição dos mortos, não tendes lido o que *Deus vos declarou:* Eu sou o Deus de Abraão, o Deus de Isaque e o Deus de Jacó (...) (Mt 22.31).

Jesus Cristo cria na revelação proposicional quando falou essa verdade aos saduceus que não criam na ressurreição. Não pode haver qualquer "declaração" que não seja expressa em palavras!

Mesmo quando Deus enviava revelações por meio de sonhos ou visões, tudo o que eles viam era explicado em palavras. Não há como comunicar aos homens alguma verdade que não seja por meio de palavras. Inclusive em relação aos elementos da natureza, todos os eventos tinham alguma explicação verbal, para que os homens entendessem as verdades de Deus.

CAPÍTULO 3: ESTRUTURA

1. Negação da Revelação Proposicional em Barth
    A. Deus se revela em Eventos, Não em Palavras
    B. Deus se revela em presença, não em palavras escritas
    C. Deus se revela no presente, não só no passado

2. Negação da Revelação Proposicional no NeoEvangelicalismo
    A. Revelação em eventos, não em palavras
    B. Revelação em encontro, não em palavras

3. ConseqUências da negação da revelação proposicional
    A. Quando negamos a revelação proposicional, acabamos transformando a interpretação em revelação
    B. Quando negamos a revelação proposicional, tornamos a revelação indigna de confiança
    C. Quando negamos a revelação proposicional, somos nós que determinamos o que é revelação
    D. Quando negamos a revelação proposicional, negamos a soberania de Deus
    E. Quando negamos a revelação proposicional, eliminamos o elemento da fé
    F. Quando negamos a revelação proposicional, negamos a inerrância das Escrituras
    G. Quando negamos a revelação proposicional, negamos a pessoalidade da revelação divina

CAPÍTULO 3
A NEGAÇÃO DA REVELAÇÃO VERBAL PROPOSICIONAL

Existem teólogos que não negam a revelação sobrenatural de Deus, mas negam que Deus se revela em palavras, ou seja, negam a revelação proposicional. Essa é uma expressão cunhada pelos adversários da revelação proposicional, que dizem que Deus não se revelou em palavras (ou proposições), mas que toda a revelação divina foi dada aos homens principalmente em atos e eventos.

Alguns importantes teólogos e movimentos teológicos contemporâneos têm negado a revelação proposicional. Comecemos pela negação de um dos mais importantes teólogos do século XX.

1. NEGAÇÃO DA REVELAÇÃO PROPOSICIONAL EM BARTH

Karl Barth (1886-1968) foi um grande defensor da revelação divina. Ele lutou desesperadamente contra sua própria formação, que procedia do Velho Liberalismo, o qual simplesmente negava a revelação divina. Reagindo ao Velho Liberalismo e crendo na revelação sobrenatural que o Velho Liberalismo negou, Barth tentou um retorno à ortodoxia cristã. Ele falava de um Deus transcendente e numa revelação que vem de cima. Todavia, mesmo ao afirmar a revelação divina, ele acabou negando a revelação proposicional. Ele foi um dos primeiros expoentes da negação proposicional da revelação. A seguir, traz-se uma breve exposição de suas crenças sobre a matéria.

A. Deus se revela em Eventos, Não em Palavras

A fé histórica da ortodoxia sempre creu que a revelação de Deus, em certo sentido, é separada dele, ou seja, a revelação não é o próprio Deus. Deus e sua revelação não são iguais, mas o que Deus revela de si expressa quem e o que ele é. Contudo, para Barth, a revelação de Deus é idêntica a ele. Deus e sua revelação são a mesma coisa. Essa é a razão pela qual ele nega a revelação em palavras, afirmando-a como um evento.

> Nós tivemos o Pentecostes em vista quando chamamos a revelação um evento que, do ponto de vista do homem, caiu verticalmente do céu.[1]

Nesse evento revelador que Barth chama "Ineffabille" [Inefável], Deus alcança o homem e o encontra.[2] A Palavra de Deus, na linguagem barthiana, é equivalente ao próprio Deus, que vem ao homem no evento da revelação, podendo acontecer quando existe a proclamação baseada na Escritura.[3]

---

1 Karl Barth, *Church Dogmatics* I/I, p. 330 (nova tradução).
2 Karl Barth, op. cit., p. 331.
3 Karl Barth, op. cit., p. 330.

A NEGAÇÃO DA REVELAÇÃO VERBAL PROPOSICIONAL

Barth nega a revelação proposicional porque ela não pode ser idêntica a Deus: as palavras da Escritura são o testemunho de alguma revelação que aconteceu no passado, mas, em si mesmas, não são revelação divina. Do começo ao fim, de capa a capa, a Escritura trata da revelação divina, mas não é idêntica à revelação. Deus não pode ser identificado com assuntos do fenômeno. Ainda que as palavras da Escritura sejam testemunhas da revelação passada e usadas para causar a revelação no presente, não podem ser revelação. Elas podem apenas "provocar" revelação.

É nesse sentido que Barth diz que Escritura e proclamação podem tornar-se a Palavra de Deus, porque a revelação "deve acontecer se a Escritura e a proclamação vão se tornar a Palavra de Deus. Elas devem tornar-se isso".[4] Ele ainda diz que, "quando a Bíblia fala de revelação, ela o faz na forma do registro de uma história ou de uma série de histórias. O conteúdo dessa história ou de cada uma dessas histórias, contudo, é a autorrevelação de Deus".[5]

Deus se revela aos homens porque, por si mesmos, eles não podem conhecer nada dele. Todavia, Deus se revela por meio de eventos, e esses eventos provocam marcas nos homens. Essas marcas são as coisas que os homens registraram nas Escrituras. São histórias, mas as histórias não são a revelação de Deus. O conteúdo das histórias, que é o que está por trás delas, Deus, não pode ser registrado. O evento da revelação, que é um encontro no qual os homens contemplam Deus, é uma experiência humana que produz uma linguagem humana.[6] Essa

---
4 Barth, CD I/I/, p. 305.
5 Ibid.
6 Idem, p. 315.

linguagem humana é a Bíblia, não a revelação proposicional de Deus, mas apenas o testemunho da revelação divina.

Em sua revelação, Deus se manifesta presencialmente ao homem. É o tipo de encontro entre o "Eu" e o "Tu". No evento-encontro, Barth diz, de forma dialética, que Deus fala, o que parece envolver palavras que o revelam. Barth diz que Deus "anuncia seu reino (...) liberdade, senhorio e Divindade", conceitos que, nas palavras de Barth, são "inacessíveis e desconhecidos se o próprio Deus, esse Eu, não fala nem se dirige a um Tu, de modo que, no próprio Deus, eles são o significado do evento que a Bíblia chama revelação".[7]

Nesse evento-encontro da revelação, Deus não dá informação a respeito de si mesmo, revelando a si mesmo por meio de um evento presencial. Deus é manifesto na vida do homem e se torna conhecido dele como Deus, o Senhor, mas esse encontro com o homem histórico é de tal modo que Deus não pode participar de sua história nem se misturar com o mundo dos fenômenos. Deus se encontra com o homem numa esfera que não pode ser medida, relatada ou verificada, esfera que Barth chama de temporal e histórica. Sobre isso, Barth diz que Deus

> faz-se a si mesmo presente, conhecido e importante para eles como Deus. Na vida histórica dos homens, ele assume um lugar e, na verdade, um lugar muito específico, e faz-se a si mesmo o objeto da contemplação humana, da experiência humana, do pensamento humano e da linguagem humana.[8]

---

[7] CD I/I, 307.
[8] CD I/I, 315.

O encontro, por interferência divina, é um evento que acontece na esfera do númeno,[9] na "Geschichte".[10] Nesse evento-encontro, a Palavra de Deus encarna e dá origem à doutrina da encarnação de Cristo, que se humilha e, ao mesmo tempo, exalta o homem. O resultado desse evento-encontro é que o homem atesta essa revelação divina, mas as palavras da Escritura não são revelação. A revelação é um encontro pessoal entre Deus e o homem, em que o homem é confrontado com a presença de Deus. Isso é verdadeiramente uma revelação. Deus se revela em eventos, não em palavras.

B. Deus se revela em presença, não em palavras escritas

Refletindo a distinção kantiana de númeno e fenômeno, Barth situa a Escritura e a proclamação na esfera das coisas fenomênicas. As coisas fenomênicas são temporais, têm forma e não podem ser identificadas com a revelação presencial (ou "teofânica") de Deus, nem com seus atos.

As Escrituras e a proclamação podem ser testemunhas da revelação passada e funcionar como testemunho para a revelação acontecer no presente, mas, em si mesmas, não podem ser revelação divina. Elas são entidades separadas da ação presencial de Deus. Barth diz:

> (...) a proclamação na igreja permanece como uma entidade exatamente igual, como um fenômeno, temporal como ela, to-

---

9 A expressão "númeno" procede da distinção kantiana (que muito influenciou Barth) e significa que a revelação divina acontece numa esfera que não é verificável, nem mensurável, mas é real.

10 Essa palavra alemã (*Geschichte*) é traduzida como "história", mas tem um sentido diferente, que descreve a esfera na qual Deus se revela. Essa esfera "histórica" se dá no evento numênico ensinado por Barth. A "*historie*" (que é a história verificável) não é o mesmo que "*Geschichte*" (que é a história não verificável). São palavras usadas dialeticamente por Barth para designar onde a revelação não acontece e onde acontece, respectivamente.

davia diferente dela, e em ordem superior a ela. Essa entidade é a Santa Escritura.[11]

Segundo o entendimento de Barth, Deus não pode estar presente nas coisas fenomênicas. As Escrituras e a proclamação são duas entidades semelhantes porque são fenomênicas, ainda que as Escrituras estejam ligeiramente acima da proclamação em importância na Igreja. As Escrituras são a proclamação escrita da Igreja, e a proclamação hoje está baseada nessa proclamação escrita.[12] Quando a proclamação se torna real, então é a Palavra de Deus pregada. Barth diz que, "assim, a real proclamação significa a Palavra de Deus pregada".[13]

A proclamação baseada nas Escrituras pode dar lugar a uma ação de Deus que é revelacional, e essa ação vem da liberdade de Deus. A Escritura pode tornar-se a Palavra de Deus por um livre ato de Deus, e não porque, em si mesma, é o registro da revelação divina. A Escritura é uma linguagem humana a respeito da revelação passada e é pregada com a esperança de que a revelação possa ocorrer no presente. Mas, quando há o ato revelador presencial de Deus, as palavras da proclamação da Escritura não são simplesmente linguagem humana a respeito de Deus, mas a própria linguagem de Deus.[14] Quando a linguagem de Deus está presente, então as palavras não são uma coisa fenomênica, mas se tornam parte da esfera numênica, em que os atos de Deus acontecem. Somente quando o evento presencial-revelador acontece é que a Bíblia se torna a Palavra de Deus.

---

11   CD I/I, 113.
12   CD I/I, 125.
13   CD I/I, 102.
14   CD I/I, 104.

É preciso lembrar que a revelação de Deus não pode ser registrada. A Bíblia está na esfera fenomênica, ainda que seu conteúdo tenha sido a experiência daqueles que tiveram contato com a Palavra de Deus (que é o Cristo-evento-revelacional). A revelação de Deus é presencial, e Deus não pode ficar "entre capas". Deus se apresenta a nós por meio de sua própria presença no Cristo-evento, que assume a nossa humanidade. Barth diz que a lei de Deus (que é a Escritura)

> é a impressão da revelação divina deixada para trás no tempo, na história e na vida de homens; é uma porção de escória de carvão marcando um milagre ardente que aconteceu, uma cratera em extinção revelando o lugar no qual Deus havia falado, uma lembrança solene da humilhação através da qual alguns homens foram compelidos a passar, um canal seco que, numa geração passada e sob diferentes condições, tinha sido enchido com a água viva da fé e da percepção clara, um canal formado de ideias, concepções e mandamentos (...).[15]

A lei de Deus em sua forma escriturística é a expressão fenomênica do evento revelador que tem uma causa transcendental. É o efeito da ação divina, embora ela não seja revelação. Os homens que têm a lei de Deus "são estampados com a impressão do Deus verdadeiro e desconhecido, pois têm a forma de uma religião tradicional e herdada".[16] Deus tornou-se revelado a eles, e eles registraram a impressão que essa revelação causou neles, mas eles não poderiam registrar a revelação em si mesma, pois ela é presencial, o próprio Deus manifestando-se.

---

15 Karl Barth. *The Epistle to the Romans*. Londres: Oxford University Press, 1965, p. 65.
16 Barth, op. cit., p. 65.

Kant disse que, em "nossa representação geral de todas as ideias transcendentais, nós as consideramos em condições fenomênicas".[17] Ora, segundo o entendimento geral de Barth, a Escritura seria uma representação fenomênica, uma impressão da revelação divina. De acordo com o pensamento de Barth, a Bíblia não pode ser revelação divina porque, ao tratar das ideias transcendentais ou ao falar das coisas numênicas, ela o faz de um modo fenomênico. A Bíblia é matéria, tem forma e ocupa espaço, tendo surgido no tempo e na história dos homens. Deus, de acordo com Barth, é extremamente transcendental e não pode, de modo algum, estar restrito ao papel, a condições fenomênicas.

A confrontação revelacional de Deus com os homens não pode estar entre capas. De acordo com o raciocínio de Barth, a experiência humana tem sido sempre uma tentativa de colocar algo que pertence à esfera numênica na esfera fenomênica. Por essa razão, Barth, sob a influência da perspectiva kantiana, nega qualquer envolvimento da revelação divina no tempo, no espaço, na história, ou seja, nega qualquer vínculo da revelação divina com a esfera fenomênica.

O mesmo pode ser dito a respeito da proclamação que é baseada na Escritura. Trata-se da linguagem a respeito de Deus dirigida aos homens. A proclamação, em si mesma, não é a Palavra de Deus porque possui as mesmas condições fenomenais da Bíblia. Por divina interferência, a proclamação pode ocasionar o Cristo-evento, que é o encontro de Deus com o homem numa esfera numênica. Quando a proclamação se torna real proclamação, então a Bíblia, na linguagem de Barth, torna-se a Palavra de Deus.[18]

---

17 Immanuel Kant. *Critique of Pure Reason*. Londres: J. M. Dent & Sons Ltd., 1946, p. 315.
18 CD I/I, 123ss.

Todavia, nunca podemos nos esquecer de que, na teologia de Barth, a revelação "não difere da pessoa de Jesus Cristo e, novamente, não difere da reconciliação que aconteceu nele".[19] Ela não contém em si mesma qualquer informação que possa ser registrada, porque o evento, quando é registrado, sai da esfera numênica. Pannenberg, um reagente à neo-ortodoxia, também entendeu o mesmo a respeito de Barth: "A revelação não é Deus tornando conhecido certo conjunto de verdades enigmáticas, mas, como Karl Barth afirmou, é a autorrevelação de Deus".[20] Para Barth, a revelação é a presença de Deus, da própria pessoa de Deus. Embora Barth diga que a revelação divina é "discurso", o conteúdo real desse "discurso" não são palavras que podem ser registradas, reproduzidas, mas um evento majestoso, inefável, em que o próprio Deus se revela presencialmente ao homem.

C. Deus se revela no presente, não só no passado

Deus, que é o conteúdo da revelação, de acordo com Barth, revela-se num evento que se desenrola no presente, e não somente no passado, como ensina a ortodoxia cristã. Aqueles que se alinham com a ortodoxia cristã, segundo Barth, creem numa revelação estática, que permaneceu na história de atos passados, uma revelação que era possível registrar, pois, segundo eles, a revelação não é idêntica a Deus. Para Barth, entretanto, Deus continua a se revelar no presente, aqui e agora. A Bíblia se torna a Palavra de Deus "de vez em quando", e isso nada tem a ver com a experiência humana, mas, sim, com a liberdade da graça de Deus.[21] Barth diz que a revelação

---

19 CD I/I, 134.
20 Wolfhart Pannemberg. *Revelation as History*. Londres: The Macmillan Company Ltd., 1968, p. 4.
21 CD I/I, 131.

não é um evento que meramente aconteceu e que agora é um fato passado da história. A revelação de Deus é, naturalmente, passada. Mas é também um evento acontecendo no presente, aqui e agora.[22]

Embora o evento da revelação seja singular, pode repetir-se na vida do homem. Deus, em sua graça, pode revelar-se direta e presencialmente aos homens quando há uma proclamação baseada na Escritura. A Palavra de Deus pode encarnar na pregação da Escritura e, então, o evento da revelação acontece.

Deus é livre e não está preso a fatos históricos do passado. A revelação de Deus não é estática, mas dinâmica, sempre acontecendo de acordo com seu Senhorio.

2. NEGAÇÃO DA REVELAÇÃO PROPOSICIONAL NO NEOEVANGELICALISMO

A doutrina da revelação verbal (ou proposicional) tem sido negada mais recentemente dentro do chamado neoevangelicalismo, e tem-se tornado um problema nesses círculos. Essa doutrina pode apresentar várias nuanças, mas não difere muito do barthianismo.

A. Revelação em eventos, não em palavras

A tônica é a negação da revelação em palavras e sua afirmação em eventos. Leonard Hodgson (1889-1969), teólogo inglês, escreveu:

> A "Palavra de Deus" não é uma proposição ou uma série de proposições prescrevendo aquilo em que devemos crer ou o que devemos pensar. Trata-se de uma série de atos divinos, quando são refletidos pela mente enquanto procura captar seu significa-

---
22 CD II/1, 262.

do. A revelação de Deus é dada em atos; as doutrinas da fé são formuladas por reflexão sobre a importância daqueles atos.[23]

Para Hodgson, não existe o conceito de revelação proposicional. E ele não está sozinho nessa negação. O famoso arcebispo William Temple (1881-1941), teólogo da Igreja da Inglaterra, escreveu:

> Não há essa tal de verdade revelada. Há verdades da revelação, a saber, proposições que expressam o resultado do pensamento correto a respeito da revelação; mas elas não são, em si mesmas, diretamente reveladas.[24]

Para ambos, Hodgson e Temple (e seus seguidores), que negam a revelação proposicional,

> Deus revelou-se na história por iluminar observadores escolhidos de eventos importantes, de modo que eles perceberam o que os eventos significavam, em termos do caráter e do plano de Deus. Os eventos, assim, adquiriram um status revelador através da coincidência com eles das mentes divinamente inspiradas. Mas essa iluminação, embora tenha elevado a capacidade intuitiva e reflexiva dos observadores, e aguçado suas percepções morais e espirituais, não era, em si mesma, uma infusão em suas mentes das verdades de Deus.[25]

---

23 William Temple. *Nature, Man and God*. Londres, 1934, p. 37.
24 William Temple, Nature, op. cit., p. 317 (Citado por D. B. Knox, *Propositional Revelation, the Only Revelation*).
25 J. I. Packer, *God Has Spoken*, pp. 76-77.

De acordo com Knox, "a negação explícita da 'revelação proposicional' pode remontar a George Tyrrel,[26] o católico romano, que escreveu: 'revelação não é uma afirmação, mas uma demonstração (...) Deus fala por atos, não por palavras'".[27]

Todavia, podemos claramente defender a ideia de que os eventos não têm significado algum se não forem explicados por palavras: "Um evento não revela nada e não revela ninguém à parte de algum entendimento do seu significado".[28] Se assistíssemos aos eventos no Egito, ficaríamos sem entendê-los se eles não fossem explicados por palavras. O mesmo aconteceria se víssemos Jesus Cristo pendurado na cruz. Não entenderíamos nada acerca do significado do evento. Todavia, a revelação divina está no fato de Deus não somente agir, como também explicar em palavras o significado de sua ação. Sem a explicação em palavras, os eventos permanecem sem entendimento. Para o correto entendimento, as palavras são absolutamente necessárias.

A esse respeito, Bernard Ramm faz uma observação interessante, afirmando que a maioria de nós preferiria a surdez à cegueira, embora as pessoas cegas não sofram tanto de distúrbios emocionais quanto o surdo.[29]

> Os relacionamentos pessoais ardentes da vida são levados a efeito por meio de conversação, e o surdo é basicamente deixado de lado nesses relacionamentos. O mundo sem som é muito

---

26 Tyrrell foi um teólogo anglicano irlandês convertido ao catolicismo que se tornou um padre jesuíta. Ele se tornou líder do movimento teológico moderno da Igreja Católica.

27 Em sua obra *Scylla and Charybdis*, p. 287 (Citado por D. B. Knox, *Propositional Revelation, the Only Revelation*).

28 A. Snell. *Truth in Words*. Londres, 1965, p. 63.

29 Comentário feito por Leon Morris, *I Believe in Revelation*, p. 111.

mais frustrante do que o mundo sem visão. A representação de um drama no rádio é agradável, mas a representação na TV sem o som é destituída de significado. *Na vida, como no drama, é a palavra que carrega o significado; a palavra é o elemento de coesão; e é a palavra que é a pressuposição necessária para amizades pessoais e calorosas.*[30]

B. Revelação em encontro, não em palavras

Existe uma tendência, que também está presente em Barth, de falar da revelação como um encontro de Deus com o homem, não dando importância alguma às palavras: "O que importa é o encontro que o homem de fé tem com Deus. Há verdade aqui. Não é possível negar que os homens podem encontrar Deus ou que esse encontro é uma revelação para eles".[31] Este é o pensamento de John Baillie (1886-1960), ministro da Igreja da Escócia:

> Eu não poderia saber que Deus se revelou aos profetas e aos apóstolos apenas por esses eventos, exceto se, por meio de sua revelação de si mesmo a eles, também estivesse agora revelando-se a mim. Eu posso saber que eles alegaram ter recebido tal revelação, mas só posso saber que tal alegação se justifica se, quando leio o que eles dizem, também me vejo na presença de Deus.[32]

O momento do encontro é muito importante para esses evangélicos de tendência neo-ortodoxa.

---

30 Bernard Ram. *Special Revelation and the Word of God*. Grand Rapids: 1971, 77.
31 Leon Morris, op. cit., p. 113.
32 John Baillie. *The Idea of Revelation in Recent Thought*, p. 105.

Aqueles da ortodoxia reformada não podem negar a ideia de uma espécie de encontro entre Deus e o homem, mas isso não se dá num ato revelador, na ação do Espírito de Deus regenerando e trazendo o homem à salvação. Para nós, o encontro tem um caráter soteriológico, não revelador. Revela-se em palavras que foram deixadas por escrito. Muitas delas registram encontros entre Deus e o homem, mas a revelação não é basicamente um encontro.

3. CONSEQUÊNCIAS DA NEGAÇÃO DA REVELAÇÃO PROPOSICIONAL

Há várias consequências advindas da negação da revelação proposicional que não podem nem devem ser desprezadas, sob o risco de perdermos de vista a real noção da fé cristã.

> A. Quando negamos a revelação proposicional, acabamos transformando a interpretação em revelação

No fim das contas, a ideia é que, ao negar que Deus se revela em palavras, esses teólogos tornam nossas palavras produto de nossa interpretação dos atos de Deus e nós as consideramos revelação de Deus.

O que os escritores da Bíblia fizeram? Eles viram os atos de Deus e lhes deram sua interpretação, pondo essa interpretação em palavras; então, essas palavras, resultado da hermenêutica humana, são consideradas revelação. Na verdade, não são as palavras de Deus, mas as palavras de homens elevadas à categoria de revelação divina, pois interpretam atos divinos. Todavia, em si mesmas, elas não são revelação divina.

O pensamento de Hodgson, em alguma medida, reflete o pensamento de Karl Barth, no sentido de que a Escritura é o testemunho da revelação passada. Em outras palavras, porque Hodgson confina a revelação aos atos e faz da Bíblia meramente um testemunho dos atos, e não em si mesma parte da revelação, chega a conclusões equivocadas que são autoevidentes. De acordo com ele, "a palavra de Deus é uma série de atos divinos, dos quais a Bíblia dá testemunho (...) a revelação de Deus é dada em atos; e as doutrinas da fé são formuladas pela reflexão sobre a importância daqueles atos.[33]

A posição dos que negam a revelação proposicional leva à conclusão de que as cartas de caráter mais teológico do Novo Testamento não podem ser revelação, pois não estão interpretando diretamente nenhum ato da revelação divina. Além disso, algumas afirmações feitas por Jesus sobre Deus não são revelação divina porque não estão explicando nenhum ato divino. Por exemplo, quando Jesus disse que "Deus é espírito e importa que seus adoradores o adorem em espírito e em verdade" (Jo 4.23), não pode ser revelação divina, porque Jesus não está interpretando um ato de Deus, mas somente conceituando Deus. É importante que vejamos as consequências de se crer na revelação como unicamente os atos de Deus, e não as suas palavras.

B. Quando negamos a revelação proposicional, tornamos a revelação indigna de confiança

Se as palavras registradas nas Escrituras Sagradas não são palavras de Deus, mas tão somente um testemunho que os escritores deram da revelação de Deus em atos, a autoridade da Escritura perde totalmente sua força, porque torna-se apenas um testemunho

---

33 D. B. Knox. *Propositional Revelation, the Only Revelation*. Disponível em http://www.acl.asn.au/dbk_revelation.html. Acesso em maio de 2004.

falível de homens falíveis que emitiram seus conceitos sobre os atos de Deus de acordo com sua própria ótica.

Se for assim, eu não posso confiar na Bíblia, porque ela perde a autoridade de ser a Palavra de Deus para ser a palavra de homens a respeito da revelação divina. Se a "revelação" é um conjunto de impressões humanas a respeito do que Deus fez no passado, e das experiências que os homens tiveram no passado, então a Bíblia não é um livro confiável.

Pode haver uma grande distância entre a realização do evento e a respectiva interpretação. Como podemos ter certeza de que o observador do evento — ou aquele que ouviu falar a respeito — está sendo fiel ao que realmente aconteceu? Assim, ainda que os autores bíblicos estivessem presentes no momento do evento, suas palavras seriam falíveis sem a ação sobrenatural do Espírito Santo, que lhes dá as palavras de Deus, de modo que eles reflitam perfeitamente o que Deus quer que escrevam. Como poderíamos confiar na ação de escritores que estão descrevendo conforme suas próprias palavras, sem que essas sejam realmente as palavras infalíveis que receberam de Deus? Não poderíamos confiar nas palavras da Bíblia se Deus não fosse o autor último das palavras ali registradas.

> A dicotomia entre o evento e a respectiva interpretação, com a escolha do primeiro como o elemento importante ou, na verdade, como o único elemento que compõe a revelação, leva, como se deveria esperar, à ignorância da interpretação dada na Bíblia em favor de qualquer interpretação que se recomende ao leitor.[34]

No final das contas, a Escritura só teria alguma confiabilidade se a interpretação do autor bíblico estivesse em conformidade

---
34 D. B. Knox, op. cit.

com a opinião daquele que o lê. Todavia, não existe autoridade por si mesma na Escritura, porque as palavras ali registradas não são revelação proposicional de Deus. Na verdade, uma pessoa pode desprezar a interpretação dos autores bíblicos, tentando ir direto aos atos reveladores de Deus. E, quando essa pessoa não aceita a interpretação dos fatos, desejará interpretá-los melhor que os autores bíblicos e, consequentemente, a Bíblia perde toda a sua força, porque é simplesmente o testemunho que homens falíveis deram dos atos reveladores de Deus no passado.

C. Quando negamos a revelação proposicional, somos nós que determinamos o que é revelação

Se a revelação está no evento, e não na interpretação, nós é que determinamos o que é revelação e o que não é. Knox registra o fato de que, "em suas reflexões sobre o Antigo Testamento, o padre Kelly tinha um modo de ir diretamente ao evento sem nem mesmo observar a interpretação dada pelo profeta ou pelo historiador profético".[35] Knox, então, observa:

> Se a revelação está no evento, e não na interpretação, a revelação se torna igual a um nariz de cera que é reformado de acordo com o capricho de cada homem. Na verdade, se a revelação é somente um evento, então não há nenhuma revelação no sentido de um conhecimento dado por Deus.[36]

O que precisamos entender é que as palavras de Deus registradas nas Escrituras é que dão significado aos eventos. As palavras de Deus

---
35 Ibid.
36 Ibid.

é que interpretam os eventos. Deus realiza os eventos e os interpreta. Os eventos em si mesmos, sem as palavras do próprio Deus sobre eles, não revelam nada de Deus. Para que um evento seja considerado revelador, deve ser interpretado pelo próprio Deus. Temos de crer nos eventos operados por Deus, que são revelação quando interpretados por ele mesmo. Essa é a revelação proposicional. Se as palavras da Escritura fossem meras palavras de homens que interpretam os eventos de Deus, os homens é que determinariam o que é revelação.

Para os profetas, que viam as operações divinas em sonhos e visões que Deus dava, a Palavra do Senhor não era o evento em si, mas a interpretação que lhes fora dada pelo Espírito, ao colocar em sua boca as palavras que deveriam ser registradas. O mesmo pode ser dito a respeito dos atos realizados por Jesus Cristo. Se não houvesse as palavras de Deus para explicar os atos de Cristo, eles não revelariam nada. A vida, a morte e a ressurreição de Jesus Cristo, que são os eventos supremos de nossa redenção, perderiam seu caráter revelador se não houvesse as palavras interpretativas dadas pelo próprio Senhor por intermédio de seus apóstolos. Essas palavras (ou proposições) é que são a revelação, e não os eventos em si mesmos.

As proposições dadas por Deus é que dão significado aos eventos e, portanto, são reveladoras. A revelação é essencialmente proposicional. Do contrário, os homens é que determinariam o que é revelação.

> D. Quando negamos a revelação proposicional, negamos a soberania de Deus

Quando negamos a revelação proposicional, estamos afirmando que Deus não pode manifestar-se verbalmente aos homens, eliminando, assim, a soberania divina sobre o mundo e sobre o que ele quer que os homens saibam. Deus controla igualmente todos os eventos do mundo, mas nem todos os eventos o revelam. Existem algumas operações especiais de Deus, nas quais ele explica o que faz, mostrando aspectos de seu caráter ou revelando alguma coisa sobre nós próprios. Todavia, um evento, como já dito, não é revelador em si mesmo, sem as palavras explicativas do próprio Deus.

Como Deus controla todas as ações no mundo, concorrendo, inclusive, para elas, trouxe reis para fazer todas as coisas em cumprimento de seu decreto e dispôs deles segundo a sua vontade. Todos esses atos — em que os homens são os personagens principais, tendo Deus por trás desses atos — são reveladores quando explicados por Deus. Se Deus é soberano para realizar os atos, também o é para interpretá-los, a fim de que os homens possam conhecer a verdade sobre eles de maneira confiável.

Hoje, o grande problema é que a teologia moderna (fruto de movimentos filosóficos como o Iluminismo) tem negado a soberania divina. E, quando a negam, acabam negando o direito que Deus tem de falar aos homens, trazendo enorme prejuízo para o conceito de revelação divina proposicional.

Deus é soberano para realizar atos e também para interpretá-los de forma confiável. A esse respeito, Alan Richardson declarou:

> A revelação se deve a uma dupla forma da atividade de Deus: Deus controla os eventos históricos que constituem o meio da revelação e também inspira a mente dos profetas, capacitando-os, assim, a interpretar os eventos de forma correta. Ele guia o processo; ele guia a mente dos homens; a interação desse processo e as mentes, que são igualmente guiadas por ele, são a essência da revelação.[37]

---

37 Alan Richardson. *Christian Apologetics*, 146 (citado por D. B. Knox, *Propositional Revelation, the Only Revelation*).

Não é possível deixar de considerar a soberania de Deus quando se trata da revelação divina. Deus é Senhor de seus atos e também do registro desses atos, de modo que nós podemos crer em seus atos soberanos, que são reveladores dele, por causa das palavras que ele próprio, de forma soberana, deixa escritas por meio da instrumentalidade de autores humanos.

A interpretação que os autores bíblicos dão dos eventos divinos também é soberana. E é essa interpretação, que vem da soberania divina, que consideramos como a infalível revelação proposicional.

E. Quando negamos a revelação proposicional, eliminamos o elemento da fé

Se não cremos na revelação proposicional, então estamos dizendo que não devemos confiar naquilo que os profetas disseram a respeito de Deus dirigir-se a eles em palavras nos sonhos, nas visões ou na anterior teofania. Se advogarmos essa tese, então os profetas são mentirosos, e nosso elemento de fé fica totalmente esvaziado. Não dá para confiar no que eles dizem acerca das palavras de Deus.

Se Deus se revela apenas em eventos, e não em palavras, não podemos dizer que cremos nele, porque não há como dizer que cremos em Deus se não cremos no que ele diz. Ainda que se argumente que Deus se revelou em eventos, não podemos crer nesses eventos, pois talvez não tenham sido interpretados de forma confiável.

Se Deus não se revela proposicionalmente, a noção de fé em Deus fica totalmente esvaziada, e o conceito de fé fica grandemente prejudicado. Todavia, se Deus é o próprio intérprete de seus atos, então eu posso confiar nas palavras que Deus disse por intermédio dos autores humanos. Todavia, se Deus não é o intérprete de seus próprios atos, então não posso confiar que a Escritura é o registro da revelação proposicional. William Temple, afirmando o contrário de nossa assertiva, declarou:

> (...) a fé, na qual seus seguidores primitivos haviam encontrado salvação, não consistia na aceitação de proposições a respeito dele nem mesmo na aceitação do que ele ensinou em palavras a respeito de Deus e do homem, embora isso, certamente, estivesse incluído, mas na confiança pessoal em sua presença pessoal, em seu amor e em seu poder.[38]

E, se é assim, como podemos confiar em Deus? Como saber da presença dele, de seu amor e de seu poder? Só podemos nos certificar disso através das palavras ditas ou inspiradas por ele próprio, palavras que são dignas de confiança. Não podemos confiar em um ser que não se expressa em palavras. A presença de Deus está em toda parte, e também seu poder e amor, mas nada disso faz os homens confiarem nele, porque não se pode confiar naquilo que não é dito.

É por essa razão que as palavras ditas pelos profetas eram tidas por eles como palavras de Deus acerca da interpretação dos eventos que eles viam e ouviam em sonhos e visões. Quando confiamos em Deus, estamos dizendo que confiamos no que ele diz. A fé não pode ser exercida senão em proposições. As pessoas que testemunharam os atos de Jesus Cristo não criam nesses atos, mas naquilo que ele falava na explicação desses atos. É verdade que eles criam na miraculosidade e na sobrenaturalidade de seus atos, mas não sem as proposições estabelecidas por ele.

---

38 William Temple, op. cit., p. 311.

A ideia de Cristo era que aqueles homens passassem a crer nele e em suas palavras, porque não faz sentido crer nele sem crer no que ele disse. Seus discípulos viram tudo o que ele fez (seu poder, seu amor etc.), mas todas as suas obras foram aceitas por meio de suas palavras a respeito delas. Eles não poderiam crer em Jesus sem o conhecimento de quem ele era e do que fazia.

A fé em Deus é uma experiência religiosa *resultante* de uma revelação que foi dada proposicionalmente e da qual se apropriaram. A fé deve resultar da revelação divina, porque não podemos, segundo Paulo, crer naquele sobre quem nada ouvimos. Contudo, a experiência religiosa dos discípulos (e também a nossa) deve basear-se na revelação divina, sendo conformada a ela e julgada por ela, a fim de que seja considerada verdadeira, produto do conhecimento genuíno de Deus. Knox diz que "a revelação é o teste e o critério dessa experiência religiosa (...) e a revelação que forma esse teste são as palavras da Escritura e as proposições que formam".[39] Por que muitos no passado passaram a crer ser ter visto? Porque confiaram naquilo que lhes foi dito, e o que lhes foi dito era digno de confiança, pois eram proposições reveladas por Deus.

> A negação da "revelação proposicional" torna a fé cristã impossível em sua expressão mais plena e mais profunda de confiança, porque é impossível confiar de forma absoluta a menos que tenhamos a segura Palavra de Deus; tal negação restringe o cristianismo a uma religião de obras, ou seja, a seguir e obedecer a Jesus Cristo da melhor maneira possível. Além disso, a negação da revelação proposicional torna o senhorio de Cristo impossível quanto a uma percepção real, porque é somente pelo cetro

---

39 D. B. Knox, op. cit.

de sua palavra que ele pode exercitar esse senhorio absoluto sobre as consciências e os desejos dos homens, seus por direito. Por essa razão, é errado prestar obediência absoluta a uma ordem incerta ou depositar confiança absoluta numa promessa incerta.[40]

F. Quando negamos a revelação proposicional, negamos a inerrância das Escrituras

O professor de teologia Casserley (1909-1978) tem uma afirmação que ilustra a consequência da negação da revelação proposicional:

> Geralmente, a concepção bíblica de revelação não é proposicional, mas histórica. O Deus da Bíblia é tornado conhecido ou, antes, faz a si mesmo conhecido, não em palavras, mas em eventos. A Bíblia não é uma série de proposições salvadoras (...) mas um registro proposicional de eventos salvadores. *Sua linguagem real, como é inevitável quando a linguagem humana se vê diante do problema de descrever o singular, é parcialmente adequada e parcialmente inadequada.*[41]

Esse raciocínio de Casserley é coerente com sua crença. Se a revelação não é proposicional, certamente as palavras da Bíblia não são adequadas quando descrevem os atos de Deus. Segundo o conceito desse professor, existem erros na Escritura. Por que há erros na Bíblia? Porque ela é o registro falível feito por seres

---

40 Ibid.
41 J. V. Langmead Casserley. *The Christian in Philosophy*, p. 190 (citado por D. B. Knox, *Propositional Revelation, the Only Revelation*) (grifos acrescentados).

humanos falíveis, pois o que eles registraram não é a Palavra de Deus, mas impressões que tiveram dos atos que Deus realizou. Logo, se a Bíblia é o registro humano, as palavras registradas são inadequadas, e podem mostrar distorções próprias da natureza humana caída. Portanto, se essas palavras podem ser inadequadas, a consequência lógica é que não podemos confiar nelas. Todavia, embora esse professor (assim como outros) negue a revelação inerrante, é possível mostrar a falsidade dessa assertiva. Knox sugere a seguinte ideia:

> Se, quando o relógio marca quatro horas, eu afirmo que o relógio está marcando quatro horas, terei feito uma afirmação proposicional verdadeira, e essa verdade permanece característica da proposição, mesmo que: (a) meu interlocutor me ouça erroneamente, por causa de eventual surdez; (b) ele tenha falhado em apreender o que eu disse, pela falta de conhecimento da minha língua; ou (c) não houvesse ninguém presente para me ouvir.

Então, ele chega a uma conclusão de forma incontestável:

> Se é possível a qualquer ser humano fazer uma proposição completamente verdadeira, que é um fato revelacional para aqueles que têm ouvidos para ouvir, é uma grande impiedade dizer que Deus não pode assegurar que seus servos assim o façam quando ele quer; e não apenas fazer uma proposição verdadeira, como também fazer uma série delas nas páginas da Bíblia, excluindo quaisquer proposições errôneas, se ele quer. Que Deus tem de fato agido assim deve ser crido por todos

aqueles que dão crédito ao ensino e à atitude de Cristo e de seus apóstolos, bem como à totalidade da Escritura no que diz respeito ao seu caráter sagrado.[42]

Portanto, todos aqueles que creem em Cristo Jesus têm de, necessariamente, crer na infalibilidade de suas palavras. Todos que creem no Pai de Jesus Cristo têm de crer na inerrância da revelação proposicional que ele nos dá.

É altamente inconsistente aceitar a autoridade de Cristo e dos apóstolos, bem como da Escritura em geral no que diz respeito a Deus e à sua relação com a criação, e, ao mesmo tempo, rejeitar essa autoridade quanto à relação de Deus com parte dessa criação, a saber, as palavras da Escritura.[43]

G. Quando negamos a revelação proposicional, negamos a pessoalidade da revelação divina

Packer nos diz que "alguns teólogos modernos propõem uma antítese entre revelação 'pessoal' e 'proposicional', argumentando que, se a revelação fosse proposicional, não seria pessoal, e que, como ela é pessoal (Deus revelando-se a si mesmo), não pode ser proposicional (Deus falando alguma coisa de si mesmo)".[44]

É verdade que existe um relacionamento pessoal entre Deus e os homens, mas o fato de Deus usar palavras para se dar a conhecer não cancela a ideia de a revelação ser proposicional. As naturezas pessoal e proposicional não se excluem.

---

42 D. B. Knox, op. cit.
43 Ibid.
44 J. I. Packer, op. cit., p. 52.

O relacionamento pessoal entre Deus e o homem cresce exatamente como a amizade dos homens — a saber, através da conversa; e conversa significa fazer afirmações informativas, e afirmações informativas são proposições.[45]

Portanto, quando não cremos na revelação proposicional, nós a despersonalizamos. Packer cita F. I. Anderson:

> Menosprezar as proposições porque elas são impessoais é destruir as relações humanas por desprezar o meio normal delas. A bem-aventurança de ser amado é diferente das palavras fazer amor, mas a proposição "Eu te amo" é um meio indispensável e muito bem-vindo para a consumação do amor na realidade. *Mas, na teologia moderna,* nós temos um Deus-amante que não faz nenhuma declaração.[46]

Negar a revelação por meio de proposições implica negar a pessoalidade da revelação divina. Não existe noção real de relacionamento interpessoal sem comunicação verbal. "Amizade sem conversação é uma contradição de termos. Um homem com quem nunca falo nunca será meu amigo. Isso é impossível."[47] A Escritura Sagrada deixa claro que o "relacionamento entre Deus e seus amigos humanos será tornado perfeito no dia em que, além de ouvir a sua voz, eles o verão *face a face*: 'Agora vemos como por espelho, obscuramente; mas então veremos face a face' (1Co 13.12)".

---

45 Ibid.
46 J. I. Packer, citado do *Westminster Theological Journal*, maio 1960, v. XXII, n. ii, p. 127 (grifos acrescidos).
47 J. I. Packer. *God Has Spoken*. Downers Grove: InterVarsity Press, 1979, p. 51.

O problema que os defensores de que o conteúdo da revelação é o próprio Deus, e não suas palavras, têm dificuldade com a ideia de a revelação ser proposicional. Em geral, aqueles de tendência barthiana é que estabelecem essa distinção, porque essa é uma maneira de eliminar a revelação proposicional.

CAPÍTULO 4: ESTRUTURA

1. A AFIRMAÇÃO DA REVELAÇÃO VERBAL NA TEOLOGIA DO PRÉ-ILUMINISMO

2. A NEGAÇÃO DA REVELAÇÃO ESPECIAL NO SUBJETIVISMO RACIONALISTA
   A. O subjetivismo racionalista de Descartes
   B. O subjetivismo racionalista de Kant
   C. O Subjetivismo racionalista do Deísmo

3. A Negação da revelação especial no Subjetivismo Místico
   A. Reação ao subjetivismo racionalista
   B. Influência da Formação Religiosa de Schleiermacher

4. Os resultados do subjetivismo racionalista e místico na antiga BUSCA do Jesus Histórico

CAPÍTULO 4
A REVELAÇÃO VERBAL É SOBRENATURAL

Este capítulo é importante porque contrasta a revelação natural (que vem da natureza) com a revelação sobrenatural (que vem do céu), em seus mais variados modos. A sobrenaturalidade da revelação deve ser enfatizada na teologia cristã porque dá crédito e força à teologia da revelação. Se cremos apenas numa revelação natural, não conheceremos as proposições sobre Deus, mas, quando cremos numa revelação sobrenatural/verbal, então podemos ter um conhecimento bem melhor e mais amplo sobre quem Deus é. A sobrenaturalidade da revelação verbal dá autoridade às palavras que recebemos.

1. A AFIRMAÇÃO DA REVELAÇÃO VERBAL NA TEOLOGIA DO PRÉ-ILUMINISMO

Por teologia pré-iluminista, entenda-se a teologia histórica que vigorou entre os cristãos até a chegada do Iluminismo, que deu surgimento ao modernismo teológico.

Na teologia pré-iluminista, a noção do sobrenatural estava absolutamente presente. Sobre sua fé, seria possível dizer que é "a fé que, uma vez por todas, foi entregue aos santos" (Jd 3). Desde os primórdios do cristianismo (sem contar os tempos do AT), a crença era num Deus que se revelava de várias maneiras: presencialmente/diretamente, nas teofanias; indiretamente, por meio de sonhos e profecias; ainda de modo indireto, na mente de alguns escritores; e, posteriormente e da forma mais evidente, em Jesus Cristo, porque ele é "Deus conosco". Todavia, em todas essas formas, a revelação é de caráter sobrenatural e em palavras.[1]

Nos tempos pré-modernos,

> a atividade sobrenatural de Deus na história era prontamente confessada. De fato, tudo na história era compreendido como o envolvimento da atividade de Deus. A História era considerada história real, mas Deus era ativo nela. A teologia do pré-iluminismo não tinha dificuldade em reconhecer a ação de Deus na história.[2]

A cristologia da teologia pré-iluminista não era docética. De acordo com essa teologia, Deus intervinha sobrenaturalmente na história em Cristo e era uma pessoa real, de carne e osso.

Os Credos de Niceia e Calcedônia afirmaram a historicidade da ação sobrenatural divina em Jesus Cristo, o Deus-homem. Eles rejeitaram tanto o ebionismo[3] como o docetismo.[4] Todo o ensi-

---

[1] Sobre os modos da revelação verbal, leia *Eu Sou: os modos da revelação verbal*, v. 2, de minha autoria (Editora Fiel, 2017).
[2] Fred H. Klooster. *The Quests for the Historical Jesus*. S.l, s.d.
[3] O ebionismo é uma tendência que, invariavelmente, nega a real divindade de Jesus Cristo.
[4] O docetismo é uma tendência que, invariavelmente, nega a real humanidade de Jesus Cristo.

namento cristão, portanto, não ficou dependurado doceticamente no ar; ele ficou enraizado na história. Esse ensinamento era crido como vindo de Deus. Cria-se que os Evangelhos eram um ensino divino, um registro das ações sobrenaturais de Deus na história. Todavia, esses pressupostos de revelação sobrenatural foram negados pela teologia moderna, que é fruto do Iluminismo. Eles negaram tanto a revelação sobrenatural como a revelação proposicional e a divindade de Jesus Cristo.

2. A NEGAÇÃO DA REVELAÇÃO ESPECIAL NO SUBJETIVISMO RACIONALISTA

Desde os séculos XVII a XIX, a história do pensamento protestante caiu, em alguns círculos, na esfera do subjetivismo. "Por subjetivismo, queremos dizer a atitude que pressupõe a autoridade final para a fé e a vida na razão humana, na consciência ou no sentimento religioso."[5] A palavra final sobre as questões de fé e religião está dentro do próprio homem, não em Deus. Na posterior teologia liberal, o homem passa a "ser a medida de todas as coisas", que é o pensamento de Protágoras aplicado à teologia.[6]

Esse subjetivismo nascido dentro do protestantismo do Velho Mundo, que nega a sobrenaturalidade da revelação, tem duas vertentes: subjetivismo racionalista e subjetivismo místico.

Nesse tipo de subjetivismo, o apelo final nas questões de fé é feito ao veredicto da razão especulativa, informada por princípios extrabíblicos de julgamento.

---

5 J. I. Packer. "Contemporary Views of Revelation", *Revelation and the Bible*. Editado por Carl F. H. Henry. Grand Rapids: Baker, 1958, p. 91.

6 Ibid.

A. O subjetivismo racionalista de Descartes

O racionalismo teve seu nascedouro no pensamento do francês Descartes.

> Descartes foi o pensador racionalista que começou com a perspectiva de que duvidaria de todas as coisas até que tivessem sido racionalmente provadas. Desse modo, todas as verdades reveladas da Bíblia teriam de ser racionalmente provadas antes de sua aceitação. Até mesmo Deus teria de ser racionalmente provado.[7]

O subjetivismo da abordagem de Descartes é muito diferente da abordagem dos reformadores, que é objetiva. Colin Brown estabelece a diferença entre a abordagem subjetiva de Descartes e a abordagem objetiva que Lutero faz da realidade:

> Descartes estava procurando uma ideia autoevidente que qualquer pensador racional pudesse ver como verdadeira. Isso formaria a base de sua visão da realidade. Lutero não estava (...) fazendo de sua consciência individual o teste da verdade. Ao contrário, a Palavra de Deus era sua autoridade, sua consciência era simplesmente aquela parte que o chamava à submissão.[8]

B. O subjetivismo racionalista de Kant

Dentro do protestantismo escolástico, que contou com aspectos muito positivos, houve alguns elementos do racionalismo

---

[7] Cf. artigo de Scott R. Simpson, "Shifting of Authority", *The Other Gospel*. Disponível em http://www.geocities.com/whitalone/shifting.htm. Acesso em maio de 2004.

[8] Colin Brown. *Handbook*. Grand Rapids: Eerdman, p. 479.

que podem ser vistos como negativos, com raízes de apelo à razão "em certos desenvolvimentos *a priori* e modificações da doutrina da Escritura, com uma reversão difundida para a crença escolástica na validade da teologia natural".⁹

Todavia, o desenvolvimento maior do racionalismo se deu no Iluminismo do século XVIII. O Iluminismo foi um movimento do começo do século XVIII que tentou secularizar todos os departamentos da vida humana e do pensamento. "O Iluminismo era declaradamente naturalista em caráter, mostrando-se hostil tanto à ideia de interrupção sobrenatural do curso ordenado da natureza como à de revelação sobrenatural."¹⁰ O Iluminismo foi uma revolta não apenas contra o poder da Igreja institucional, como também contra a religião como tal. "As forças do Iluminismo parecem ser especialmente poderosas em nossos dias, com o avanço do secularismo."¹¹

Kant (1724-1804), o grande homem do Iluminismo, foi capaz de entrelaçar dois pensamentos opostos: o *racionalismo* de Descartes, Spinoza e Leibniz e o *empirismo* de Kocke, Berkeley e Hume. Kant, o grande filósofo do movimento iluminista,

> negou a real possibilidade do conhecimento factual a respeito de uma ordem suprassensível, e isso pareceu selar o destino da doutrina histórica da revelação. O legado do Iluminismo para a Igreja dos dias posteriores foi o axioma de que certamente algum ensino bíblico — e talvez mesmo todos eles — não é a verdade revelada; as afirmações bíblicas,

---

9 Packer, J.I., "Contemporary Views of Revelation", p. 91.
10 Ibid.
11 Fred H. Klooster, op. cit.

portanto, não deveriam ser recebidas, exceto quando confirmadas pela razão.[12]

Como Kant fez isso? Simplesmente, estabeleceu uma distinção entre a esfera numênica e a esfera fenomênica, a razão prática da razão pura. Essa distinção de Kant é importante para a compreensão da negação da revelação divina em nossa história. De acordo com ele,

> "a esfera numênica" é a esfera de Deus, da liberdade e da imortalidade. Somente a razão prática e a fé têm acesso a essa esfera numênica. A esfera fenomênica, por outro lado, está aberta à percepção dos sentidos e é controlada pela razão pura. É somente com essa esfera fenomênica que as ciências estão preocupadas. A ciência natural moderna, a ciência histórica — de fato, todas as ciências — estão enraizadas nessa distinção kantiana das esferas numênica e fenomênica e das razões pura e prática.[13]
> A secularização do pensamento humano e a secularização da ciência moderna que fluíram do Iluminismo foram também aplicadas à teologia. As pressuposições que excluíram qualquer coisa sobrenatural estavam em funcionamento na ciência histórica quando a busca do Jesus histórico teve início. Toda ênfase recaiu sobre a história como uma relação de causa e efeito puramente natural.[14]

No subjetivismo racionalista, a base da autoridade em matéria religiosa novamente recai sobre o próprio homem. O homem é a

---

12 J. I. Packer, "Contemporary Views of Revelation", p. 92.
13 Fred H. Klooster, op. cit.
14 Ibid.

medida final de todas as coisas nas questões de fé, pois ele prova todas as coisas, sente-as, deduze-as e, assim, torna-se o determinador do que é a verdade. O Iluminismo, por exemplo, acreditava numa verdade que, para eles, era incontestável: não existe interferência do sobrenatural neste mundo. A razão humana é a base última de julgamento de todas as coisas, tornando-se o guia da verdade.

Em 1784, quando perguntaram a Kant sobre o que era o Iluminismo, ele respondeu:

> (...) o Iluminismo é a vinda dos tempos ao homem. Era a emergência do homem da imaturidade que lhe fazia confiar em autoridades externas, como a Bíblia, a Igreja e o Estado para lhe dizer o que pensar e o que fazer. Nenhuma geração deveria estar presa a credos e costumes de eras passadas. Estar preso é uma ofensa contra a natureza humana, cujo destino repousa no progresso.[15]

O subjetivismo racionalista rompeu totalmente com a teologia pré-iluminista, lançando fora todas as bases da fé cristã e apelando unicamente para os ditames da razão.

C. O Subjetivismo racionalista do Deísmo

Essa época foi chamada "Idade da Razão", pois, ao negar a revelação sobrenatural, abriu as portas para o grande desenvolvimento do deísmo. A negação da revelação sobrenatural veio com o deísmo do século XVIII, sendo filosoficamente sancionada pelo Iluminismo. Na verdade, o deísmo anda de mãos dadas com o Iluminismo. A partir da linha dos deístas ingleses anteriores, os deístas

---

15 Brown, *Dictionary of Theology*, verbete "iluminismo".

iluministas reduziram o cristianismo "a uma mera republicação da religião da natureza".[16] Mais tarde, a chamada teologia liberal (especialmente aquela que tratou da busca do Jesus histórico) veio a negar a revelação especial, reduzindo a Bíblia a uma parte da revelação geral e eliminando a distinção entre o natural e o sobrenatural.

Nos séculos XVII e XVIII, surgiram homens como Locke, Hobbes, Voltaire, Lessing, Kant, Rousseau, Hume e Berkeley. Todos eles seguiram pelo caminho do subjetivismo racionalista, abandonando a fé histórica, e alguns deles chegaram mesmo ao ateísmo. No entanto,

> deve-se observar que muitos desses homens não se perceberam como ateus ou mesmo como inimigos de Deus. Ao contrário, muitos sentiam que estavam prestando um grande serviço à Igreja. Infelizmente, em seu zelo, eles não mais olharam para as Escrituras como verdades reveladas de valor normativo, e o novo empirismo e o racionalismo tornaram-se a autoridade diretiva. Em consequência, a vitória do *Sola Scriptura* da Reforma foi substituída pela confiança nos ditames da razão humana. A única real diferença entre antes da Reforma e após a Reforma foi que, antes, a autoridade repousava nas decisões das bulas papais, nos Concílios do Vaticano e nas interpretações da Igreja. Após [a Reforma], a autoridade repousava no racionalismo e no empirismo do homem. Mas, ou na Igreja ou no empirismo, agora a autoridade final repousava não mais na revelação, mas no homem.[17]

---

16 J. I. Packer, "Contemporary Views of Revelation", pp. 91-92.
17 Cf. Scott R. Simpson, "Shifting of Authority", *The Other Gospel*. Disponível em http://www.geocities.com/whitalone/shifting.htm. Acesso em maio de 2004.

3. A NEGAÇÃO DA REVELAÇÃO ESPECIAL NO SUBJETIVISMO MÍSTICO

Como uma espécie de reação ao subjetivismo racionalista, surgiu, no cenário teológico, o subjetivismo místico. Nele, o apelo em matéria de fé é feito ao conteúdo da consciência religiosa empírica. Também esse subjetivismo místico nega a sobrenaturalidade da revelação especial.

A. Reação ao subjetivismo racionalista

Friedrich Schleiermacher (1768-1834), o pai da teologia moderna liberal, foi quem introduziu o tipo místico de subjetivismo na teologia. Esse subjetivismo místico foi uma espécie de reação ao movimento racionalista.

> Sob a influência de Kant, Schleiermacher assumiu que não podemos ter nenhum conhecimento objetivo de Deus. Portanto, como qualquer definição final da natureza divina é impossível, ele se concentrou na evidência empírica da realidade de Deus.[18]

Na verdade, a fonte de todas as coisas relativas à religião nasce na própria subjetividade humana, na consciência que o homem tem de Deus. Por isso, para esse subjetivismo místico, "a Bíblia é uma expressão clássica das experiências religiosas". Nada mais que isso. Além disso, no livro *Monologues*, Schleiermacher sumariza sua ideia de cristianismo: "O cristianismo deveria ser visto como uma religião de emoções, e não como uma série de dogmas ou um sistema moral".[19] A experiência religiosa dos homens é que acaba

---

18 Carl F. H. Henry. *God, Revelation and Authority*. Waco, Texas: Word Book, 1976, pp. 119-120.
19 Roy Zuck. *Basic Bible Interpretation*. Colorado Springs: Chariot Victor Publishing, 1991, p. 52.

validando o comprometimento da teologia do protestantismo modernista com Jesus Cristo. O modernismo protestante seguiu mais o subjetivismo místico do pensamento de Schleiermacher do que o subjetivismo racionalista de Kant, embora nunca tenha conseguido desvencilhar-se totalmente da distinção kantiana.

Packer afirma que Schleiermacher "procurava, com isso, salvar o cristianismo do mal-estar racionalista, mas, a despeito de toda a habilidade de suas ministrações, a cura foi, de várias maneiras, pior do que a doença".[20] Enquanto o lado do subjetivismo racionalista fundamentado em Kant apelava para a razão em questões religiosas, o lado subjetivista místico

> argumentava que o cristianismo não é essencialmente conhecimento, mas um sentimento de dependência de Deus através de Cristo. A fé cristã é simplesmente um misticismo histórico infeccioso (que se pega como sarampo, pelo contato com outros que o possuem. A doutrina não cria a experiência cristã, mas é criada por ela. As afirmações doutrinárias são tentativas de expressar em palavras emprestadas da cultura da época o conteúdo da consciência cristã incorporada, e a teologia é o exame sistemático dessa consciência que é expressa. O estudo devido dos teólogos é o homem; a teologia é uma narrativa de certos sentimentos humanos, e seu método é o da ciência psicológica. A autoconsciência do homem é o ponto de referência de todas as afirmações teológicas; fazê-las é simplesmente um modo de falar a respeito de si mesmo; elas não nos dizem nada de Deus, mas somente o que os homens sentem a respeito de Deus.[21]

---

20 J. I. Packer, "Contemporary Views of Revelation", p. 92.
21 Packer, op. cit., p. 92.

Nesse sentido, temos que

> o liberalismo teológico, via Schleiermacher, tornou Deus imanente no mundo, uma espécie de panteísmo. O subjetivismo mostrado no século XIX, por sua vez, fez o homem descobrir Deus pelo "sentimento de absoluta dependência". (...) Deus acabou sendo uma projeção do que o homem sentia, uma continuação do ser humano. Não havia necessidade, portanto, de uma revelação sobrenatural. Deus tinha sido imanentizado.[22]

Schleiermacher diluiu a objetividade da revelação num simples sentimento religioso. Para ele, o conteúdo da revelação divina era o resultado do sentimento que foi colocado em termos de "consciência piedosa".[23] A esse respeito, Carl Braaten diz ainda que

> a revelação através da Palavra se torna impossível no sistema de Schleiermacher porque a Palavra é sempre meramente a expressão de uma revelação experimentada impessoalmente. A norma para a revelação é, então, não mais encontrada no conteúdo revelado da fé, mas somente na intensidade do sentimento (*feeling*), ou no poder da consciência que se tem de Deus. A consequência dessa visão da revelação e da religião é que o sujeito religioso dá à revelação seu conteúdo específico.[24]

---

22 Heber Carlos Campos. "The Role of History in the Theology of Karl Barth and Wolfhart Pannenberg" (dissertação não publicada), 1987, p. 6.

23 Carl Braaten. "Introdução" apud Martin Kähler. *The So-Called Historical Jesus and the Historic Biblical Christ*. Filadélfia: Fortress Press, 1964, p. 12.

24 Ibid.

Assim, o subjetivismo místico nega totalmente a revelação sobrenatural, pois sua ênfase é na experiência humana. O pai da teologia moderna "substituiu a teologia revelada pela experiência religiosa como a fonte das crenças cristãs".²⁵ E, embora Schleiermacher reagisse ao racionalismo, o subjetivismo místico não conseguiu fugir do naturalismo da época, que fechou a porta para a intervenção sobrenatural de Deus.

B. Influência da Formação Religiosa de Schleiermacher

Compreende-se melhor a ênfase de Schleiermacher ao se analisar sua origem religiosa.

Schleiermacher foi criado entre os moravianos, e alguma coisa dessa religiosidade o influenciou. Ele tentou "combinar a ênfase na experiência religiosa dispensada pelos pietistas evangélicos com a nova atitude liberal em relação ao cristianismo defendida pelos intelectuais de seus dias".²⁶ É importante lembrar que os pietistas não davam muita ênfase ao aspecto doutrinário, mas enfatizavam a experiência religiosa. E Schleiermacher levou essa ênfase ao extremo, arrancando do arcabouço teológico cristão a noção de revelação sobrenatural.

Nesse sentido, em sua luta contra o racionalismo, ele enfatizou o papel da imaginação e dos sentimentos na religião. A Bíblia não era a narrativa das intervenções divinas, como ensinavam os credos estabelecidos, mas "o registro da experiência religiosa, e essa ideia de experiência religiosa era uma chave que ele agarrou com ambas as mãos".²⁷ A revelação, portanto, perdeu sua objetividade. O psico-

---

25 Carl F. H. Henry, op. cit., p. 119.
26 Colin Brown. *Filosofia e fé cristã*. São Paulo: Edições Vida Nova, 1983, p. 78.
27 Ibid., p. 79.

logismo ganhou terreno na teologia do Pai do Liberalismo. Tudo foi reduzido a um sentimento de absoluta dependência de Deus e à sua consciência de Deus. Essa ênfase no psicologismo é tão grande que Mackintosh afirma:

> o veio obstinado do psicologismo em Schleiermacher é um preconceito e uma inaptidão que rondam repetidamente sua *Dogmática*, da primeira à última página. Ele pode até mesmo declarar que *"nada* nos é dado exceto as almas que fazemos brilhar sobre as afeições piedosas".[28]

A abordagem de Schleiermacher não é somente subjetivista, mas também antropocêntrica. Os conceitos que ele tinha de Deus não foram somente aqueles que vinham do próprio homem; eram também confundidos com o homem. Deus se tornou equivalente ao sentimento de dependência que o homem tinha dele. A religião ficou encerrada somente no sentimento. Deus foi praticamente confundido com o sentimento religioso, e esse sentimento que o homem tem é apenas uma espécie de continuidade de Deus. O imanentismo e o psicologismo são fortes em Schleiermacher. A revelação tornou-se diluída nesse imanentismo psicologista.

A fé que o homem tem em Deus não é no Deus que fala (revelação proposicional), nem no Deus que age (obra redentora), mas naquilo que o próprio homem sente e experimenta. Não há nenhum elemento racional nem volitivo na religião. Somente o sentimento. A verdadeira existência de Deus era a consciência que o homem tinha dele. No subjetivismo racionalista, Deus tinha de

---

[28] Hugh R. Mackintosh. *Types of Modern Theology*. New York: Charles Scribners Sons, 1949, pp. 67-68.

passar pelo crivo da razão; no subjetivismo místico, Deus ficou recluso ao sentimento do homem.

A posição de Schleiermacher "tornou a ideia da revelação supérflua, porque realmente correspondia a uma negação de que alguma coisa tenha de ser revelada".[29] O modernismo teológico, a princípio filho de Schleiermacher, abandonou, portanto, a teologia, optando por uma antropologia com tendência puramente humanista. O pensamento não é governado por aquilo que Deus revela, mas por aquilo que o homem sente.

Esse tipo de misticismo abre a porta para todos os tipos de experiência religiosa que devem ser aceitas como cristãs, pois não há parâmetro que diga qual é a verdade. Não há meio de se julgarem as experiências, pois não existe nenhum padrão externo à consciência do homem. Na verdade, essa espécie de experiência religiosa tornou-se típica de um movimento conhecido como Romantismo.

> Quando isso ocorre e a abordagem objetiva da Escritura é descartada, o intérprete descansa sobre experiências místicas e sentimentos, como está descrito no movimento romântico, para determinar o que é a verdade. Isso é muito disseminado entre os carismáticos, os quais, com frequência, colocam suas próprias revelações, ideias e sentimentos acima da verdade da Escritura. Na verdade, muitos nesses grupos começam a procurar essas experiências místicas e "visões" mais do que a Palavra de Deus. Contudo, em todas essas abordagens subjetivas da verdade, fica claro que a base da verdade é o homem, e não a revelação.[30]

---

29 J. I. Packer, "Contemporary Views of Revelation", p. 92.
30 Cf. Scott R. Simpson, "Shifting of Authority", *The Other Gospel*. Disponível em http://www.geocities.com/whitalone/shifting.htm. Acesso em maio de 2004.

Traçando um retrospecto da história da revelação e da religião, Karl Barth faz um resumo, em sua ótica, dos movimentos do protestantismo, mas revela sua forte reação à teologia de Schleirmacher:

> A grande miséria do protestantismo começou assim: a doutrina, separada de sua origem de doação da vida, ficou endurecida numa *ortodoxia*; a experiência cristã confundiu-se com essa origem e se refugiou no *pietismo*; a verdade, não mais entendida e realmente não mais inteligível, contraiu-se nas máximas morais e sentimentais do *Iluminismo*; e, finalmente, até a experiência cristã foi reduzida, em Schleiermacher e em seus seguidores, tanto os da ala esquerda como os da ala direita, à hipótese de ser a mais alta expressão de um instinto religioso comum a todos os homens.[31]

4. OS RESULTADOS DO SUBJETIVISMO RACIONALISTA E MÍSTICO NA ANTIGA BUSCA DO JESUS HISTÓRICO

Klooster assinala que "os primeiros representantes da Velha Busca simplesmente foram trabalhar como historiadores modernos na busca do Jesus Histórico. Durante o século XIX Friedrich Schleiermacher e Albrecht Ritschl, ambos teólogos sistemáticos, tentaram fazer uma teologia cientificamente respeitável à luz da filosofia kantiana".[32] E complementa:

> A Velha Busca [do Jesus Histórico] surgiu das pressuposições do Iluminismo e tentou, pela investigação histórico-científi-

---

31 Karl Barth. *The Word of God and the Word of Man*. New York: Harper & Brothers Publishers, 1957, p. 246.
32 Fred H. Klooster, op. cit.

ca, descobrir quem Jesus era. A Velha Busca terminou com um historicismo sem *kerygma*. Ela foi ebionita no que diz respeito a Cristo.[33]

Os dois tipos de subjetivismo — tanto o racionalista como o místico — demonstram que "a verdade objetiva revelada na Escritura foi colocada de lado por uma confiança intoxicante na razão do homem, em seu entendimento e experiência".[34]

Nessas duas abordagens apresentadas, a Bíblia está sujeita às ideias de sistemas filosóficos. Assim, a ideia da revelação é descartada tanto pelo racionalismo como pelo misticismo, que tem as cores do Romantismo.

---

33 Ibid., p. 31.
34 Ibid.

CAPÍTULO 5: ESTRUTURA

1. A Natureza da Historicidade da Revelação verbal
2. As características essenciais da revelação verbal histórica
3. Características da Historicidade da Revelação verbal
    A. A Revelação Histórica é Temporal
    B. A revelação Histórica é Espacial
    C. A Revelação Histórica é Factual
    D. A Revelação Histórica é Testificada
    E. A Revelação Histórica Apresenta uma Unidade Narrativa
    F. A Revelação Histórica é Escrita, Transmitida e Preservada
    G. A Revelação divina está enraizada na História

CAPÍTULO 5
A REVELAÇÃO ESPECIAL É HISTÓRICA[1]

A revelação especial de Deus tem como característica essencial o fato de ser histórica. O cristianismo é fundamentado na crença de que o Deus único e verdadeiro se revela na história, por meio de seus profetas e apóstolos, e, principalmente, por meio da própria Palavra Encarnada, a fim de estabelecer uma relação pactual/redentora com seu povo. Além disso, a religião judaico-cristã está firmada na convicção não apenas de sua historicidade, mas também no fato de que o Deus verdadeiro é a própria condição de existência da história humana.

Os estudiosos das civilizações são unânimes em afirmar que a noção de uma história linear é produto da concepção judaico-cristã de mundo. Em outras palavras, foi a revelação bíblica que ensinou a humanidade que o tempo não é uma ciranda eterna e cíclica, sem sentido, sem começo e sem propósito. Porém, diferentemente da tradição judaico-cristã, em que se cria numa história com um começo e um *telos*, ou seja, uma história linear com um objetivo a atingir, os

---
1 Sou grato ao acadêmico Gustavo Henrique Quintela França, pela preciosa pesquisa deste capítulo, resultado de seu esforço na disciplina "Teologia da Revelação", ministrada no CPAJ, em 2013.

povos pagãos não tinham essa mesma noção de história. Eles concebiam o tempo como um eterno "vir a ser", sem objetivo. Portanto, para esses povos, a realidade era estática e permanentemente repetida, em especial cíclica, no sentido de ir e voltar. Era como se existisse um só enredo, com as mesmas personagens, que somente eram ocupadas por diferentes atores a cada nova geração.

O tempo era algo tão terrível para os antigos gregos — e sua prisão, algo tão intransponível — que, na mitologia grega, o deus *Kronos* é retratado como um titã cruel que devora os próprios filhos. Diante disso, o pensamento pagão não tem nenhuma perspectiva de futuro ou progresso. Tudo o que é será novamente; nada muda e tudo sempre voltará a ser o que foi. É por essa razão que os antigos gregos, de acordo com o mito de Pandora, descrevem a esperança como um mal terrível que só faz desviar os homens mortais de seu destino inexorável. Prova disso são as tragédias de Ésquilo, Eurípedes e Sófocles. Sófocles escreveu a célebre peça "Édipo Tirano", em que as forças do destino são retratadas como implacáveis sobre os homens, de tal modo que é tolice o homem esperar, em suas ações, a vitória contra o destino, pois lutar contra o tempo é uma batalha inglória para o ser humano.

Em contrapartida, quando dirigimos nossos olhos para as Escrituras, percebemos que Deus estabeleceu o tempo e o espaço, os quais, portanto, são criações a serviço do Senhor. Ele mesmo transcende o tempo e o espaço; e, em sua perfeição absoluta, é imenso e eterno, embora o tempo e o espaço existam nele, pois nele vivemos e existimos, e dele somos geração (At 17).

Nesse sentido, podemos dizer que a condição de ser da história humana procede da verdade revelada nas Escrituras de que o mundo não é eterno, nem suas potências, tais como o tempo e o espaço.

No entanto, cremos que o Deus eterno e imutável criou o mundo, estabelecendo, desse modo, a realidade física e seus limites. A temporalidade é, assim, uma das limitações estabelecidas por Deus para sua Criação. E, por meio da noção de temporalidade, tal como é expressa na revelação especial, é que o homem pode saber que o mundo e o tempo tiveram início, pois "no princípio criou Deus os céus e a terra" (Gn 1.1) e "no princípio era o Verbo (...)" (Jo 1.1).

E, se o mundo tem início, segue-se que há um desenvolvimento ou uma progressão no tempo. O homem não está preso em um ciclo, mas faz parte de um drama universal que caminha rumo a um desfecho. Somente pela revelação o homem sabe que a história tem início com a Criação, e somente pela revelação, o homem torna-se ciente de que a história terá um fim, com a plena redenção de todas as coisas na consumação (Ec 3.11; Hb 11.3). Assim, pela simples análise dos fatos apresentados, o máximo que o homem pode conhecer, por meio da revelação natural, é que o universo tem uma ordem fixa dada pelas leis naturais. Porém, o mundo está sujeito a uma corrupção inexorável, e tudo tende à morte, ao vazio e à entropia.

Nesse contexto, apenas pela revelação verbal é que o homem toma conhecimento de que o mundo foi criado bom, que a Queda existiu em um tempo remoto, nos primórdios da história humana, e que Deus prometeu que, ao longo dos séculos, por meio de palavras e atos poderosos, haveria de conduzir a história à redenção, com vistas à manifestação plena da glória de Deus no cosmo criado.

1. A NATUREZA DA HISTORICIDADE DA REVELAÇÃO VERBAL

Quando falamos em historicidade da revelação verbal, não podemos nos furtar a tratar da noção de tempo. A Escritura nos traz informações muito importantes sobre a origem e a importância do tempo na revelação verbal.[2]

O filósofo neoplatônico Plotino (205-270 d.C.) rejeitou a noção aristotélica de tempo como medida do movimento circular perpétuo do universo eterno. Compartilhando, a seu modo, o entendimento de Platão, de que o tempo é uma imagem da eternidade, Plotino diz que nós fazemos uso dos movimentos dos corpos celestes para medir a passagem do tempo, mas os movimentos dos corpos são moções no tempo e não são a mesma coisa que o tempo em si.

Para Plotino, o movimento é produto da alma. E a alma, por sua vez, está na posição mais baixa da hierarquia inteligível (não sensível) de Plotino em relação às três grandes hipóstases (ou substâncias das quais o mundo sensível emana). A alma inteligente não pode captar o conteúdo do mundo das ideias de uma só vez. Assim, ela recebe as ideias uma a uma e, então, engendra o tempo (e, subsequentemente, o mundo sensível). Isso significa, então, que o tempo é a vida da alma, com uma série contínua de pensamentos. Essa é a interpretação de Plotino acerca da noção de tempo de Platão como uma imagem móvel da eternidade.

Agostinho foi influenciado por ambas as visões: a de Platão, de que o tempo é criado com o universo, e a de Plotino, de que o tempo é um fenômeno mental, em vez de ser primariamente o movimento dos corpos. Mas, por causa da doutrina cristã da Criação, suas perspectivas se afastam significativamente de ambas. Algumas das considerações mais importantes que Agostinho faz acerca do tempo e da eternidade estão em suas *Confissões*, no Livro 11.[3] O

---

2 A Introdução foi adaptada de Allen Diogenes e Eric Springsted. *Filosofia para entender teologia*. Tradução de Daniel Costa. São Paulo: Paulus, 2010, pp. 30 e seguintes.
3 Agostinho. *Confissões*. São Paulo: Paulus, 2006, pp. 329 e seguintes.

motivo é o ataque à doutrina cristã da Criação pelos maniqueus, um grupo religioso ao qual Agostinho pertencera por um período. Os maniqueus perguntavam: "Se Deus criou o mundo, e o criou a partir do nada, por que o criou no tempo em que o criou, e não mais cedo ou mais tarde? O que Deus estava fazendo antes de o mundo ser criado?".

Agostinho salienta que é correto dizer que o universo começou, como Gênesis revela, mas o universo não começou no tempo. O tempo é criado com a criação de todas as coisas. Assim, não há tempo antes de o universo ter início.

As questões dos maniqueus só podem ser levantadas por causa de uma noção equivocada do tempo. Agostinho reconhece que, por trás da questão maniqueísta, está o sério e difícil problema da relação entre tempo e eternidade. Assim, o Livro 11 das *Confissões* é muito mais que uma réplica aos ataques dos adversários, explicando que Deus é eterno, em contraste com todas as criaturas. Deus é completo e pleno; nada se ausenta da vida divina e nada se acrescenta a ela. Em contraste a isso, todas as criaturas variam e mudam. Existem coisas que já foram verdadeiras para nós, mas que não são mais, e coisas que ainda não são verdadeiras para nós, mas virão a ser.

As moções de sol, estrelas e planetas não constituem o tempo. Pois, se os céus não existissem, o giro de uma roda de oleiro ou mesmo nosso conversar envolveriam a passagem do tempo. Assim, o tempo não é idêntico ao movimento dos astros, nem existe em si mesmo de forma independente, pois faz parte da criação. Agostinho acrescenta que, quando o tempo é passado, não é mais; quando é futuro, ainda não é. Ele existe apenas como presente. Mas o presente desaparece em um ponto sem extensão, quando examinado com cuidado. Nesse ponto, parece que Agostinho desiste de tentar definir o tempo e, em vez disso, descreve o que deve ser um tempo-consciente ou histórico.

Assim, para nós, há um presente, um passado e um futuro. O que é presente flui através da consciência humana e torna-se passado; o futuro entra em nossa consciência, torna-se presente e, em seguida, passado. Mas, uma vez que o futuro passou por nós e se tornou passado, não é mais como era, quando ainda era futuro. O passado, então, só existe como memória; o futuro existe como expectação; e o presente existe como atenção. Assim, para nós, existir como ser temporal significa agir agora com memória e antecipação.

Para Deus, contudo, todas as coisas são presentes. Em Deus, não há nada que passe ou que venha a ser. A palavra de Deus da Criação não passa; pois, se assim fosse, todas as coisas criadas também passariam. Essa palavra permanece para sempre; ela é dita eternamente e não é submetida ao tempo.

O mundo de fato começou, como Gênesis ensina, mas não porque é precedido pelo tempo. Ele é criado com tempo por Deus, que é eterno. Há um começo absoluto do tempo e do universo porque todas as coisas dependem de Deus, que é sempre o mesmo. E, como Deus é eterno, não podemos compreender o divino em sua essência. Podemos fazer declarações verdadeiras acerca da relação de Deus com o tempo (como Criador e como Mantenedor de todas as coisas) e podemos fazer declarações corretas acerca da eternidade de Deus, porém uma compreensão plena está além de nossa capacidade de conhecimento.

As categorias temporais são estranhas à natureza divina. Além disso, nosso próprio pensamento está submetido à ordem temporal do antes e do depois, o que nos impossibilita de chegar a um ponto em que Deus esteja circunscrito ou contido. O objeto do nosso pensamento não está sujeito às limitações que influenciam todo o nosso pensamento. Intuição ou visão são muito mais adequadas do que pensamento discursivo e conceitos.

Essas visões de Agostinho sobre o tempo, decorrentes da revelação bíblica, o habilitam a romper com a teoria do tempo como movimento circular do universo eterno. O tempo não é mais cíclico, com as coisas se repetindo. Isso pavimentou o caminho para Agostinho desenvolver uma visão crítica da história, em que eventos como a Criação, o chamado de Israel e a encarnação do Verbo conferem direção e propósito à história humana.

2. AS CARACTERÍSTICAS ESSENCIAIS DA REVELAÇÃO VERBAL HISTÓRICA

Em sua teologia bíblica, Geerhardus Vos[4] demonstra que a natureza da revelação é eminentemente histórica. Ele explica que a revelação não consiste, primariamente, no registro escrito da Palavra divina dada aos homens, visto que essa tarefa é denominada, de forma mais precisa, como inspiração.

A revelação se dá na ação de Deus no tempo humano. E essa atividade divina no tempo visa à redenção do povo da aliança, segundo os propósitos de Deus. Dessa maneira, segundo Vos, a revelação deve ser entendida, primariamente, como os atos redentores de Deus no tempo e no espaço, desdobrando-se em etapas progressivas de atividade salvífica. Assim, embora a revelação esteja intimamente ligada à redenção em seus desdobramentos histórico-progressivos, deve-se ressaltar que a segunda extrapola os limites da primeira.

---

4 Geerhardus Vos. *Teologia bíblica: Antigo e Novo Testamentos*. São Paulo: Cultura Cristã, 2010.

A redenção, de acordo com sua natureza, pode ser dividida em duas formas de manifestação.

Em primeiro lugar, temos a redenção histórica, chamada pelos teólogos reformados de *Historia sallutis*, a qual é objetiva, procedendo dela os atos de Deus, que são o fundamento da revelação e de seu registro inspirado.

A outra forma de manifestação da redenção diz respeito à aplicação da obra salvífica no coração dos indivíduos escolhidos por Deus. Essa obra redentora pessoal é estudada na teologia reformada sob o título de *Ordo sallutis* e, no que alude a essa redenção, não é pertinente falar de revelação.

Vos acrescenta à natureza progressiva da revelação sua característica histórica de forma indissolúvel: "O processo de revelação não é somente concomitante com a História, mas se torna encarnado na História. Os próprios fatos da História adquirem uma significação reveladora. A crucificação e a ressurreição de Cristo são bons exemplos disso".[5]

Como a revelação se fundamenta nos atos progressivos e históricos de Deus que visam à redenção de seu povo, podemos dizer que a revelação também é orgânica. Em outras palavras, todas as partes da revelação que se desdobram, de forma histórico-progressiva, no tempo compõem uma unidade essencial, assim como a semente, ou o embrião, já contém, potencialmente, tudo que se manifestará em ato na árvore ou no homem adulto.

Nesse contexto, falar de progressividade da revelação histórica não significa, de modo algum, descrever um processo evolutivo de mudança tão radical que implique a transformação da natureza da coisa que progride no tempo. Essa visão evolutiva é fruto da men-

---

5 Ibid., p. 17.

te moderna, afetada pelos pressupostos iluministas, darwinianos e pelas várias filosofias modernas da história, como o pensamento de Hegel e Marx. Enxergar a revelação bíblica com esses óculos seria, no mínimo, cometer um anacronismo imperdoável. Infelizmente, é por essas lentes distorcidas e míopes que os teólogos liberais costumam ver a revelação divina, como, mais adiante, será abordado.

Conforme nos ensina Turretini, a revelação bíblica "progrediu, segundo as diferentes épocas da Igreja, em relação não à substância das coisas a serem cridas, que sempre foram as mesmas, mas à manifestação e à aplicação mais clara delas".[6]

Calvino também testifica essa verdade quando afirma que, não obstante haja uma diferença formal e externa entre as diversas dispensações da revelação, elas são, em essência, as mesmas, pois decorrem de um só pacto que se desdobra na história:

> Tudo o que foi exposto até aqui já deixa claro que, desde o início do mundo, quaisquer que tenham sido os homens que Deus associou à sorte de seu povo, eles estavam ligados a Ele pela mesma lei e pelo vínculo de doutrina que vigora entre nós. (...) uma vez que os patriarcas foram consortes conosco da mesma herança e esperaram uma salvação comum pela graça do mesmo Mediador, uma vez que a condição deles nessa sociedade tenha sido diversa. (...) A aliança com todos os patriarcas tanto não difere em nada da nossa, quanto à substância e à realidade, que elas são absolutamente uma e a mesma, ainda que variem quanto à administração.[7]

---

6 François Turretini. *Compêndio de teologia apologética*. São Paulo: Cultura Cristã, 2011, v. 1, p. 197.
7 João Calvino. *A instituição da religião cristã*. São Paulo: Unesp, 2007, pp. 406-407.

Conclui-se, portanto, que a revelação se caracteriza pelo desenvolvimento progressivo na história de uma e da mesma coisa que não se modifica em sua natureza, embora seja ampliada em seus detalhes e formas à medida seus detalhes vêm à tona no tempo.

Conforme nos ensina Van Gronningen, a revelação divina se desenrola na história segundo um mesmo *mitte*, ou seja, um fio condutor que confere sua substância inalterável nas mais diversas circunstâncias particulares. A progressividade não modifica a unidade, reduzindo-a à diversidade das épocas e dos tempos, pois é uma só redenção, operada pelo mesmo Deus, que ocorre na história. Em outras palavras, percebemos que a revelação progride na narração do mesmo drama redentor em que o Deus da aliança salva um povo para si mesmo, por meio de seu Mediador, com vistas a restabelecer a ordem em seu domínio cósmico.[8]

Também se faz necessário salientar, segundo o que ensina Vos, que o propósito da revelação não é intelectual ou científico, mas, fundamentalmente, prático e relacional. Além de salientarmos que a revelação histórica é progressiva e orgânica em sua essência, é muito importante destacar seu objetivo precípuo. Como a revelação é a manifestação dos atos redentores de Deus, então sua finalidade é proceder à redenção do povo da aliança por meio de seu relacionamento com Deus. Dessa maneira, a revelação consiste em um pacto firmado entre Deus e aqueles que lhe pertencem, com promessas e obrigações que visam sempre, em primeiro lugar, ao estabelecimento do relacionamento Deus-homem e, em seguida, à manutenção e ao desenvolvimento dessa relação. De acordo com Vos:

---

8 Para uma discussão mais detalhada sobre o assunto da unidade orgânica da revelação, ver Gerard Von Groningen. *Criação e consumação*. São Paulo: Cultura Cristã, 2002, v. 1, cap. 8.

O ambiente da revelação não é uma escola, mas um "pacto". Falar sobre a revelação como uma "educação" para a humanidade é uma maneira racionalista e não escriturística de falar. Tudo que Deus *desvendou* de si mesmo veio em resposta às necessidades religiosas práticas de seu povo à medida que iam emergindo no curso da História.[9]

Nesse sentido, ficam patentes os aspectos essenciais da revelação especial: historicidade, progressividade, organicidade e finalidade prática. A revelação especial é o testemunho histórico de uma relação única entre Deus e seu povo, por meio de um pacto. De acordo com esse pacto, Deus administra a redenção de seu povo no tempo e no espaço, fazendo com que seus desígnios se cumpram na História.

3. CARACTERÍSTICAS DA HISTORICIDADE DA REVELAÇÃO VERBAL

Além dos aspectos essenciais da revelação verbal já abordados, é necessário observar outras qualificações características que adornam a historicidade da revelação. Quando se delimita a revelação por sua historicidade, automaticamente algumas categorias próprias e gerais de tudo que é histórico devem ser analisadas.

Para se constituir em um evento histórico, não basta haver um fato dado no tempo e no espaço, pois, se assim fosse, todas as coisas que ocorrem no mundo e no universo físico estariam debaixo da mão da História. No entanto, o que é histórico está intimamente associado às categorias espaçotemporais. Falar em história é, simultaneamente, apontar para eventos que ocorrem em uma época e em um lugar.

---

9 Geerhardus Vos, op. cit., p. 20.

É preciso, por conseguinte, apontar as categorias anexas à história que transformam eventos simples cronotópicos em eventos históricos. Em primeiro lugar, um evento, para ser histórico, deve ser elencado no conjunto de coisas que ocorrem na realidade e ser categorizado como um fato. No sentido comum do termo, muitos compreendem fato apenas como algo que acontece, algo real, que vem a ser ou que existe. Porém, no sentido mais preciso e técnico do termo, tal como é usado pelos historiadores e sociólogos, fato é algo bem específico e, por isso, objeto da história.

Segundo Adler, fatos são proposições verdadeiras que refletem a realidade e, até certo ponto, são convencionados devido à credibilidade de suas fontes.[10] Esse último aspecto torna-se ainda mais relevante e, até certo ponto, determinante na história, pois, diferentemente do que acontece nas outras ciências, teóricas ou práticas, a história é o reino do particular e não acessível à razão pura ou à observação humana.

Desse modo, a fonte de veracidade da história não decorre de sua sistematização precisa e inteiramente dedutiva, tal como acontece nas ciências teóricas (metafísica, lógica e matemática), nem mesmo da verificação empírica de seus resultados por meio de experimentos matematicamente elaborados, como acontece nas ciências naturais. Em contrapartida, devido à natureza particular e irrepetível do fato histórico, ele é altamente dependente do testemunho que se dá a seu respeito. Além disso, o fato histórico sempre demanda, por seu turno, daqueles que recebem o testemunho, uma resposta de fé, visto que o fato não está mais à disposição.

Nesse sentido, é importante frisar que há maior proximidade da história em relação à literatura e ao direito do que em relação

---

10 Mortimer J. Adler e Charles Van Doren. *Como ler Livros: O guia clássico para a leitura inteligente*. São Paulo: É Realizações, 2011, pp. 192-193.

às ciências naturais. As ciências naturais se caracterizam, dentre outras coisas, por terem objetos de estudo sempre disponíveis à observação do pesquisador. Tais ciências não lidam com o extraordinário; pelo contrário, a observação dirige-se sempre ao comum e ordinário, àquilo que sempre está aí. Em contrapartida, a história toma para si a incumbência de descrever e analisar o que ocorreu, o único e irrepetível. As qualidades desse objeto, portanto, não estão disponíveis a todos, mas somente às testemunhas do fato.

O caráter único é o que confere ao fato histórico a categoria de evento, um acontecimento que interfere e influencia em vários níveis. No caso da revelação especial, o nível de importância dos eventos históricos é incalculável, porquanto seu nível de atuação transcende a esfera de um povo, de uma civilização ou mesmo do mundo, adquirindo importância universal e cósmica.

Desse modo, ao deparar com um objeto tão magnífico quanto o fato histórico da revelação especial, o canal humano da revelação deve receber uma prerrogativa e uma capacitação sobrenatural para a respectiva interpretação, conferindo ao evento redentor a explicação de seu sentido teológico. Além disso, o evento redentor que ocorre na história deve ser resguardado de eventual deturpação decorrente de interpretações equivocadas. Por isso, deve ser escrito e preservado pela ação especial do Espírito de Deus sobre os agentes desse processo.

A. A Revelação Histórica é Temporal[11]

Como já observado, a revelação especial é histórica, pois está calcada nos atos redentivos de Deus no tempo humano, em favor de

---

11 Para mais detalhes, ver Oscar Cullmann. *Cristo e o tempo*. São Paulo: Custom, 2003.

seu povo. Em contrapartida, os povos vizinhos de Israel eram regidos pela religiosidade mítica, que desconhecia a noção de história e progresso temporal. Segundo Voegelin, os povos antigos, egípcios e mesopotâmicos, foram civilizações fundadas no mito cosmogônico.

A mitologia era a representação simbólica e fantástica da ordem cósmica divinizada pela religião naturalista e politeísta desses povos. No mito, o tempo era a representação fabulosa dos ritmos e ciclos da natureza, da ordem dos corpos celestes e do ciclo das estações e do plantio. Nesse sentido, o mito simbolizava, concomitantemente, uma teogonia, já que o cosmos era personificado e considerado divino, uma cosmogonia e uma ordem humana, que espelhavam a ordem cósmica.[12] Assim, segundo o que é dado no mito, a ordem da realidade é estática e imutável. Voegelin explica:

> O mundo não é criado pelos deuses; os deuses são, de forma maciça, o próprio mundo. E mesmo a humanidade participa desse caráter maciço, pois ela é o corpo desmembrado de um dos deuses que, nessa forma, continua a existir. O cosmo é, além disso, o resultado de uma luta histórica que agora se resolveu numa ordem fixa e final.[13]

A Bíblia é categórica ao afirmar que Deus constituiu o tempo pela palavra de seu poder e colocou o homem no mundo criado para governar o cosmos e, assim, glorificar seu Criador. Todavia, o homem não foi fiel ao pacto de obras estabelecido por Deus e caiu em pecado. Nesse momento, só havia duas opções possíveis, e

---

12 Eric Voegelin. *Ordem e história: Israel e a revelação*. São Paulo: Edições Loyola, 2009, v. 1, p. 91.
13 Ibid., p. 91.

ambas estavam inteiramente à disposição da soberania divina: ou Deus condenava irremediavelmente o ser humano, pondo um fim à história, ou oferecia a redenção como solução para a questão do pecado. Deus escolheu a última opção e, assim, tem início a história da redenção.

Ramm declara que a historicidade do pecado e da Queda demandou a livre e soberana redenção por parte de Deus. Em suas palavras, "o pecado é histórico em sua mais profunda essência. É uma ação de alguém em seu próprio lugar, tempo e cultura, com consequências históricas".[14] Por isso, "a redenção do homem deve ser tanto histórica como a pessoa pecadora que busca redimir".[15] Desse modo, com a promessa divina da redenção, tem início o desenvolvimento temporal da revelação na história.

A revelação verbal de Deus é dada em tempos específicos, como fruto da ação de Deus no tempo, com atos poderosos e salvíficos, que exprimem o desenrolar do drama da redenção. Deus se manifesta em várias épocas renovando suas promessas, cumprindo-as gradativamente e, dessa maneira, estreitando o relacionamento com seu povo. Por esse motivo, os escritores bíblicos estão sempre preocupados em identificar as ações de Deus no tempo, marcando a época específica em que se deram. Além disso, a marca temporal da revelação serve de confirmação para cada geração de que Deus age em favor de seu povo. Desse modo, a esperança de cada geração deve ser renovada no aprendizado da história da redenção. Por isso o salmista canta: "O que ouvimos e aprendemos, o que nos contaram nossos pais, não o encobriremos a seus filhos; contare-

---

14 Bernard Ramm. *Special Revelation and the Word of God*. Grand Rapids, Michigan: Eerdmans, 1961, p. 70.
15 Ibid. p. 70.

mos à vindoura geração os louvores do Senhor, e o seu poder, e as maravilhas que fez" (Salmos 78.3-4).

A temporalidade da revelação especial fica patenteada pela preocupação dos autores sacros em pontuar o contexto no qual se deram os eventos redentores e/ou a atividade do profeta ou apóstolo, intérprete inspirado dos eventos. Já no Pentateuco, observamos a estrutura de Gênesis fundada nos *Toledoth*, ou genealogias, mostrando o desenvolvimento progressivo da promessa de redenção, até o estabelecimento do povo de Israel. Os sensos, em Números, e as demais genealogias do Pentateuco são inseridos entre as narrativas e legislações, a fim de evidenciar o caráter temporal da revelação. Com isso, o autor bíblico deixa claro que Deus tem cumprido suas promessas geração após geração.

Nos livros históricos, denominados na *Tanach* de Profetas Anteriores, fica ainda mais claro o traço cronológico da revelação. Essa literatura é escrita para demonstrar a fidelidade de Deus, ao longo dos séculos, em manter firme sua aliança. Os historiadores sagrados, por sua vez, são as testemunhas da fidelidade de Deus, mesmo em face da rebeldia e da obstinada rebelião do povo. De forma semelhante, nos profetas o aspecto temporal é ampliado do tempo cronológico para a noção de tempo escatológico. A profecia é prolífica em apontar para a condução providencial de Deus em relação à história dos homens e dos impérios. Nesse sentido, a profecia vislumbra, por meio da revelação dada ao profeta, os poderosos feitos de Deus que marcariam o tempo humano e mudariam o curso da história.

A profecia encontra sua consumação nos evangelhos. Segundo o apóstolo Paulo, "vindo, porém, a plenitude do tempo, Deus enviou seu Filho" (Gl 4.4). A expressão "plenitude do tempo" designa o ponto alto da história humana, no qual Deus realiza a mais plena revelação de sua glória, por meio do maior evento da redenção. Guthrie assinala que, com essa expressão, Paulo está convicto de que a vinda de Cristo foi determinada por Deus e preparada por ele através da consecução de todas as circunstâncias propícias.[16] De acordo com Calvino, o texto aponta para a providência soberana de Deus e para seu governo sobre a história, e ele ordena o tempo de acordo com o propósito e o sentido de redenção.[17]

Nesse momento da História humana, em que o advento de Cristo já sucedeu, Deus em pessoa se revelou. Nesse ponto da história, encontra-se o clímax do tempo humano, com o fim de uma era e o advento de um novo tempo, ou dos últimos tempos, que antecedem a colheita final dos eleitos no mundo, antes da consumação dos tempos. É sobre esse evento da epifania de Jesus Cristo que os apóstolos do Novo Testamento testemunham e refletem. O Espírito os usou para descrever a realização da redenção na história, explicando suas consequências e seus efeitos. Além disso, o apóstolo João, no fechamento da revelação divina, recebeu a revelação de Jesus Cristo a respeito do desdobramento histórico da redenção e de seu desfecho, com o fim da história de redenção e o início do novo céu e da nova terra.

Portanto, está patente que toda a revelação bíblica se estrutura e fundamenta na categoria temporal, inserindo-se em eras e épocas que Deus, por soberania e providência, determinou para revelar sua glória e seus propósitos (At 1.7). A revelação e a temporalidade histórica são inseparáveis, visto que a revelação decorre

---

16 Donald Guthrie. *Gálatas: introdução e comentário*. São Paulo: Edições Vida Nova, 2008, p. 143.

17 João Calvino. *Calvin's Commentaries*. Grand Rapids: Baker Books Co., 2009, v. XXI, p. 118.

do testemunho dado pelos homens escolhidos por Deus a respeito dos eventos de redenção no tempo. E mais do que isso: a revelação, em seu apogeu, é o testemunho do próprio Deus eterno, que se manifesta no tempo e fundamenta toda a História humana.

B. A revelação Histórica é Espacial[18]

É muito importante, para compreendermos de forma mais clara a revelação que Deus nos deu por meio de sua Santa Palavra, conhecer os aspectos essenciais sobre a geografia, a história e a cultura de Israel.

A história da salvação tem como cenário a Palestina, e tal revelação se efetivou por meio da história dos hebreus. Portanto, o plano da salvação está intimamente associado ao cenário do Oriente Médio e aos personagens históricos mergulhados naquela cultura vetusta.

A historicidade da revelação está patenteada em uma categoria temporal, pois Deus escolheu um lugar real no mundo criado para se manifestar, dando ao seu povo o conhecimento de sua redenção. Foi no Oriente Médio e na região do Mediterrâneo que a revelação verbal se desenvolveu historicamente. Do ponto de vista espacial, a revelação se deu em Canaã, a Terra Prometida, lugar designado por Deus para estabelecer a história do relacionamento pactual com seu povo.

Em toda a Escritura, a historicidade dos relatos está clara, na medida em que os autores descrevem, detalhadamente, o lugar da revelação, com suas peculiaridades culturais, climáticas, civilizacionais e geográficas. Sabemos que nunca foi intenção dos autores

---

18 Uma grande parte das informações contidas nesta seção foi retirada de John Stott. *Como compreender a Bíblia*. São Paulo: Edições Vida Nova, 2009.

bíblicos escrever historiografia científica, em consonância com os moldes modernos. No entanto, as riquezas de detalhes dos relatos bíblicos sobre os lugares da revelação evidenciam que esses eventos são reais e históricos, e não meras fantasias ou fábulas.

Por fim, Deus age na história com seu Espírito iluminador, que dá ao leitor da narrativa sacra a fé e a confiança necessárias para saber que o testemunho procede de Deus e que, portanto, é verdadeiro. Nesse sentido, os fatos da revelação apresentam uma natureza superior aos fatos da história em geral. Estes dependem da confiança no homem limitado, falho e tendencioso, enquanto aqueles extraem sua veracidade de Deus, que é ilimitado em seu conhecimento, em sua sabedoria e em sua verdade.

C. A Revelação Histórica é Factual

Como já exposto, não basta que algo ocorra no tempo e no espaço para se tornar um evento histórico. Obviamente, em um sentido lato, a história envolve uma série de eventos que ocorrem no universo. "E assim, de maneira bem geral, podemos falar da história do universo ou da história da natureza."[19] Contudo, quando se trata do sentido mais estrito de história, devemos compreendê-la como "a sequência de eventos especificamente humanos e sociais que ocorrem na terra, especialmente desde o surgimento da civilização".[20]

É unânime entre os historiadores marcar o início da história humana com o advento das primeiras civilizações no Oriente Médio e no Egito. O fator distintivo que possibilita o surgimento da história é, principalmente, a aparição da linguagem escrita, que

---

19 John F. Haught. *Mistério e promessa*. São Paulo: Paulus, 1998, p. 227.
20 Ibid.

permite aos povos da antiguidade narrar os fatos mais relevantes que acontecem no tempo e no espaço.

Todavia, a verdadeira historiografia não aparece com as primeiras civilizações do Oriente. Com a escrita, essas civilizações podiam tão somente conservar a narrativa de fatos relevantes, mas, por terem uma concepção circular do tempo, os fatos em si não apresentavam um sentido histórico. O historiador Dawson explica tal fenômeno:

> (...) a essência da história não se encontra nos fatos, mas nas tradições. O fato puro não é, como tal, histórico. Ele apenas se torna histórico ao ser relacionado com uma tradição social, de forma que possa ser visto como parte integrante de um todo orgânico.[21]

Embora as civilizações antigas sejam objeto de estudo do historiador moderno, ainda não faziam, em si mesmas, uma historiografia propriamente dita. Obviamente, esses povos narravam os fatos que compunham sua atividade no mundo, mas faltava a esse tipo de narrativa o caráter realístico que marca a história, dissociando os eventos reais das concepções fantasiosas do mito cósmico.

Somente em Israel, o fato histórico é demitologizado, livrando-se das teogonias e cosmogonias pagãs. Isso ocorre por dois motivos. Em primeiro lugar, porque o Deus de Israel, em sua essência, está fora do mundo e não se confunde com esse mundo. Ele é único e transcendente (Dt 6.4; 1Rs 8.12, 27). Em segundo lugar, o Deus de Israel é pessoal, e não um princípio ontológico ou metafísico da rea-

---

[21] Christopher Dawson. *Dinâmicas da história do mundo*. São Paulo: É Realizações, 2010, p. 386.

lidade, como os filósofos gregos conceberam. O Deus pessoal está fora do tempo humano, mas isso não o impede de interagir com o homem no tempo e no espaço. E essa interação se dá, após a Queda, por meio de palavras e atos que evidenciam a redenção.

Assim, com a manifestação da redenção divina no tempo e no espaço, a história encontra seu sentido unificador, o qual organiza os fatos em uma unidade narrativa coerente. É por essa razão que os estudiosos afirmam que a história unificadora só nasceu com o povo de Israel, pois somente esse povo, em virtude de sua relação pactual com Deus, compreendeu que o tempo tem um sentido linear que encaminha todas as coisas para uma consumação, um *telos*.

A revelação se baseia em eventos reais que se tornam os fatos históricos da revelação verbal. Contudo, conforme diz Adler, os fatos históricos em geral são extremamente esquivos, em virtude de sua natureza particular e inacessível à verificação. Diante disso, o historiador comum narra os fatos mais como ficção do que como ciência, pois "o historiador sempre tem de inventar alguma coisa. Ele tem de encontrar um padrão geral nos eventos ou, então, lhes impor um padrão; ele tem de presumir que sabe por que as pessoas, em sua história, fizeram as coisas que fizeram".[22] Dawson corrobora essa descrição da história, afirmando que todos os historiadores têm sua meta-história, mas apenas os melhores sabem disso.[23]

Escrever a história é uma atividade extremamente difícil, levando-se em conta a particularidade dos fatos. Por mais próximo que os observadores estejam dos eventos narrados, é humanamente impossível perscrutar todas as circunstâncias e motivações que levam um fato a acontecer. Desse modo, a verdade, no âmbito

---

22 Adler, op. cit., p. 247.
23 Dawson., op. cit., p. 23.

histórico, não pode ser compreendida, primariamente, como uma correspondência entre a realidade e o que se diz dela.

A verdade histórica assemelha-se mais à verdade jurídica, pautada no testemunho daqueles que viram o que aconteceu. Mesmo assim, quando deparamos com a realidade dos tribunais, percebemos a dificuldade de se reconstruir o passado e chegar a alguma certeza pelos testemunhos e provas apresentados. É por essa razão que os críticos da ciência historiográfica, desde a antiguidade, entendem que a história não pode comunicar verdades universais e que suas narrativas não são inteiramente confiáveis.

A historiografia comum demanda a fé do historiador nos documentos meramente humanos que ele tem diante de si. Todas essas provas testemunhais são, por sua natureza humana, falíveis e passíveis de erro. Além disso, geralmente os documentos históricos são tendenciosos, tendo em vista que narram os fatos sob uma perspectiva enviesada que beneficia um grupo ou uma pessoa. Outro ponto também é demandado do leitor: que tenha plena fé na composição do historiador que investigou os documentos, preenchendo as lacunas com suas suposições teóricas ou com seus pressupostos.

Entretanto, os fatos da revelação especial/verbal têm uma natureza bem distinta dos fatos históricos comuns, e são muito superiores a esses. Isso ocorre porque os fatos da revelação contam com uma fonte sumamente fidedigna, que opera tanto na história como no receptor da mensagem histórica. Sendo Deus o autor da história da redenção, a fonte dos fatos passa a ser plenamente fiel aos eventos reais. Com isso, não se quer dizer que os fatos não sejam interpretados para lhes conferir sentido. O que se observa é que nem mesmo a interpretação é tendenciosa ou falha, pois decorre daquele que é a verdade absoluta.

A REVELAÇÃO ESPECIAL É HISTÓRICA

Deus é o autor dos fatos da história em três sentidos. Ele é autor como o agente principal no tempo e no espaço, dirigindo a história segundo seus propósitos. É o autor da história como o inspirador da narração dos fatos, concedendo veracidade a eles. Assim, o autor sacro-humano, ao registrar os fatos, narra todos os acontecimentos da perspectiva de Deus, que conhece os reais motivos e as inclinações que conduziram as ações na história da redenção. Mais do que isso, Deus não apenas conhece o coração dos homens, mas também os inclina segundo os seus desígnios (1Rs 8.39; Pv 19.21; 21.1). Uma boa prova disso são as narrativas históricas dos profetas que denunciam o rei, o sacerdote e o povo, seus contemporâneos, quando transgridem o pacto com Deus.

A tendência de todo historiador contemporâneo é fazer o louvor dos poderosos, para seu próprio bem. Mas, na história bíblica, os profetas estavam tão certos de que narravam a verdade de Deus que denunciavam os grandes da terra e seus patrícios, tornando-se pessoas isoladas e combatidas entre os seus. Como exemplo, podemos citar o caso de Natã, que denunciou os pecados do rei Davi e depois, provavelmente, escreveu-os no Segundo Livro de Samuel (2Sm 12.1-15).

Qualquer rei ou governante censuraria esse tipo de escrito, a menos que soubesse que foi o próprio Deus que o determinara. O que ocorreu com o profeta Jeremias ilustra a atitude normal de um homem pecador diante de fatos históricos que procedem da inspiração do Deus verdadeiro. Jeremias escreveu sua profecia denunciando o pecado de seus contemporâneos e trazendo sobre eles a predição do iminente juízo divino. Após Jeremias desafiar os falsos profetas que narravam a história segundo as invenções de seu coração (Jr 28.15-17), leu a profecia que veio de Deus diante dos líderes do povo. E o rei, ao ouvir as verdades de Deus, que narravam a terrível condição espiritual da nação e o castigo que viria sobre o povo, tomou o rolo da profecia e o arrojou no fogo, tentando calar a voz de Deus (Jr 36.20-26). Contudo, Deus preservou sua palavra, diferentemente do que ocorreu com o rei Jeoaquim (Jr 36.27, 28; 2Rs 24.1, 2).

É interessante notar que a falsa profecia, além de dar aos reis oráculos enganosos sobre o futuro, também narra a história do rei, do sacerdócio e do povo em uma perspectiva humana tendenciosa, com o intuito de agradar os poderosos e, assim, beneficiar o falso profeta.[24] No entanto, os fatos narrados pela revelação histórica são verdadeiros, porquanto seu fundamento está no Deus eterno, que não pode mentir (Nm 23.19).

Por fim, Deus age na história com seu Espírito iluminador, que dá ao leitor da narrativa sacra a fé e a confiança necessárias para saber que o testemunho procede de Deus e que, portanto, é verdadeiro. Nesse sentido, os fatos da revelação têm uma natureza superior aos fatos da história em geral. Estes dependem da confiança no homem limitado, falho e tendencioso, enquanto aqueles extraem sua veracidade de Deus, que é ilimitado em seu conhecimento, em sua sabedoria e em sua verdade.

D. A Revelação Histórica é Testificada

Toda narrativa histórica se baseia em eventos que devem tornar-se fatos testificados por testemunhas confiáveis e fidedignas.

---

24 É interessante notar que, entre os gregos, a "historiografia mítica" surgiu com os poetas rapsodos na Grécia Arcaica, que eram uma espécie de "bajuladores oficiais". Eles contavam as histórias dos reis helênicos para afagar o "ego" dos monarcas. Tais narrativas misturavam realidade e fantasia, exagerando suas façanhas, criando inimigos imaginários e compondo uma genealogia fabulosa para os reis, o que os tornava descendentes diretos dos deuses. (Sobre esse assunto, cf. Marcel Detienne. *Mestres da verdade na Grécia Arcaica*. São Paulo: WMF/Martins Fontes, 2013.

A REVELAÇÃO ESPECIAL É HISTÓRICA

Na seção anterior, vimos a precariedade dos fatos históricos no âmbito da historiografia secular. Isso ocorre por causa dos chamados efeitos noéticos (do grego *noûs* — mente) do pecado, que corrompem as faculdades mentais do homem, impedindo-o de ver plenamente a verdade de Deus no mundo, em si mesmo e na história. É interessante notar que os efeitos noéticos do pecado são ainda mais patentes na historiografia e nas ciências humanas do que nas ciências sociais, tendo em vista que naquelas os pressupostos são mais determinantes.

Por essa razão, a narrativa da história humanamente construída é sempre um misto de realidade e ficção. Porém, ao tratarmos da revelação histórica, o mesmo não acontece, pois Deus não apenas age no tempo com os eventos de redenção, mas também, como já dissemos, age nos recipientes da revelação, para que os efeitos noéticos do pecado não os prejudiquem na observação, na compreensão e na transmissão da revelação histórica.

A Bíblia assevera esse fato quando diz: "Toda Escritura é inspirada por Deus e útil para o ensino, para a repreensão, para a correção, para a educação na justiça" (2Tm 3.16). E em outro lugar: "Sabendo, primeiramente, isto: que nenhuma profecia da Escritura provém de particular elucidação; porque nunca jamais qualquer profecia foi dada por vontade humana; entretanto, homens santos falaram da parte de Deus, movidos pelo Espírito Santo" (2Pe 1.20-21).

O papel do profeta diante das ações divinas na história é de tal maneira preponderante que o fato histórico narrado pela revelação só ocorre na conjunção de três fatores: a) o acontecimento histórico; b) a revelação interior, que dá ao profeta a compreensão desse acontecimento; c) a palavra do profeta, que apresenta o acontecimento e sua significação, como objetos do testemunho divino. Sobre isso, Latourelle declara:

O profeta é o testemunho e o intérprete qualificado da história, aquele que lhe descobre a significação sobrenatural. No Antigo Testamento, encontramos duas linhas complementares: a linha dos acontecimentos e a linha dos profetas, que interpretam os acontecimentos, proclamando em nome de Deus o seu significado. Revela-se Deus pela história, mas pela história interpretada pelos profetas.[25]

Os críticos da Bíblia cometem um grande equívoco, portanto, ao depreciar a validade da historicidade da revelação, por julgá-la tendenciosa. Seu pressuposto é de que a história deve ser neutra e narrar os fatos de forma objetiva. Todavia, isso é impossível, porque a narrativa da história é uma realidade humana impregnada pela corrupção do pecado, tanto em seu testemunho como em sua transmissão. Somente a narrativa revelada pode conter a verdade plena, já que é a história sendo narrada a partir da visão de Deus, sob o prisma da eternidade.

Pedro mostra, em sua primeira carta, que a história da profecia é governada pelo Espírito do Cristo pré-encarnado. A profecia, por sua vez, aponta, de forma unânime, para o sentido único da história humana, que está na vinda de Deus ao mundo através do Filho (1Pedro 1.11). Os profetas falaram sobre a vinda de Cristo e sobre seu ministério pelo poder do Espírito do próprio Cristo, que estava neles. De forma semelhante, o autor da epístola aos Hebreus afirma essa verdade quando fala da história da redenção no Antigo Testamento e de sua consumação com o advento do Cristo.

Em Hebreus 1.1-2, é dito que foi Deus quem falou por meio dos profetas aos patriarcas, usando diversos modos reveladores.

---
25 René Latourelle. *Teologia da revelação*. São Paulo: Edições Paulinas, 1972, p. 460.

Com a manifestação do Filho, Deus completa sua fala, visto que Jesus é Deus em carne (Jo 1.14). O verbo usado pelo escritor para a fala de Jesus está no tempo aoristo, indicando uma ação completa e final. No entanto, o mais interessante é a afirmação que aponta para a validade e a credibilidade da fala do Filho. Declara-se que sua fala é verdadeira tanto em sua vinda como por meio dos profetas que foram por ele enviados, pois ele é herdeiro de todas as coisas e o Criador dos *aionas*, ou seja, dos séculos, dos tempos ou das eras. Cristo, juntamente com seu Pai, é o Senhor de todas as épocas, porque ele as estabeleceu e as governa (At 1.7).

Desse modo, o testemunho daqueles que falam em seu nome, os profetas e os apóstolos, está fundamentado na verdade eterna que criou o tempo, estabelecendo-o e ordenando-o. Assim, a revelação histórica não é apenas testemunhada, como todo fato histórico deve ser; ela também é corroborada como verdade incontestável, devido à plena confiabilidade de sua fonte, que é o próprio Deus, o Senhor das Eras.

O testemunho histórico da revelação procede do próprio Deus, que é o autor da história e que nela se manifesta, de maneira definitiva, revelando-se por meio da encarnação do Verbo. O cristianismo, antes de qualquer coisa, está fundado no testemunho dos apóstolos, no sentido de que Jesus Cristo não era um mero homem. Na verdade, Jesus Cristo é o próprio Deus que veio ao mundo, que agiu na história de Israel e que falava com os profetas sobre sua promessa de redenção. Sobre a revelação histórica no Novo Testamento, Brunner declara:

> No Novo Testamento, a ideia de revelação não denota uma só entidade, mas uma complexa unidade; há muitas formas de re-

velação; e só quando estas estão unidas numa unidade é que elas constituem aquilo que permanece na base da doutrina cristã (...) No centro deste testemunho do Novo Testamento, situa-se o evento histórico: Jesus Cristo. A realidade dessa "Encarnação do Verbo" é o centro da manifestação divina, em torno do qual todo o ensino e testemunho das testemunhas originais são direcionados.[26]

A declaração de Brunner evidencia como toda a Escritura está calcada na história e em torno do evento Jesus Cristo. A Encarnação do Verbo, sua humilhação até a cruz, seu sepultamento e, posteriormente, sua exaltação e ascensão, bem como a promessa de sua vinda, são o fundamento da revelação. Por esse motivo, os apóstolos são, primariamente, testemunhas especialmente designadas para asseverar a Israel e a todo o mundo que Deus cumpriu suas promessas feitas aos pais pelos profetas por intermédio de Jesus Cristo.

O caráter apostólico das testemunhas fidedignas da revelação histórica por meio de Jesus Cristo está claramente asseverado nas Escrituras do Novo Testamento. Pedro, em seu discurso na casa do gentio Cornélio, declarou a respeito de Cristo e de sua obra:

> A este ressuscitou Deus no terceiro dia e concedeu que fosse manifesto, não a todo povo, mas às testemunhas que foram anteriormente escolhidas por Deus, isto é, a nós, que comemos e bebemos com ele, depois que ressurgiu dentre os mortos; e nos mandou pregar ao povo e testificar que ele é quem foi constituído por Deus Juiz de vivos e de mortos (At 10.40-42).

---

26 Emil Brunner. *Dogmática: a doutrina cristã de Deus*. São Paulo: Novo Século, 2004, p. 31.

O texto anterior mostra com clareza que a pregação do evangelho feita pelos apóstolos não é, primeiramente, a divulgação de uma doutrina ou de um ensino religioso ou moral, mas um testemunho autorizado a respeito de eventos havidos na história. Essas testemunhas, previamente escolhidas pelo próprio Deus, foram mandadas para testificar do que viram e ouviram.

É importante frisar que, para um judeu, a crucificação implicava uma terrível maldição. Segundo a lei, aquele que fosse pendurado em madeiro deveria ser considerado maldito, esquecido por Deus e desprezado (Dt 21.23). Um profeta que sofresse esse tipo de morte, portanto, só poderia ser um falso profeta, pois Deus não permitiria que tal fim acometesse um de seus enviados.

Nesse contexto cultural de religiosidade do judaísmo, o testemunho apostólico se faz ainda mais eloquente. Isso porque a pregação de um crucificado seria inconcebível para a mente judaica, a não ser que esse que estivera morto fosse autenticado por Deus como seu enviado, por meio de uma libertação maravilhosa. E foi exatamente isso que aconteceu: o Filho de Deus não foi deixado à mercê da morte e da sepultura, mas ressuscitou!

Os apóstolos eram judeus comuns. Por isso, sua crença em Jesus foi fulminada com a morte dele na cruz (Lc 24.38; Mc 16.13, 14). Mesmo tendo Jesus, outrora, dito a eles que o Filho do Homem deveria padecer em Jerusalém e ser entregue nas mãos das autoridades, a crucificação, como o símbolo máximo do desprezo de Deus por alguém, foi terrivelmente escandalosa para eles (Mt 20.17-19). Diante da crucificação, os apóstolos ficaram perplexos e foram absorvidos pela incredulidade.

Somente a veracidade histórica e testemunhada da ressurreição pode explicar a atitude dos apóstolos em pregar por todas as partes do mundo que Jesus Cristo é o Senhor. Esse testemunho apostólico da ressurreição é o âmago do evangelho, conferindo-lhe autenticidade histórica. Por isso, dentre as características da Igreja primitiva, está o testemunho apostólico da ressurreição de Jesus Cristo: "Com grande poder, os apóstolos davam testemunho da ressurreição do Senhor Jesus, e em todos eles havia abundante graça" (At 4.33).

Por essa razão também é que vemos Paulo asseverando a autenticidade de seu apostolado e de sua pregação, com base no fato de, a exemplo das demais testemunhas escolhidas, ter visto o Jesus ressuscitado (1Co 15.1-10; 1Co 2.1, 2; 2Ts 1.10; 1Tm 2.6, 7). Igualmente, o apóstolo João corrobora seu ensino e pregação, não em concepções filosóficas ou éticas, mas no testemunho histórico da ressurreição de Jesus Cristo dentre os mortos:

> O que era desde o princípio, o que temos ouvido, o que temos visto com os nossos próprios olhos, o que contemplamos, e as nossas mãos apalparam, com respeito ao Verbo da vida e a vida se manifestou, e nós a temos visto, e dela damos testemunho, e vo-la anunciamos a vida eterna, a qual estava com o Pai e nos foi manifestada (1Jo 1.1, 2).

Observe a sequência das ideias que são apresentadas por João. Em primeiro lugar, está o contato direto com o evento redentor da encarnação do Verbo divino. Este foi ouvido, visto com os próprios olhos, contemplado e tocado. João conviveu com Cristo durante todo o seu ministério e privou de intimidade com ele. Além disso, João o contemplou em glória no monte Hermon, no episódio da glorificação de Cristo. Mas o fato principal é que João o viu ressurreto, o ouviu e o tocou, quando seu corpo já havia sido glorificado pelo Pai. Além disso, João contemplou, com os outros apóstolos e discípulos de Jesus, do alto de um monte, Cristo subir aos céus, junto com os anjos. Mais tarde, João viu o Senhor mais uma vez, quando este apareceu diante dele na ilha de Patmos e o levou até os céus, como já havia feito com Paulo. Note-se que os atos históricos incorporados na vida e na pessoa de Jesus é que são testemunhados por João e, após, anunciados e ensinados.

Conclui-se, portanto, que a revelação histórica conta com um testemunho sólido e fiel, que concede aos seus relatos plena credibilidade. Não bastasse isso, a revelação está fundada em fatos que decorrem da ação divina na história e na ação divina sobre os indivíduos, para que creiam que o testemunho bíblico é verdadeiro.

E. A Revelação Histórica Apresenta uma Unidade Narrativa

De acordo com os estudiosos, a revelação bíblica foi composta ao longo de praticamente mil e quinhentos anos, em um total de 66 livros escritos por diversos autores. Além disso, a revelação histórica foi dada em contextos culturais diversificados, por meio de variados gêneros literários e em três línguas distintas (hebraico, aramaico e grego). No entanto, apesar dessa diversidade do testemunho profético e apostólico, observa-se uma unidade temática impressionante na Bíblia, o que lhe confere coesão e estrutura todas as suas partes, formando um complexo harmonioso.

Conforme já vimos, é a unidade temática que atribui a um escrito sua historicidade. Se a revelação histórica não tivesse tal unidade, seria apenas um amontoado de relatos desconexos, servindo tão somente como fonte de pesquisa para o historiador e o arqueólogo, e não constituindo uma história verdadeira.

A essa altura, devemos lembrar a declaração do historiador Christopher Dawson, que diz que a natureza da história não se encontra nos fatos isolados e desconexos, mas nas tradições. As tradições é que conferem sentido aos fatos, pois o "fato puro não é, como tal, histórico". O fato só pode ser compreendido como histórico sob a perspectiva da narrativa, que o une a outros fatos e, desse modo, forma uma composição. Assim, tem-se a história na unidade temática, "de modo que possa ser visto (o fato) como parte integrante de um todo orgânico". Portanto, a historicidade está mais intimamente ligada ao tema unificador dos fatos do que a estes isoladamente.

O pensamento secular sabe muito bem dessa verdade, ou seja, do fato de que a essência da história reside na unidade narrativa. Por isso, com o advento do pensamento racionalista e secularista no Ocidente, a partir do Iluminismo, tornou-se urgente fragmentar a unidade temática da revelação, a fim de destituí-la de sua historicidade e, consequentemente, de sua veracidade e validade.

O Iluminismo é um movimento de reação aos fundamentos cristãos da cultura ocidental, com vistas a destruir essas bases e substituí-las por alicerces centrados no homem e em sua racionalidade.[27] É óbvio que a cultura ocidental, no final da Idade Média, passava por uma crise gravíssima que ameaçava sua estrutura em todas as áreas. E, como uma tentativa de encontrar solução para esse problema, surgiram os movimentos humanistas no seio das universidades medievais.

O humanismo medieval caracterizou-se, primordialmente, pela noção da volta ao passado, por meio do estudo dos clássicos em suas fontes originais, a fim de buscar orientação intelectual e,

---

27 Sobre os vários tipos de Iluminismo, ver Gertrude Himmelfarb. *Os caminhos da modernidade*. São Paulo: É Realizações, 2011. Para entender a base religiosa anticristã do Iluminismo, cf. Christopher Dawson. *Progresso e religião*. São Paulo: É Realizações, 2012.

assim, reestruturar as bases da civilização. O humanismo tornou-se uma reação à aridez do pensamento escolástico e à síntese engessada de aristotelismo e teologia cristã. Desse humanismo medieval, surgiram, no início da modernidade, duas vertentes reformistas.

A primeira, predominante nas cidades italianas, ficou conhecida como Renascimento Italiano. Sua ênfase estava nos clássicos pagãos, greco-romanos, e se firmava na ideia da construção de uma nova civilização humana, pautada nos ideais antropocêntricos, racionalistas e individualistas do paganismo.

A segunda, que prevaleceu no norte da Europa, dedicou-se mais aos estudos dos textos bíblicos em suas línguas originais e aos ensinamentos da Patrística, principalmente de Agostinho. Essa escola humanista eclodiu na geração dos reformadores, que não visavam revolucionar a civilização ocidental, mas tão somente reformá-la, com a volta ao cristianismo bíblico depurado das tradições medievais e da aridez filosófica da teologia natural escolástica.[28]

Nos séculos seguintes, enquanto o humanismo reformado e bíblico transformava o norte da Europa, produzindo avanços extraordinários, o humanismo renascentista paria seu filho primogênito: o Iluminismo.

O Iluminismo caracterizou-se pela radicalização dos pressupostos antropocêntricos do Renascimento, advogando a autonomia plena do homem, sua racionalidade como árbitro de todas as coisas e a crença no progresso por meio das ciências e do Estado laico. E, para ter êxito em seus projetos, era necessário que o movimento iluminista atacasse de frente o fundamento comum da civilização ocidental: a revelação bíblica.

---

28 Para conhecer mais sobre esse assunto, ver Aliester McGrath. *As origens intelectuais da Reforma*. São Paulo: Cultura Cristã, 2007.

Foi nesse contexto que surgiu o liberalismo teológico, expressão religiosa do Iluminismo, com a meta de destituir a Bíblia de sua veracidade histórica. A fim de desacreditar as Escrituras, que, até então, eram consideradas o maior documento histórico da civilização ocidental, foi preciso destruir sua unidade, fragmentando-a em vários fatos desconexos e interligados entre si por uma trama fabulosa realizada por judeus e cristãos em tempos remotos.

Além disso, foi preciso dar a esses fatos uma nova roupagem de unidade, algo que servisse, simultaneamente, ao propósito de destruir a unidade anterior e explicar por que a falsificação histórica havia sido realizada. O tema unificador tomado pelos iluministas liberais para unificar os fatos bíblicos foram as filosofias históricas do progresso da razão, que, após Darwin, incorporaram-se em uma narrativa evolucionista.

Com o hegelianismo, o positivismo, o darwinismo e até mesmo a dialética marxista, os teólogos liberais podiam minar a confiança na revelação bíblia e em sua historicidade. Em primeiro lugar, eles fragmentavam os fatos, isolando-os. Em seguida, reconstruíam esses fatos com uma unidade artificial, que decorria das narrativas progressistas da História. Foi assim que o médico J. Astruc concebeu a fantasiosa teoria das fontes J-E-D-P, também conhecida como "hipótese documentária", para explicar a evolução do pensamento religioso no judaísmo e a composição do Antigo Testamento. Assim também raciocinava F. C. Baur e a escola de Tubingen, ao impor um sistema hegeliano sobre o Novo Testamento para, supostamente, identificar nele uma tese (cristianismo petrino — mais judaizante), uma antítese (cristianismo paulino — mais helenista) e, finalmente, uma síntese, a Igreja cristã católica da antiguidade.[29]

---

29 Herman Ridderbos. *A teologia do apóstolo Paulo*. São Paulo: Cultura Cristã, 2004, p. 14.

A REVELAÇÃO ESPECIAL É HISTÓRICA

No final dessa empreitada liberal, que visava destruir a veracidade da revelação, chegou-se à descrença na Bíblia como palavra de Deus, como bem observou Hasel:

> Por fim, o racionalismo foi levado, por sua própria natureza, a abandonar a concepção ortodoxa da inspiração da Bíblia, de modo que, em última análise, a Bíblia simplesmente tornou-se um dos documentos da Antiguidade, a ser estudado como qualquer outro documento antigo.[30]

Duas tarefas são dispostas diante de nós na presente seção. Em primeiro lugar, devemos considerar se a unidade da revelação bíblica pode ser extraída pelo uso do método histórico-crítico, advogado pelos liberais. Após, devemos buscar a unidade da revelação e de onde essa unidade tem de ser extraída.

O método histórico-crítico prevaleceu como método teológico científico hegemônico, destinado à pesquisa exegética, nas universidades europeias e, mais tarde, também na América, até o início do século XX. Contudo, após mais de um século de aplicação desse método para o estudo do texto bíblico, passou-se a perceber as idiossincrasias e os anacronismos gerados por seu resultado de pesquisa. As pesquisas modernas do texto bíblico, necessariamente, culminavam em resultados que derivavam das ideologias e dos pressupostos do autor, inserindo no texto concepções alienígenas ao contexto original. E existem muitas e variadas provas disso.

Em relação ao estudo do Antigo Testamento, o teólogo bíblico Walter Eichrodt, em sua *Teologia do Antigo Testamen-*

---

30 Gerhard Hasel. *Teologia do Antigo e Novo Testamento*. São Paulo: Academia Cristã, 2007, p. 35.

to,³¹ constatou que o método histórico-crítico não faz jus à unidade do testemunho bíblico, destituindo os fatos da revelação de sua temática unificadora, que é, segundo ele, a noção de aliança ou pacto. Mais tarde, todos os círculos modernos de pesquisa bíblica tiveram de se render a esse postulado descoberto por Eichrodt, demonstrando, assim, que a ortodoxia estava com a razão o tempo todo.

Em relação aos estudos do Novo Testamento, o alemão Albert Schweitzer demonstrou, em sua obra *A busca do Jesus Histórico*,³² que toda pesquisa histórica dos liberais para reconstruir o "Jesus Histórico" era inócua. O que, na verdade, eles conseguiam era uma mera construção de um personagem fruto da unidade externa imposta ao texto, que, por sua vez, era oriunda dos pressupostos do pesquisador. E, diante desses resultados da pesquisa na Bíblia, ficou clara a verdadeira intenção do projeto antropocêntrico moderno, que era minar a autoridade das Escrituras e da revelação bíblica. Para isso, era preciso, como já assinalado, destruir a validade histórica da revelação, destituindo-a de sua unidade temática e, assim, reduzindo os relatos bíblicos a meros fatos desconexos que deveriam passar pelo crivo do pesquisador "racional" moderno e de sua "ciência", para sua aceitação ou não.

Sobre a falência da adoção do método histórico-crítico, Hasel afirma:

> A razão da incapacidade do método histórico-crítico em alcançar as camadas mais profundas da experiência histórica, ou seja, a unidade interna do fato e do significado, baseando-se

---

31 Walter Eichrodt. *Teologia do Antigo Testamento*. São Paulo: Hagnos, 2005.
32 Albert Schweitzer. *A busca do Jesus Histórico*. São Paulo: Novo Século, 2003.

na invasão da transcendência na história como a realidade final para a qual os textos bíblicos oferecem testemunho, jaz em sua limitação para estudar a história com base em suas próprias pressuposições. (...) De todas as partes, chegam ataques violentos contra o método histórico-crítico, porém os mais severos vêm dos que foram educados segundo esse método. A razão para essas limitações e para sua incapacidade de alcançar as camadas mais profundas da experiência e da realidade históricas em sua totalidade está no entendimento da História, autoimposta pelo método.[33]

Hasel também denuncia a ideologia iluminista, que fundamenta o método histórico-crítico, dando-lhe uma visão míope da História e, consequentemente, fragmentando a revelação. Em suas palavras,

> o método histórico-crítico provém do Iluminismo. Tem uma visão própria do entendimento histórico, ilustrada no princípio de correlação de Troeltsch. A História é vista como um círculo fechado, uma cadeia de causas e efeitos em que não há espaços para a transcendência. Isso quer dizer (1) que nenhum historiador crítico poderia fazer uso da intervenção sobrenatural como princípio da explanação histórica, porque isso destruiria a continuidade do nexo causal e (2) que nenhum evento poderia ser considerado uma revelação final do absoluto, visto que toda manifestação de verdade e de valor seria relativa e historicamente condicionada.[34]

---

33 Hasel, op. cit., pp. 463-464.
34 Ibid., p. 465.

Nesse contexto, Hasel faz a seguinte indagação: "Se o historiador não pode pressupor a intervenção sobrenatural no nexo causal como base de seu trabalho, poderá tratar adequadamente o texto bíblico, que comunica justamente tal intervenção?".[35]

A resposta é um sonoro e retumbante "Não!". É óbvio que os pressupostos iluministas sobre a história prejudicam totalmente sua abordagem da revelação bíblica, visto que esta afirma não só a existência de Deus, mas também sua intervenção na história para realizar a redenção prometida. Desse modo, a alegação moderna de que não há unidade no texto bíblico, de tal maneira que não pode ser entendido como História no sentido pleno do termo, é uma declaração preconceituosa, arrimada em pressuposições preconceituosas.

Até aqui, conclui-se que a unidade da revelação, fundamento de sua historicidade, não pode ser atingida pela adoção do método histórico-crítico. Esse método está maculado por suas pressuposições, que não fazem jus ao texto bíblico e às suas alegações fundamentais. Em contrapartida, quando o pesquisador coloca-se diante da revelação desarmado de preconceitos, para ouvir o que ela diz, fica patente que ela traz em seu bojo uma unidade norteadora que articula os fatos históricos em harmoniosa coerência.

Até mesmo os pesquisadores liberais, quando usavam o método histórico-crítico, percebendo suas limitações, foram obrigados a afirmar a unidade temática da revelação, como no caso de Eichrodt. Conforme já havia sido afirmado pela teologia ortodoxa da Reforma, a revelação encontra sua unidade histórica no pacto de Deus com o homem. Tal pacto foi feito primeiramente com Adão, como um meio de relacionamento baseado em obras que comprovassem fidelidade. Contudo, após a queda de Adão, o pacto

---

35 Idem, ibid.

foi dado como promessa de redenção, que, no futuro, se efetivaria com o novo Mediador pactual, o qual supriria a humanidade naquilo em que Adão havia falhado. Desse modo, a revelação perpassa a história humana como uma narrativa dramática que conta a história dos eventos redentores de Deus no tempo e no espaço, a fim de cumprir sua promessa redentiva pactual.

Essa unidade temática da revelação histórica no pacto de redenção é retomada com muita intensidade pelos pesquisadores bíblicos contemporâneos, após a derrocada do método histórico-crítico. Meister relata que, nos séculos XVIII e XIX, após a escolástica protestante, não se desenvolveram estudos a respeito da teologia do pacto. Não obstante, nos meios reformados, a doutrina federal permaneceu reconhecidamente fundamental para a teologia.[36]

No século XX, entretanto, a teologia federal voltou a despertar o interesse dos estudiosos. Podemos citar como exemplos, na área da teologia sistemática, os teólogos neo-ortodoxos Karl Barth e Emil Brunner, que atribuíram papel de destaque à ideia de pacto em suas produções teológicas.

No campo da teologia bíblica, destaca-se o nome de Walter Eichrodt. Em sua obra *Opus Magna: teologia do Antigo Testamento*, ele aborda o pacto como o tema central e unificador do Antigo Testamento. Eichrodt reage contra a teologia vigente nos meios liberais, a qual entendia o Antigo Testamento como uma série de relatos da fé dos hebreus em momentos históricos variados.

O estudo da teologia federal, porém, não esteve circunscrito aos círculos teológicos contemporâneos. A ortodoxia reformada foi bastante prolífica no desenvolvimento desse assunto a partir

---

36 Mauro F. Meister. "Uma breve introdução ao estudo do pacto: *fides reformata*", v. III, n. 1, 1998, p. 116.

do século XX. Entre os teólogos sistemáticos, podemos citar Louis Berkhof, que trabalha, em sua teologia sistemática, a situação da humanidade sob a perspectiva pactual.

Na teologia bíblica, contudo, é que houve um labor maior para o estudo da doutrina. O primeiro nome de destaque é o de seu pioneiro entre os reformados, Geerhardus Vos. A esse nome, somam-se outros: Palmer Robertson, Gehard van Groningen e William Dumbrell.

É importante salientar o trabalho dos teólogos reformados a respeito da doutrina da aliança e das respectivas implicações. Esses teólogos mantiveram-se, em todos os aspectos, fiéis à tradição reformada: teológica, confessional e exegética. No entanto, propuseram explorar novas nuanças da doutrina que, até então, não estavam patentes. A teologia da Reformada, em seu desenvolvimento sistemático, viu na teologia pactual um sistema bíblico unificador da *historia sallutis*. A aliança (o pacto) foi tomada principalmente quanto ao seu papel na redenção. Por isso, muitos dos robustos compêndios teológicos tratam da aliança como preâmbulo da soteriologia, denominando-a "aliança da redenção" ou "pacto da graça".

Essa abordagem não é errônea, mas permite que muitos elementos do pacto passem despercebidos. Limitar a aliança ou o pacto à redenção implica olvidar a natureza fundamental dessa verdade bíblica. Os teólogos bíblicos de herança reformada e calvinistas têm descoberto essas inconsistências. A aliança/o pacto é tema não só da soteriologia, mas também dos prolegômenos, da teontologia, da cristologia, da antropologia, da eclesiologia e da escatologia. Porquanto é no pacto de Deus com os homens, através do Mediador, que é o Verbo encarnado, que a historicidade da revelação se manifesta em sua plenitude de significado e sentido. Assim, deve-se concluir que o pacto é o *Mitte* unificador das Escrituras, unificando também todo o edifício teológico reformado.

F. A Revelação Histórica é Escrita, Transmitida e Preservada

De acordo com o ensinamento do historiador galês Christopher Dawson, a essência da história não se encontra nos fatos, mas nas tradições. Isso porque o fato isolado em si mesmo não é histórico. Pode ser apenas objeto de investigação da arqueologia, que tentará, por meio de uma metanarrativa, atribuir a esse fato um papel dentro de um enredo maior. Para o fato tornar-se histórico, deve ser relacionado a uma tradição social, de modo que possa ser visto como parte integrante de um todo orgânico, ou seja, como parte de uma narrativa unificada a respeito de um grupo no tempo e no espaço.

Nesse sentido, a última característica essencial da historicidade da revelação é o fato de integrar uma tradição, por ter sido escrita, transmitida e preservada.

A revelação não consiste de fatos isolados ou estanques que devam ser tomados pelo pesquisador moderno como fósseis de um passado remoto e há muito esquecido. Tampouco os fatos da revelação podem ser vistos como peças de um quebra-cabeça incompleto de uma civilização exótica há muito extinta. Em relação à revelação especial, não estamos tratando de um antiquário, mas de uma tradição viva e presente no mundo.

Latorelle comenta a respeito da continuidade da revelação na história:

Muito tempo antes preparou Deus o espírito do homem que ele deve fecundar; pela eleição de um povo que será o depositário da revelação, por uma longa, paciente e progressiva preparação desse povo; pela intervenção contínua de uma longa sequência de profetas; por uma longa elaboração e purificação dos conceitos que servirão para exprimir a mensagem divina. Basta pensar nas noções de reino, messias, aliança, salvação, justiça, pecado, lei etc. Séculos de história preparam as categorias da revelação. E principalmente a plenitude da revelação não nos foi dada pelo intermédio, relativamente ordinário, de um profeta, mas pelo meio extraordinário do Verbo Encarnado. O Cristo é o Homem-Deus, perfeitamente conaturalizado, tanto com a linguagem humana como com o pensamento divino. (...) Ainda mais, não deixa sua doutrina entregue ao acaso da história e da interpretação individual. Primeiramente, protege sua transmissão com um carisma especial, o de inspiração; confia-a depois à Igreja (...), para conservar, defender, propor e interpretar autenticamente a revelação. A Igreja, Esposa de Cristo, guarda a sua palavra como um depósito no qual ela medita e continuamente assimila, sob a luz do Espírito.[37]

Conclui-se, assim, que a unidade da revelação histórica dá sentido a uma tradição historicamente viva e contínua, que é a Igreja de Deus. A Igreja, embora não seja fonte de novas revelações, é a portadora do legado revelacional no tempo e no espaço. Desse modo, a presença da Igreja no mundo, mesmo com suas falhas e pecados, é testemunha dos eventos salvíficos na história e da revelação histórica sobre esses eventos. Em outras palavras, a

---
37 René Latourelle, op. cit., pp. 468-469.

A REVELAÇÃO ESPECIAL É HISTÓRICA

Igreja não tem valor inerente, nem mesmo aponta para si mesma, mas, como guardiã de um tesouro em vaso de barro, a Igreja, pela ação do Espírito, preserva e transmite, ao longo da história, a revelação escrita e inspirada, que é o testemunho infalível da redenção havida no passado. E não somente isso. A Igreja, pela transmissão da revelação escrita, torna-se o meio pelo qual a ação da redenção permanece a surtir efeito no mundo, pela aplicação das verdades reveladas aos pecadores em diferentes épocas e lugares.

A Igreja, contudo, é mera porta-voz da revelação, pois nela não há autossuficiência, a despeito do legado que transporta ao longo do tempo e por todas as partes do mundo. É por essa razão que a tradição histórica, que é a marca essencial da revelação, deve basear-se na escrita, na preservação e na transmissão da verdade revelada. Nesse sentido, a revelação é histórica principalmente por estar fundamentada nos atos de Deus no mundo, com vistas a realizar sua promessa redentora.

A revelação especial de Deus, portanto, é constituída pelo testemunho e a interpretação proféticos e apostólicos dos eventos da redenção. Contudo, a simples apropriação da revelação por parte de seus agentes escolhidos não a transforma em uma tradição viva na história. Para isso, é preciso que a revelação especial seja fixada em um texto, evitando ser corrompida pelas vicissitudes do tempo e pela imaginação do homem durante sua transmissão.

No entanto, a fixação literária da revelação especial deve apresentar o mesmo valor de verdade da própria revelação, para que sua confiabilidade não seja discutida nem depreciada. Para tanto, é necessário que a atuação de Deus na elaboração do texto revelado seja tal que evite a incidência de erro, próprio do homem, e, assim, o texto goze de suficiência, clareza, infalibilidade e perfeição.

Desse modo, o texto bíblico, que é o fundamento da continuidade histórica da revelação, procede do próprio Deus, que é o seu inspirador. Isso significa que a verdade é mantida impoluta e, assim, pode ser transmitida continuamente às gerações futuras. A própria Escritura faz, para si mesma, essa reivindicação de perfeição na transmissão da verdade: "A lei do Senhor é perfeita" (Salmos 19.7). Em outro lugar, diz-se: "Toda Escritura é inspirada por Deus" (2Tm 3.16). E ainda: "Nenhuma profecia da Escritura provém de particular elucidação; porque nunca jamais qualquer profecia foi dada por vontade humana; entretanto, homens santos falaram da parte de Deus, movidos pelo Espírito Santo" (2Pe 1.20, 21).

A Igreja confia no fato de que a Bíblia, embora seja uma composição humana, dada na história em contextos culturais específicos e em diversos estilos literários, não é um livro meramente humano. A Bíblia, como afirma o apóstolo, é *theopneustós*, ou seja, é o sopro da palavra divina dado aos profetas pelo Espírito Santo. Nesse contexto, cabe à Igreja, em todas as épocas, preservar esse tesouro e transmiti-lo a cada geração, como afirma Latourelle: "À Igreja compete explicar, interpretar a doutrina revelada segundo sua autêntica significação e também aplicá-la a cada geração, de modo que seja sempre autêntica e também sempre atual".[38]

Dois fatos devem ser destacados em relação à transmissão das Escrituras. Em primeiro lugar, deve-se notar que isso não é acidental, pois a revelação especial não funciona como uma coleção de dados esparsos e posteriormente reunidos, os quais, em seguida, recebem uma unidade externa. Pelo contrário, a transmissão escrita da revelação, marca de sua historicidade, sempre foi disposta como um requisito pelo próprio autor da revelação, que é Deus. Assim, sempre

---

38 René Latourelle, op. cit., p. 469.

que o evento de redenção ocorria, e a revelação era testemunhada e interpretada pelo profeta, fazia-se necessário que a revelação fosse preservada em texto para a posteridade, alcançando a continuidade do povo pactual. Isso é observado em vários textos bíblicos e em todos os momentos da história da revelação. Por esse motivo, o apóstolo Paulo fala o seguinte sobre a Igreja: "Para que, se eu tardar, fiques ciente de como se deve proceder na casa de Deus, que é a Igreja do Deus vivo, coluna e baluarte da verdade" (1Tm 3.15).

Observe-se que, na passagem citada, o apóstolo Paulo usa dois títulos para denominar a Igreja.

Em primeiro lugar, chama a Igreja de "casa do Deus vivo". Com isso, ele quer dizer que os crentes foram recebidos por Deus como seus filhos pela graça da adoção, mas também que Deus habita no meio de seu povo por meio de seu Espírito (1Co 6.19).

Em segundo lugar, Paulo chama a Igreja de "coluna e baluarte da verdade", ou seja, a Igreja é a guardiã do ministério da Palavra, pois, se essa for removida, a verdade de Deus se desvanecerá. Calvino explica esse texto dizendo que, "em relação aos homens, a Igreja mantém a verdade porque, por meio da pregação, a Igreja a proclama, a conserva pura e íntegra, e a transmite à posteridade".[39]

Portanto, percebe-se claramente que a revelação especial é histórica, por ser escrita em um texto inspirado que é, ao mesmo tempo, transmitido e preservado pela Igreja até a consumação dos séculos.

G. A Revelação divina está enraizada na História

Deus não é um personagem histórico, mas supra-histórico. Deus suplanta a história e a transcende. Ele vive numa esfera não governada pelo tempo ou pelo espaço. No entanto, ele condes-

---

39 João Calvino. *Comentários bíblicos: pastorais*. São Paulo: Fiel, 2009, p. 97.

cende em entrar no tempo (sem, todavia, fazer parte dele) para comunicar alguma verdade de si mesmo ao homem. Portanto, sua revelação está enraizada na história porque foi feita para seres humanos históricos que vivem em determinados lugares e épocas. A Escritura, que é o registro da revelação divina, está cheia de informações sobre a historicidade da revelação.

A revelação tem seus fundamentos nos atos praticados e nas palavras ditas na história humana. É extremamente importante que os cristãos enfatizem esse aspecto histórico para combater alguns enganos dentro do próprio cristianismo.

A revelação histórica combate a neo-ortodoxia, que ensina uma revelação não histórica.

CAPÍTULO 6: ESTRUTURA

1. A AFIRMAÇÃO DA HISTORICIDADE DA REVELAÇÃO
2. A NEGAÇÃO DA HISTORICIDADE DA REVELAÇÃO

CAPÍTULO 6
A NEGAÇÃO DA HISTORICIDADE DA REVELAÇÃO VERBAL

A teologia do Iluminismo não apenas negou a revelação verbal/sobrenatural, como também abriu caminho para a negação da historicidade no movimento de reação que se seguiu: a neo-ortodoxia, a qual negou toda e qualquer historicidade da intervenção divina.

1. A AFIRMAÇÃO DA HISTORICIDADE DA REVELAÇÃO VERBAL NA ORTODOXIA

Tudo o que Deus nos deixou está enraizado na História. A teologia cristã não pode abrir mão da historicidade da revelação divina, pois a Escritura está cheia de informações de que Deus se revelou a homens que viveram em determinados momentos e lugares.

O cristianismo é muito mais do que uma filosofia ou um modo de vida. Não se trata de um conjunto de verdades e pensamentos abstratos. O cristianismo tem fundamento histórico porque Deus se revelou a personagens históricos exatamente no lugar e no tempo em que viviam.

Isso não significa dizer que Deus esteja preso à história, mas que ele interveio nela, especialmente na encarnação do Verbo. Deus é supra-histórico, mas resolveu mostrar-se àqueles que viviam na história. Ele condescendeu em descer até nós e a entrar no tempo e no espaço para se comunicar conosco. Deus suplanta a história e a transcende. Ele vive numa esfera não governada pelo tempo e pelo espaço. É nesse sentido que podemos dizer que Deus é eterno e infinito.

No entanto, ele condescende em entrar no tempo (sem, todavia, fazer parte dele) para comunicar alguma verdade de si mesmo ao homem. Portanto, sua revelação está enraizada na história porque foi feita a seres humanos históricos que vivem em determinados lugares e épocas. A Escritura, que é o registro da revelação divina, está cheia de informações sobre a historicidade da revelação. A revelação tem seus fundamentos em atos praticados e palavras ditas na história humana. É de extrema importância que os cristãos enfatizem esse aspecto histórico para combater alguns enganos dentro do próprio cristianismo.

2. A NEGAÇÃO DA HISTORICIDADE DA REVELAÇÃO VERBAL NA NEO-ORTODOXIA

O entendimento da doutrina da revelação em Karl Barth é determinante para a compreensão de muitas doutrinas. Por causa do uso dialético das palavras, Barth parece crer como creem os reformados, mas é necessário entender sua terminologia dentro das doutrinas ensinadas, e o suporte de todas elas é a doutrina da revelação. Essa é a chave da construção teológica de Barth.

A NEGAÇÃO DA HISTORICIDADE DA REVELAÇÃO

O entendimento da doutrina da revelação depende da assimilação de dois termos alemães que integram sua teologia: *Historie* e *Geschichte*. Para o leitor não informado, parece que Barth crê na revelação histórica nos termos do cristianismo ortodoxo, especialmente aqueles que leem suas obras traduzidas para outras línguas, como o português, por exemplo. Barth fala muito a respeito de revelação, ressurreição, expiação etc. como sendo históricas, mas devemos ser cuidadosos na compreensão de que o termo "história" (ou "histórico") é apresentado numa concepção dualística, por causa do uso distinto de dois termos alemães.

Parece que Barth não quer dizer que a revelação divina está fora da história, ou que é completamente não histórica, e, portanto, ele está acostumado a chamar a revelação de Deus de *"geschichtlich"*, ou seja, histórica. Em seus escritos, algumas vezes, Barth usa a expressão "histórica geral", que é a *"geschichte"*.[1] Usando esse termo de forma dialética, Barth diz que a revelação é histórica, espacial, situada no tempo, mas isso não significa que Barth creia na revelação histórica como nós, os cristãos da ortodoxia, a entendemos.

Barth diz que a revelação é um "evento histórico". O histórico, contudo, não significa algo fixo e, portanto, não tem o significado usual de "histórico".[2] Nesse sentido, quando Barth fala de revelação histórica, está se referindo a um evento que não pode ser "apreendido por um observador neutro".[3] Um observador neutro, ou um historiador, pode perceber apenas o resultado ou o efeito da revelação que veio ao homem. Ele não pode descrever a revelação

---

1 *Church Dogmatics* I.1, pp. 375 e seguintes.
2 CD I.1, p. 373.
3 Ibid.

porque não pode identificá-la com a respectiva atestação ou, como Barth assinala, com "os meios da revelação".[4]

O observador neutro não pode equiparar as formas de revelação (ou os meios) a Deus. Elas não podem assumir o lugar de Deus nem substituí-lo. As Escrituras, que são a atestação da revelação, o testemunho da e para a revelação, não podem ser confundidas com a revelação. A revelação de Deus é sua presença histórica (G). Quando lemos em Barth a respeito da historicidade da revelação, devemos entendê-la pelo prisma acima analisado. Barth claramente afirma: "Milhões no antigo Oriente podem ter ouvido o nome *Yahweh* e, vez ou outra, ter visto seu templo. Mas esse elemento histórico não foi revelação".[5]

Um observador neutro, como o que assinalamos, não pode contemplar e detectar a revelação divina. Quando esse observador perceber a revelação divina trazida pela proclamação, então ele a terá percebido não como um observador neutro, mas como um homem que recebeu a graça divina, porque "a revelação vem do céu verticalmente e sobrevém ao homem do mesmo *modo incidental* como determinado homem vive em determinado lugar, em determinado tempo e em circunstâncias determinadas".[6]

Nesse caso, o homem, objeto da revelação (que é histórica — G), já não é mais um observador neutro. Agora, confrontado com a revelação, ele crê em Deus, que é sempre mistério. Deus se revela ao homem em contingências históricas (G), e o homem começa a descrever, digamos, *as impressões* que a revelação causou nele, e não propriamente a revelação. Essa descrição das impressões é consi-

---

4 CD I.1, p. 369.
5 CD I.1, p. 373.
6 CD I.1, p. 379.

derada histórica (H). O que acontece na *Geschichte* (G) não pode ser considerado revelação porque a revelação em si não é narrável nem mensurável. Barth diz que, na revelação, há um confronto do *ineffabille* com o homem. Estas são suas palavras: "A revelação simplesmente é o *ineffabille* confrontando o homem, alcançando-o".[7]

A revelação, que, para Barth, é idêntica ao próprio Deus, não pode ser algo como um elemento histórico (H), temporal e fenomênico. A revelação não tem evidência histórica (H) ou *dados* históricos. Não existe revelação objetiva de Deus na história comum dos homens. Barth não crê numa revelação estática, mas numa revelação dinâmica, que é dialeticamente apresentada no dualismo de *forma* e *conteúdo*. Dessa forma, a revelação está sempre envolvida em mistério; é não observável, não detectável e não deixa pegadas para o observador comum ver. O que o observador comum pode ver é a forma ou o "veículo" da revelação, mas isso em si não é revelação. O Rabbi de Nazaré é o elemento histórico verificável, mas esse elemento histórico em si não é revelação.

Deve ficar claro que, quando Barth diz que a revelação atestada na Escritura é um "evento histórico", quer dizer que Deus fala a homens concretos, reais, homens que vivem no tempo e no espaço. A revelação histórica (G) é um evento "que aconteceu ali e somente ali, então e somente então, entre Deus e um homem perfeitamente definido".[8]

A história (G), de acordo com Barth, "é um predicado da revelação",[9] e não o contrário.

---

7 Ibid.
8 CD I.1, p. 375.
9 CD I.2, p. 58.

> Nós podemos e devemos falar da revelação primeiramente na afirmação principal, a fim de, na sequência, falar da história por meio de explanação. Mas não podemos falar de história a fim de, subsequentemente ou por epíteto, falar com força e ênfase a respeito de revelação.[10]

A revelação de Deus tem uma forma histórica ou, como Barth diz, "torna-se história, mas essa história não se torna revelação".[11]

---

10 Ibid.
11 Ibid.

CAPÍTULO 7: ESTRUTURA

1. A REVELAÇÃO É PROGRESSIVA PORQUE É CUMULATIVA
   A. Definição de revelação cumulativa
   B. Exemplos de revelação cumulativa

2. A REVELAÇÃO É PROGRESSIVA PORQUE PARTE DO MENOS CLARO PARA O MAIS CLARO
   A. Da menor clareza da Doutrina da Trindade no Antigo testamento para a maior clareza no Novo testamento
   B. Da menor clareza da *doutrina da Regeneração* no Antigo testamento para a maior clareza no Novo testamento
   C. Da menor clareza da *doutrina da Salvação* no antigo testamento para a maior clareza no Novo testamento

3. A REVELAÇÃO É PROGRESSIVA PORQUE CAMINHA PARA A IDEIA de COMPLEMENTARIDADE

4. A REVELAÇÃO É PROGRESSIVA PORQUE PARTE DA IMPERFEIÇÃO PARA A PERFEIÇÃO[1]
   A. Os *tipos* são imperfeitos e os *AntÍtipos*, perfeitos
      I. O Primeiro Adão é tipo do Segundo Adão
         a. O primeiro Adão foi feito alma vivente; o último é espírito vivificante
         b. O primeiro Adão é terreno; o segundo Adão é celestial
      II. A Libertação do Cativeiro é tipo da Libertação do Pecado

---

1 As notas deste capítulo devem-se, em grande parte, ao acadêmico Ozéias Evalde Vieira, que, com dedicação e boa percepção da Escritura, colaborou com a pesquisa.

    a. A libertação é o cumprimento da palavra do Senhor
    b. A libertação é anunciada e executada pelo libertador
    c. A libertação é acompanhada de uma nova vida
III. O Levantamento da Serpente no deserto é tipo do levantamento de Cristo no Calvário
IV. O Templo no Antigo Testamento é tipo do Templo no Novo Testamento
    a. O templo do Antigo Testamento era um espaço físico; o templo do Novo Testamento é uma comunidade de pessoas
V. A Pedra física é um tipo da Pedra Espiritual
    a. A Pedra Espiritual é designada e apontada por Deus
    b. A Pedra Espiritual teve de ser ferida para jorrar água
    c. A Pedra Espiritual é fonte abundante e inesgotável
VI. O Maná é tipo do Pão Vivo que Desceu do Céu
    a. Ele é o pão verdadeiro
    b. Ele é o pão vivo
    c. Ele é o pão que dá vida ao mundo
VII. A Páscoa dos Judeus é tipo da Ceia do Senhor
    a. A libertação é celebrada
    b. A libertação é recordada
    c. A libertação é anunciada
VIII. O cordeiro pascal dos hebreus é um tipo do Cordeiro Pascal de deus
    a. Jesus foi um Cordeiro perfeito
    b. Jesus foi um Cordeiro imolado
    c. Jesus foi um Cordeiro libertador

 IX. O Sumo Sacerdote Melquisedeque é tipo do Sumo Sacerdote Jesus Cristo
 X. Os sumos sacerdotes são tipos do supremo Sumo Sacerdote
  a. A humanidade do Sumo Sacerdote
  b. O ministério do Sumo Sacerdote
 XI. O Profeta Moisés é tipo do Profeta Jesus Cristo
  a. Jesus é um profeta designado por Deus
  b. Jesus é um profeta entre os irmãos
  c. Jesus é um profeta que pronunciava as palavras de Deus
  d. Jesus é um profeta que falava tudo o que Deus ordenava
 XII. O Rei Davi é tipo do Rei Jesus Cristo
  a. O Rei Jesus não experimentou corrupção
  b. O Rei Jesus está exaltado
 XIII. As **sombras** são imperfeitas; a **Realidade** é perfeita
  a. A vida presente é sombra da vida vindoura
  b. A lei é sombra dos bens vindouros
  c. As comidas eram sombra do alimento perfeito
  d. O sábado é sombra do repouso eterno
  e. O santuário terreno é sombra do santuário celeste
  f. A transitoriedade das coisas deste tempo em contraste com a perenidade das coisas futuras

5. A REVELAÇÃO É PROGRESSIVA PORQUE VAI DO INFERIOR PARA O SUPERIOR
 A. Um pacto Superior
 B. Um sacerdote Superior

C. Um sacrifício Superior
D. Uma promessa superior
E. Uma esperança superior
F. Um acesso superior
G. Um antegosto SUPERIOR da glória

CAPÍTULO 7
A REVELAÇÃO ESPECIAL É PROGRESSIVA

DEFINIÇÃO DE REVELAÇÃO PROGRESSIVA

Existem vários conceitos sobre revelação progressiva. A definição mais comum é a crença de que Deus não ensinou a plenitude de sua verdade no começo da história humana. Antes, Deus, gradualmente, revelou a verdade em intervalos longos, de acordo com as necessidades dos homens, numa medida que era suficiente para a compreensão e a absorção por parte dos recipientes da revelação.[2]

A organização "Here We Stand" é composta por um grupo de cristãos dedicados ao Movimento do Reavivamento Cristão Reformado e definiu *revelação progressiva* como segue:

> *Revelação progressiva* significa que Deus revela a Verdade a nós, mas ele não faz isso de uma só vez. Ao contrário, faz isso progressivamente. Ele não apenas enviou seu Filho a nós logo

---

[2] "Progressive Revelation: An Introduction". Disponível em http://www.religioustolerance.org/sinpars1.htm. Acesso em julho de 2008.

após o pecado de Adão. Antes, ele nos falou por intermédio dos profetas. Assim, o conhecimento que o homem teve de Deus progrediu, até que toda a Bíblia fosse completada e, afinal, pudéssemos ver o quadro completo. A revelação progressiva é necessária porque nos tornamos totalmente depravados após a Queda de Adão. Nosso entendimento da Bíblia seria muito distorcido se Deus não começasse a nos ensinar a partir de coisas básicas. A revelação especial é progressiva porque Deus quer estabelecer os princípios mais importantes primeiro e, então, lentamente, dar-nos os detalhes.[3]

Portanto, a revelação divina é um processo que teve início no Jardim do Éden, culminando com a revelação que Jesus Cristo deu enquanto esteve entre nós e com a revelação posterior aos apóstolos, como, por exemplo, Paulo.

Nesse processo histórico, houve progresso no conteúdo e na quantidade de revelação. Gradualmente, Deus foi mostrando aos homens a natureza de seu caráter, por meio de preceitos no curso da história. Por isso o escritor bíblico diz que Deus "falou muitas vezes e de muitas maneiras" (Hb 1.1). Cada aspecto novo da revelação baseava-se numa revelação anterior, de modo que a Escritura é um conjunto harmônico de verdades reveladas. Por exemplo, quando João apresentou a expressão "Cordeiro de Deus" aos seus discípulos, ele o fez com base numa revelação anterior do cordeiro que era sacrificado na Páscoa, de modo que a mensagem posterior tornou-se inteligível. Quando Jesus apresentou-se como o Eu Sou, já havia uma noção anterior da divindade no AT como o "Eu Sou".

---

3 Cf. "Revelation". Disponível em http://www.herewestand.org/HereWeStandBook/1B1.html. Acesso em jul. 2008.

A REVELAÇÃO ESPECIAL É PROGRESSIVA

Uma revelação está sempre fundamentada em outra que lhe é anterior; assim, com seu caráter progressivo, vai acrescentando novos vislumbres da verdade.

Em verdade, houve progresso na revelação, e não evolução. No mundo científico, a ideia de evolução descreve o ato de mudança de uma coisa para outra. Todavia, não se passa assim com a revelação. Ela não se altera no tocante ao conteúdo. Apenas mais dados são acrescentados, com um aprofundamento daquilo que foi seminalmente revelado nos primórdios da história humana. Em vez de pensarmos na evolução da revelação divina, devemos pensar no aprofundamento de uma verdade que permanece essencialmente imutável e que antes estava escondida.

Quando Deus revelou os primeiros anúncios da redenção futura através da semente da mulher, deu início a um processo revelador que cresceria no curso da história. Gênesis 3.15 é apenas a semente da grande árvore da revelação divina. No início, foi apenas uma promessa, apenas um verso registrado. Nada mais. A princípio, Deus apenas mexeu na cortina, dando indícios de que o espetáculo teria início. Mas a verdade plena ainda estava encoberta. Posteriormente, Deus abriu toda a cortina de sua revelação redentora, dando a conhecer (ao menos em parte) seu grande plano na história do mundo e a futura história do povo de Deus.

O ensino da Escritura nos ajuda a ver a progressividade da revelação especial de Deus:

> Havendo Deus, outrora, falado, *muitas vezes e de muitas maneiras*, aos pais, pelos profetas, nestes últimos dias, nos falou pelo Filho, a quem constituiu herdeiro de todas as cousas (Hb 1.1-2).

Quando o escritor de Hebreus disse que Deus "falou de diversas maneiras aos pais pelos profetas", estava afirmando as várias fases da revelação divina, até chegar à revelação feita pelo Filho. A expressão "de muitas maneiras" aponta para uma revelação progressiva, como observa John Owen:

> A vontade de Deus concernente à sua adoração e à sua obediência não foi anteriormente revelada de uma só vez à Igreja por Moisés ou por qualquer outro. A revelação foi um processo gradual, pela adição de uma coisa após a outra, em diversos períodos, na medida em que a Igreja podia comportar-se à luz dos novos fatos e que estava servindo ao seu principal desígnio, qual seja, de reservar toda a proeminência ao Messias.[4]

Calvino também falou da revelação progressiva. Em suas *Institutas*, ele menciona o processo revelador de Deus:

> (...) a fim de que, com a marcha constante da instrução divina (*continuo progressu doctrinae*), a verdade de Deus pudesse permanecer como um sobrevivente no mundo em todas as eras, ele quis que os oráculos que havia depositado com os pais fossem, por assim dizer, consignado aos registros bíblicos.[5]

Portanto, podemos dizer, com convicção, que,

> sem um registro das revelações anteriores de Deus, suas palavras mais recentes e, acima de tudo, sua última Palavra [Verbo],

---

[4] John Owen. *Commentary on Hebrews*. Londres, 1840, v. II, p. 20.
[5] João Calvino. *Institutes of Christian Religion*, I, vi, 2.

não poderiam ser plenamente entendidas. Sem um registro permanente do processo total, a revelação de Deus como um todo não poderia ser preservada da corrupção para realizar, em cada geração, sua própria obra de trazer pecadores ao conhecimento de Deus.⁶

Enquanto as revelações do AT são primitivas e menos claras, as do NT são finais e desenvolvidas. Enquanto as revelações do AT foram feitas por meio de tipos e sombras, sendo, portanto, incompletas, as revelações do NT foram feitas em antítipos, realidades e, consequentemente, de forma completa.

Comparando os dois grandes períodos da revelação divina, o Antigo Testamento e o Novo Testamento, é possível ver não um contraste entre as revelações, mas umas complementando e suplementando as outras.

A progressividade da revelação pode ser entendida de várias maneiras.

1. A REVELAÇÃO É PROGRESSIVA PORQUE É CUMULATIVA

A revelação é progressiva porque também pode ser vista como cumulativa. Packer diz que a revelação divina "é uma atividade cumulativa".⁷ A revelação verbal divina não aconteceu de uma só vez; Deus foi-se revelando paulatinamente na história.

A. Definição de revelação cumulativa

Por cumulativa, entenda-se a revelação posterior sendo acres-

---

6 J. I. Packer, op. cit., p. 87.
7 Ibid., p. 84.

cida à revelação anterior, de modo que o acúmulo de revelação torna as coisas mais conhecidas e, portanto, mais claras.

À medida que a história da redenção foi-se desenrolando, mais os homens de Deus dispunham de informações acumuladas sobre Deus. A revelação divina em Cristo Jesus não foi um ato isolado, mas o complemento e o clímax de uma série de revelações históricas anteriores.

B. Exemplos de revelação cumulativa
- Noé teve menos conhecimento de Deus do que Abraão;
- Moisés teve um conhecimento cumulativo maior do que o de Abraão;
- Davi teve um conhecimento cumulativo maior do que o de Moisés;
- Isaías teve um conhecimento cumulativo maior do que o de Davi;
- João Batista teve um conhecimento cumulativo maior do que o de Isaías;
- Os apóstolos tiveram um conhecimento cumulativo maior do que o de João Batista.

A revelação cumulativa histórica torna a revelação cada vez mais clara. Obviamente, por causa da revelação de Cristo Jesus, os apóstolos tiveram um conhecimento cumulativo muito maior do que todos os outros mencionados.

A revelação é progressiva porque Deus vai amontoando, como numa construção, os tijolos, os quais vão sendo colocados uns sobre os outros, para que tenhamos uma descrição mais clara dele. Desse modo, os tijolos, quando devidamente colocados uns sobre os outros, dão-nos um quadro claro e completo da construção.

2. A REVELAÇÃO É PROGRESSIVA PORQUE PARTE DO MENOS CLARO PARA O MAIS CLARO

Vamos analisar algumas opiniões correntes no mundo cristão.

Alguns cristãos acreditam que houve um desenvolvimento do pensamento judaico a respeito da revelação progressiva de Deus. Eles pensam que o conceito israelita sobre Deus "desenvolveu-se de alguma coisa muito grosseira (como um deus tribal de guerra), por meio de algo mais refinado (um Criador moral), até chegar à concepção do Deus ensinado por Jesus (um Pai amoroso)".[8] Assim, chegam à conclusão de que hoje não precisamos mais nos importar com o AT, mas tão somente com o NT, que revela esse Deus superior. Essa é uma ideia bastante equivocada a respeito da revelação progressiva de Deus.

O Deus da Escritura é sempre o mesmo. Ele nunca muda ou se aperfeiçoa. Ele é completo em si mesmo. Todavia, a revelação que Deus faz de si mesmo é progressiva, no sentido de que as ideias que os recipientes da revelação tiveram de Deus foram crescendo à medida que Deus mostrava-se cada vez mais claramente. A progressividade da revelação tem a ver com a clareza, que é cada vez maior, à medida que a história da salvação vai-se desenvolvendo. Existem vários exemplos que apontam o elemento revelador partindo do menos claro para o mais claro.

A. Da Menor clareza da Doutrina da Trindade no ANTIGO TESTAMENTO para a maior clareza no NOVO TESTAMENTO

Há um nítido desenvolvimento do pensamento cristão a respeito da doutrina da Trindade ao longo da história da Igreja. E esse desenvolvimento se deve à progressividade da revelação.

---
8 Ibid., p. 86.

Não há uma doutrina da Trindade nos escritores ou nas interpretações judaicas do Antigo Testamento. Por quê? Porque a revelação da existência de Deus como Pai, Filho e Espírito Santo, como três pessoas distintas, só aconteceu no período do Novo Testamento. No Antigo Testamento, podemos perceber apenas uma noção da pluralidade na divindade, como, por exemplo, o uso do verbo no plural ("façamos o homem à nossa imagem e semelhança", "desçamos" etc.) ou o uso do nome divino no plural (*Elohim*).

Não há nenhuma noção das chamadas *opera ad intra* no Antigo Testamento. Quando nós, cristãos, lemos um texto no Antigo Testamento em busca da noção da Trindade, sempre o olhamos sob a perspectiva da revelação do Novo Testamento, que é projetada nos textos do Antigo Testamento. Há textos que dizem que um "menino nos nasceu e um filho se nos deu", trazendo, a seguir, nomes divinos para ele, mas isso nunca foi entendido pelos escritores do Antigo Testamento como um ensino sobre a Trindade. Somente quando a revelação chegou ao seu ápice, no NT, é que os estudiosos cristãos puderam formular uma doutrina elementar da Trindade. Foi a revelação progressiva de Deus na história que tornou possível a elaboração da doutrina da Trindade.

B. da Menor clareza da *doutrina da Regeneração* no Antigo testamento para a maior clareza no Novo testamento

Todos os estudiosos da Fé Reformada entendem que a salvação divina se deu da mesma forma no Antigo Testamento e no Novo Testamento. Não houve progressividade no processo de redenção efetivado nos homens, mas, sim, um progresso da revelação, ou seja, houve um progresso no anúncio de como as coisas redentoras eram feitas desde o Antigo Testamento.

No Antigo Testamento, as pessoas foram salvas da mesma maneira que as pessoas do tempo do Novo Testamento. A primeira obra que Deus faz dentro do pecador é a regeneração, que é a implantação da vida em quem está morto. No entanto, essa verdade só é clareada pela revelação neotestamentária. Há poucos indícios da regeneração no Antigo Testamento.

No entanto, no Novo Testamento, existem indícios mais claros de como se dava a obra divina no coração humano. A revelação desse ato vitalizador de Deus só ocorre com mais clareza nos escritos apostólicos. Nesse sentido, há mais clareza, a respeito da regeneração, no ensino do Novo Testamento do que no Antigo Testamento.

C. Da Menor clareza da doutrina da Salvação No Antigo testamento para A maior clareza no Novo testamento

O processo de salvação operado por Deus tem início após seu ato regenerador. Uma vez que um pecador é vivificado, Deus dá início ao processo de limpeza ou de despoluição de sua alma, o que tem a ver com a salvação. A essa limpeza (ou despoluição), chama-se santificação — em outras palavras, a salvação em curso.

Essa obra salvadora, contudo, não acontece de uma só vez; ela é realizada paulatinamente, até que se complete na redenção final, no último dia. No entanto, o conhecimento pleno dessas coisas só se dá na conclusão da revelação, no período do Novo Testamento. Embora o processo de salvação sempre tenha existido da mesma forma, em ambos os Testamentos, a revelação verbal foi crescendo à medida que ia aumentando a vontade divina. E os escritores do Novo Testamento nos dão muito mais informação de como esse processo se desenrola do que os escritores do Antigo Testamento.

O ato regenerador de Deus foi exatamente o mesmo em ambos os Testamentos, mas a revelação de como isso acontecia foi progressiva. Podemos dizer o mesmo acerca da doutrina da salvação.

3. A REVELAÇÃO É PROGRESSIVA PORQUE CAMINHA PARA A IDEIA DE COMPLEMENTARIDADE

Deus ampliou o conhecimento que o homem tinha a seu respeito caminhando para a ideia de complementaridade, a fim de alcançar as coisas completas sobre si mesmo, sobre o homem, sobre o pecado e a redenção.

No mundo teológico, existem aqueles que entendem a expressão "revelação progressiva" como traduzindo o mito do desenvolvimento religioso evolutivo, em uma tentativa de justificar sua desconsideração pelo Antigo Testamento. Na verdade, não podemos considerar uma evolução do pensamento religioso dos homens, mas tão somente uma revelação progressiva que Deus faz de si mesmo. Além disso, não deve subsistir, na mente do leitor, a ideia de que, no Novo Testamento, Deus mostra ideias contrárias e contraditórias sobre si em relação ao Antigo Testamento. Deve-se rejeitar a crença de que a revelação posterior está em conflito ou em contradição com a revelação anterior. Há uma grande diferença entre ideias contraditórias e ideias complementares.

A ideia de complementaridade é expressa da seguinte forma por Packer:

> A revelação do Novo Testamento repousa em cada ponto do Antigo Testamento, como seu fundamento, e remover o fundamento quando a estrutura está no lugar certo é o modo mais seguro de desalojar a superestrutura em si. Aqueles que

negligenciam o Antigo Testamento nunca darão muita importância ao Novo.[9]

Não pode haver complementaridade de revelação no Novo Testamento se não houver a base da revelação do Antigo Testamento. Muitas coisas que nos são reveladas no Novo Testamento são o complemento daquilo que, seminalmente, foi revelado no Antigo Testamento. Os autores do Novo Testamento entendem melhor o Antigo Testamento e acrescentam algumas ideias que estavam escondidas do povo. Nesse sentido, a noção de complementaridade fica ainda mais clara.

A revelação do Antigo Testamento é basilar para a revelação do Novo Testamento. Este não pode existir sem aquele, pois muitas coisas que estão escritas no Novo Testamento são a interpretação daquilo que já estava revelado no Antigo Testamento, apenas com uma dose de novidade. Portanto, a ideia de complementaridade da revelação só faz sentido quando já existe uma revelação prévia. A progressividade da revelação pode ser vista muito claramente na ideia de complementaridade. Não é sem razão que os estudiosos do passado, como, por exemplo, Agostinho, afirmavam, em termos revelacionais, que o Antigo Testamento está *patente* no Novo Testamento, assim como o Antigo Testamento está *latente* no Novo Testamento.

4. A REVELAÇÃO É PROGRESSIVA PORQUE PARTE DA IMPERFEIÇÃO PARA A PERFEIÇÃO

Uma das verdades sobre a revelação progressiva é que ela parte da imperfeição para a perfeição.

---

[9] J. I. Packer, op. cit., p. 86.

Por imperfeição, entenda-se incompletude, ou seja, a revelação parte do obscuro para o claro, do menos revelado para o mais revelado. Não há imperfeição da revelação em si, como se o que fora revelado no princípio fosse impróprio ou não verdadeiro. A imperfeição diz respeito aos meios de revelação. No princípio, eram tipos que apontavam para um modelo superior e perfeito. Vários deles podem ser encontrados nas Escrituras. Segue, pois, a análise de alguns textos que mostram os *tipos* e seus respectivos *antí*tipos.

Veja-se, pois, a progressividade da revelação na questão da redenção, usando a noção de tipos e antítipos, bem como de sombra e realidade:

A. Os *tipos* são imperfeitos e os *AntÍtipos,* perfeitos

Um *tipo* diz respeito a uma pessoa, uma ação, um evento, uma cerimônia, entre outros, com menção no Antigo Testamento, prefigurando, assim, um antítipo da mesma natureza no Novo Testamento.

Sempre existe uma semelhança entre um tipo no Antigo Testamento e um antítipo no Novo Testamento; todavia, a diferença entre eles é que o antítipo é superior e maior em significado do que o tipo.

Vejamos alguns exemplos da imperfeição dos tipos para a perfeição dos antítipos na questão da progressividade revelacional.

> É isto uma parábola para a época presente; e, segundo esta, se oferecem tanto dons como sacrifícios, embora estes, no tocante à consciência, sejam ineficazes para aperfeiçoar aquele que presta culto, os quais não passam de ordenanças da carne, baseadas somente em comidas, e bebidas, e diversas abluções, impostas até ao tempo oportuno de reforma. Quando, porém, veio Cristo

como sumo sacerdote dos bens já realizados, *mediante o maior e mais perfeito tabernáculo,* não feito por mãos, quer dizer, não desta criação (Hb 9.9-11).

A ideia do imperfeito para o perfeito está claramente afirmada nos versos citados. Os tipos são imperfeitos e os antítipos, perfeitos.

I. O Primeiro Adão é tipo do Segundo Adão

Adão e Jesus Cristo são pessoas públicas que agiram representativamente, de modo que o ato deles é sempre considerado o ato daqueles a quem representavam.

> Entretanto, reinou a morte desde Adão até Moisés, mesmo sobre aqueles que não pecaram à semelhança da transgressão de *Adão, o qual prefigurava aquele que havia de vir* (Rm 5.14).

Nessa passagem, Paulo usa a palavra grega *tu,poj* (*tipo*), que é traduzida como "prefigurar". Ou seja, um tipo é uma figura antecipada de alguém que vem no futuro. O antítipo é sempre superior ao tipo.

Adão é o tipo de Cristo porque apontava para Cristo, no sentido de ser o representante de um povo. Assim como Adão foi representante da antiga humanidade (a humanidade que veio a se tornar pecadora), Jesus Cristo foi o tipo da nova humanidade (a humanidade que viria a ser remida).

> Visto que a morte veio por um homem, também por um homem veio a ressurreição dos mortos. *Porque assim como, em Adão,* todos morrem, *assim também* todos serão vivificados *em Cristo* (1Co 15.21-22).

O tipo e o antítipo são aqui estabelecidos pelas expressões destacadas. Assim como em Adão alguma coisa aconteceu, também em Cristo isso se deu. Aqui, a semelhança é a representatividade que cada um exerceu, como Deus apontou, a fim de ser o cabeça de um povo. O primeiro representou toda a humanidade; o segundo, um povo escolhido por Deus.

A afirmação clara também é de que o primeiro Adão prefigurava Cristo, o que haveria de vir, portanto o primeiro Adão é um tipo de Cristo. Aqui, a tipologia é de contraste entre duas realidades opostas inauguradas por seu respectivo cabeça. Portanto, é como representante de um todo que Adão prefigurava Cristo. Por meio de uma só ofensa de um homem — Adão —, pecado, julgamento, condenação e morte recaíram sobre todos. Como antítipo, por meio de um só ato de justiça de um homem — Jesus Cristo —, justiça, graça, justificação e vida vieram sobre todos.

A tipologia, portanto, está no fato de que, por meio de um só ato de um homem, veio sobre todos, ou sobre muitos, um conjunto de realidades. Essas realidades, entretanto, não são semelhantes, mas contrastantes. Por meio de um só ato de Adão, toda a raça humana caiu; por meio de um só ato de Cristo, uma nova criação é redimida. O tipo era imperfeito; o antítipo, perfeito. E, embora essa similaridade, os dois também contrastam entre si, pois o primeiro é imperfeito e o segundo, perfeito. Vejamos, pois, em 1Coríntios 15.45-49, como o tipo é imperfeito e o antítipo, perfeito.

> Pois assim está escrito: o primeiro homem, Adão, foi feito alma vivente. O último Adão, porém, é espírito vivificante. Mas não é primeiro o espiritual, e sim o natural; depois, o espiritual. O primeiro homem, formado da terra, é terreno; o segundo homem

é do céu. Como foi o primeiro homem, o terreno, tais são também os demais homens terrenos; e, como é o homem celestial, tais também os celestiais. E, assim como trouxemos a imagem do que é terreno, devemos trazer também a imagem do celestial.

a. O primeiro Adão foi feito alma vivente; o último é espírito vivificante

O primeiro Adão foi criado por Deus — recebeu vida da parte de Deus. Sua existência é dependente de Deus; sua capacidade de existir e de viver não lhe é própria, é derivada. Ele foi feito, formado, criado pela graça e pelo poder de Deus. E foi feito alma vivente, ou seja, tornou-se um ser vivo. A vida que residiu em Adão era suficiente apenas para si mesmo.

Contudo, o último Adão, Cristo, é espírito vivificante. Diferente de Adão, Cristo transmite vida a outros; como sua vida é dele próprio, ou melhor, por ser ele a própria vida, pode distribuí-la e dá-la a outros. Ele vivifica. O primeiro Adão recebeu vida; o último doa vida. O primeiro Adão tem existência derivada; o último Adão tem existência eterna e infinita. O primeiro Adão veio a existir na Criação; o último Adão vivifica a Criação. O tipo é imperfeito; o antítipo, perfeito.

b. O primeiro Adão é terreno; o segundo Adão é celestial

Quando se diz que o segundo Adão, Cristo, é celestial, isso não significa que Jesus não tenha tido uma vida aqui na terra ou que se negue sua humanidade plena. O fato é que, como o primeiro Adão, que é terreno, foi formado do pó da terra, ele tem propriedades humanas somente; e sua sentença foi que ao pó retornaria. Essa é também a imagem terrena que carregamos, ou seja, o efeito mortal do pecado em todos os sentidos. Aqui, portanto, a palavra "terrena" deve ser entendida como sinônimo de corrupção, em contraste com o que é incorruptível.

Por outro lado, o segundo homem, Cristo, é homem, mas não foi formado do pó da terra. E, embora tenha uma carga genética humana, ele também é celestial, ou seja, divino, santo, perfeito e totalmente justo. Ele é o segundo homem, mas não é apenas homem; ele é Deus-homem. Ele é celestial porque representa o céu, com todas as suas perfeições e glória. Por sua vez, o primeiro homem, Adão, é terreno e imperfeito. O segundo homem, Cristo, é celestial e perfeito. O primeiro homem foi formado do pó da terra; o segundo é gerado do Pai, no conselho eterno e trinitário da redenção. Aqui, pois, deve-se entender "celestial" como incorrupto, em contraste com o que é corruptível (ou terreno).

Assim, fica evidente como os tipos vão da imperfeição para a perfeição, no sentido de que o meio da revelação perfeito estava para vir. O tipo é sempre imperfeito, enquanto o antítipo é perfeito.

II. A Libertação do Cativeiro é tipo da Libertação do Pecado

A libertação do cativeiro do Egito, efetuada através de Moisés, é tipo da libertação do pecado efetuada por Jesus Cristo. Essa libertação do Egito aponta para algo imperfeito, enquanto a de Cristo é perfeita. São libertações de naturezas distintas, mas uma aponta para a outra.

O povo de Israel foi levado cativo para a Assíria por volta de 721 a.C. e, especialmente para a Babilônia, em torno de 586 a.C. O reino do norte foi feito cativo pelo Império Assírio e o reino do sul, pelo Império Babilônico. Esse cativeiro resultou diretamente da maldade e do pecado dos reis e do povo de Israel e de Judá. No cativeiro assírio ou babilônico, eles viviam em condições de servidão, sem liberdade de viver totalmente para Deus. Eram escravos de seus suseranos, vassalos de seus respectivos imperadores, os quais eram idólatras e politeístas, além de cultuarem a si mesmos. Judá, por exemplo, serviu ao rei da Babilônia por aproximadamente setenta anos (Jr 25.11).

Portanto, o povo escolhido de Deus sofria sob o cativeiro e, portanto, necessitava de libertação. Encontramos relatos dessa libertação em alguns pontos da Bíblia, entre os quais Esdras 1-2, texto que será analisado logo a seguir. Depois de praticamente setenta anos, Ciro, o grande rei persa, após subjugar o Império Babilônico, libertou o povo de Judá do cativeiro, dando cumprimento, assim, à promessa de Deus (Jr 29.10).

Jesus Cristo, falando de si mesmo a partir de uma profecia de Isaías, declara que viera para libertar o cativo do cativeiro:

> Então, lhe deram o livro do profeta Isaías, e, abrindo o livro, achou o lugar onde estava escrito: O Espírito do Senhor está sobre mim, pelo que me ungiu para evangelizar os pobres; enviou-me para proclamar *libertação aos cativos* e restauração da vista aos cegos, para pôr em liberdade os oprimidos e apregoar o ano aceitável do Senhor. Tendo fechado o livro, devolveu-o ao assistente e sentou-se; e todos na sinagoga tinham os olhos fitos nele. Então, passou Jesus a dizer-lhes: *Hoje, se cumpriu a Escritura que acabais de ouvir* (Lc 4.17-21, grifos acrescidos).

Nessa ocasião, Jesus Cristo revela, de forma surpreendente, que é o proclamador e libertador dos cativos e oprimidos. Nele é que se cumpre a verdadeira libertação do cativeiro, tipificada nos tempos de Esdras e Neemias. Jesus está apregoando o ano aceitável do Senhor. Ele está, como Ciro, fazendo passar um pregão pelo mundo inteiro, dizendo: *Este é o tempo de libertação do cativeiro!*

Jesus Cristo, por meio de sua ascensão e, consequentemente, por toda a sua obra redentora, "levou cativo o cativeiro", diz Paulo em Efésios 4.8. Ele eliminou o cativeiro, destruindo-o, e o que antes fazia cativo, prendia e algemava agora está limitado. Toda a obra redentora de Cristo possibilitou essa libertação. Em Cristo, cumpre-se a palavra de Deus, pela boca do profeta Jeremias, de que o cativeiro seria levado cativo: "Porque eles também serão escravos de muitas nações e grandes reis; assim, lhes retribuirei segundo os seus feitos e segundo as obras das suas mãos" (Jr 25.14). Quem escravizou passou a ser escravizado. Cristo, por sua vida e obra, derrotou o pecado; e sua força acabou com a escravidão e a maldade.

Hoje, nós que estamos em Cristo, por causa dele, somos também libertos do pecado. Estamos livres da escravidão do pecado. "Sabendo isto, que foi crucificado com ele o nosso velho homem, para que o corpo do pecado seja destruído, *e não sirvamos ao pecado como escravos*" (Rm 6.6); "Porque o pecado *não terá domínio sobre vós*" (Rm 6.14a); "Mas graças a Deus porque, *outrora, escravos do pecado*" (Rm 6.17a); "e, uma vez *libertos do pecado*" (Rm 6.18a); "Agora, porém, *libertados do pecado*, transformados em servos de Deus" (Rm 6.22a) (grifos acrescidos). Considerando, pois, esses textos, vejamos por que a libertação do cativeiro é tipo da libertação do pecado.

a. A libertação é o cumprimento da palavra do Senhor

No primeiro ano de Ciro, rei da Pérsia, para que se cumprisse a palavra do Senhor, por boca de Jeremias (Ed 1.1a)

Conforme profetizou Jeremias, Judá conseguiu libertar-se de seu cativeiro; conforme profetizou Isaías, os cativos e oprimidos que creram que aquelas palavras se cumpririam foram postos em liberdade e estão livres do pecado. Em Cristo, cumpriram-se as Escrituras, e elas falaram de uma libertação para os cativos e oprimidos (Lc 4.21).

b. A libertação é anunciada e executada pelo libertador

(...) despertou o SENHOR o espírito de Ciro, rei da Pérsia, o qual fez passar pregão por todo o seu reino, como também por escrito, dizendo (Ed 1.1).

O rei persa Ciro é o que faz passar o pregão, que anuncia, dizendo, por escrito, a todos os interessados, que eles estão livres do cativeiro e podem retornar à sua terra.

Em Lucas, Jesus Cristo também se apresenta como aquele que apregoa libertação aos cativos: *"enviou-me para proclamar libertação aos cativos (...) e apregoar o ano aceitável do Senhor"*. Esse ano aceitável do Senhor pode ser entendido como o tempo da libertação, o tempo oportuno em que a salvação chegou. Para os israelitas, esse tempo foi quando saíram do cativeiro babilônico; para os crentes em Cristo, objetivamente, quando da encarnação à ascensão de Cristo, e subjetivamente, quando o recebem pela fé. O libertador é o mesmo que anuncia e executa a libertação, como Cristo fez: o Espírito de Deus estava sobre ele para não só *proclamar* a libertação aos cativos, mas também para *pôr* em liberdade os oprimidos.

Em Isaías 44.28 e 45.1, no contexto de libertação de Israel, Ciro, o rei persa, é chamado por Deus de seu pastor e seu ungido.

Igualmente, Jesus é o ungido e o pastor de Deus que anunciou e executou a libertação do Israel de Deus, a Igreja.

c. A libertação é acompanhada de uma nova vida

> Então, se levantaram os cabeças de família de Judá de Benjamim, e os sacerdotes e os levitas, com todos aqueles cujo espírito Deus despertou, para subir e edificar a Casa do SENHOR, a qual está em Jerusalém (Ed 1.4).

Os que aceitaram a oferta de Ciro não apenas ficaram livres da escravidão, como também puderam reconstruir sua vida em Jerusalém e a Casa do Senhor, que havia ficado em ruínas. Daquele momento em diante, eles teriam uma nova vida, um novo estado, uma nova realidade.

No registro de Lucas, Jesus leu a passagem de Isaías 61.1-2. Nesse mesmo capítulo, o profeta Isaías, no verso 4, diz: "Edificarão os lugares antigamente assolados, restaurarão os de antes destruídos e renovarão as cidades arruinadas, destruídas de geração em geração". E, em 61.3, Isaías, falando de Jesus, diz que ele colocaria sobre os que estão de luto uma coroa no lugar das cinzas, óleo de alegria, em vez de choro, e roupas de louvor no lugar de uma alma angustiada. Portanto, quando Jesus afirmou que era o proclamador e executor da libertação, também traria, no bojo de tudo isso, essa nova vida e essa nova realidade afirmada no contexto de Isaías 61.1-2.

Paulo explica o que é essa nova vida: "pois não estais debaixo da lei, e sim da graça" (Rm 6.14b); "Mas graças a Deus que, outrora, escravos do pecado, contudo, viestes a obedecer de coração à forma de doutrina a que fostes entregues; e, uma vez libertados do pecado, fostes feitos servos da justiça" (Rm 6.17-18); "Agora, porém, libertados do pecado, transformados em servos de Deus, tende o vosso fruto para a santificação e, por fim, a vida eterna" (Rm 6.22). Portanto, depois da libertação do pecado, de suas amarras e de seu domínio, há uma nova vida a se viver e desfrutar, como servos de Deus. As cidades são reconstruídas, as ruínas são levantadas, o óleo de alegria é derramado, as vestes de louvor são vestidas e a coroa de alegria é colocada.

Portanto, percebemos como o antítipo, a libertação do pecado, é mais excelente e perfeita em relação ao seu tipo, a libertação do cativeiro. Pela libertação do pecado, através do verdadeiro e perfeito pastor e ungido de Deus, Jesus Cristo, seu único Filho, recomeçamos não uma cidade, mas um relacionamento com o Pai; reconstruímos não o templo de Jerusalém, mas entramos na Igreja de Deus; desfrutamos não apenas de uma vida política e social, mas da vida eterna.

III. O Levantamento da Serpente no deserto é tipo do levantamento de Cristo no Calvário

Vários eventos no tempo da peregrinação pelo deserto apontam para essa mesma relação entre tipo e antítipo, sendo este superior àquele. Um deles é o da serpente de bronze que foi levantada no deserto e o de Cristo que foi levantado na cruz.

Na revelação de Deus, de seu plano redentor, há uma associação entre esses dois eventos históricos. E essa ligação estabelece mais um fenômeno de tipo e antítipo na progressividade da revelação. A serpente levantada por Moisés no deserto e o Cristo levantado na cruz formam essa característica revelacional. Encontramos essa passagem em Números 21.4-9:

Então, partiram do monte Hor, pelo caminho do mar Vermelho, a rodear a terra de Edom, porém o povo se tornou impaciente no caminho. E o povo falou contra Deus e contra Moisés: Por que nos fizeste subir do Egito, para que morramos neste deserto, onde não há pão nem água? E a nossa alma tem fastio desse pão vil. Então, o Senhor mandou entre o povo serpentes abrasadoras, que mordiam o povo; e morreram muitos do povo de Israel. Veio o povo a Moisés e disse: Havemos pecado, porque temos falado contra o Senhor e contra ti; ora ao Senhor para que tire de nós as serpentes. Então, Moisés orou pelo povo. Disse o Senhor a Moisés: Faze uma serpente abrasadora, põe-na sobre uma haste, e será que todo mordido que a mirar viverá. Fez Moisés uma serpente de bronze e a pôs sobre uma haste; sendo alguém mordido por alguma serpente, se olhava para a de bronze, sarava.

No Novo Testamento, Lucas narra a crucificação de Jesus Cristo da seguinte forma: "Quando chegaram ao lugar chamado Calvário, ali o crucificaram (...)" (Lc 23.33a). A conexão entre Números e o Evangelho de Lucas é João 3.14-15: "E do modo por que Moisés levantou a serpente no deserto, assim importa que o Filho do homem seja levantado, para que todo aquele que nele crê tenha a vida eterna".

Quando Jesus fala que, *do mesmo modo* como Moisés fez, assim acontecerá consigo, está ligando os dois eventos, fazendo do primeiro o tipo e, do segundo, o antítipo. Aquele é imperfeito; este é perfeito, pois a progressividade da revelação parte da imperfeição para a perfeição. O tipo é imperfeito porque diz respeito a um povo local, a nação de Israel; o antítipo é perfeito porque diz respeito a todas as pessoas do mundo, a *todo aquele que crê*. O tipo é imperfeito porque é um objeto de bronze que foi levantado, uma serpente; o antítipo é perfeito porque é uma pessoa perfeita que é levantada, o *Filho do Homem*. O tipo é imperfeito porque as pessoas deveriam olhar para ele; o antítipo é perfeito porque as pessoas devem *crer* nele. O tipo é imperfeito porque, por meio dele, concedia-se vida física apenas; o antítipo é perfeito porque concede, ele mesmo, a *vida eterna*.

Hendricksen apresenta quatro aspectos de comparação: a morte é uma punição pelo pecado; o próprio Deus provê o remédio; o remédio providenciado por Deus é algo ou alguém proposto ao povo punido e; essas pessoas são curadas ou salvas ao olhar ou crer para essas provisões de Deus.[10]

Portanto, vemos que o tipo, a serpente abrasadora de bronze levantada no deserto, é imperfeito porque era apenas um objeto que trouxe uma provisão temporária e física para uma nação específica. Entretanto, o Antítipo, o Cristo divino-humano levantado na cruz, bem como na ressurreição, na ascensão e na coroação nos céus, é perfeito, porque é a pessoa bendita do Redentor que trouxe provisão eterna e espiritual para as pessoas do mundo inteiro e de todas as épocas.

IV. O Templo no Antigo Testamento é tipo do Templo no Novo Testamento

A revelação do templo no Antigo Testamento aponta para a revelação do templo no Novo Testamento.

No Antigo Testamento, o templo no qual os sacerdotes ministravam todos os sacrifícios e ofertas era também o local da

---

10 William Hendriksen. *Comentário do Novo Testamento: João*. São Paulo: Cultura Cristã, 2004, p. 189.

presença gloriosa de Deus. Quanto ao tabernáculo de Moisés, por exemplo, depois de levantado e tudo preparado, diz-se que "a glória do S{\scriptsize ENHOR} encheu o tabernáculo" (Êx 40.35); quanto ao templo de Salomão, igualmente, depois de tudo concluído e trazida a arca da aliança, diz-se que "a glória do S{\scriptsize ENHOR} enchera a Casa do S{\scriptsize ENHOR}" (1Rs 8.11). Salomão, referindo-se a essa nuvem de glória, entendeu essa presença gloriosa de Deus como sinal da sua habitação no meio do povo: "Então disse Salomão: O S{\scriptsize ENHOR} declarou que habitaria em trevas espessas. Na verdade, edifiquei uma casa para a tua morada, lugar para tua eterna habitação" (1Rs 8.12-13).

No Novo Testamento, algumas passagens, porém, consideram os crentes o santuário de Deus, local em que, agora, ele habita:

> Que ligação há entre o santuário de Deus e os ídolos? Porque *nós somos santuário do Deus vivente*, como ele próprio disse: Habitarei e andarei entre eles; serei o seu Deus, e eles serão o meu povo (2Co 6.16, grifos acrescidos).

Paulo diz o mesmo em 1Coríntios 3.16-17 e 6.19:

> Não sabeis que *sois santuário de Deus* e que o Espírito de Deus habita em vós? Se alguém destruir o santuário de Deus, Deus o destruirá; *porque o santuário de Deus, que sois vós*, é sagrado (...) Acaso não sabeis que *o vosso corpo é santuário do Espírito Santo, que está em vós*, o qual tendes da parte de Deus, e que não sois de vós mesmos?

Paulo ainda fala da comunidade de crentes como edifício de Deus, como em 1Coríntios 1.9 e Efésios 2.20-22:

> Porque de Deus somos cooperadores; lavoura de Deus, *edifício de Deus sois vós* (...) edificados sobre o fundamento dos apóstolos e profetas, sendo ele mesmo, Cristo Jesus, a pedra angular; no qual todo edifício, bem ajustado, cresce para *santuário dedicado ao Senhor*, no qual também vós juntamente estais sendo edificados para *habitação de Deus no Espírito*.

O apóstolo Pedro, igualmente, transmite essa ideia em 1Pe 2.5:

> Também vós mesmos, como pedras que vivem, *sois edificados casa espiritual* para serdes sacerdócio santo, a fim de oferecerdes sacrifícios espirituais agradáveis a Deus por intermédio de Jesus Cristo (grifos acrescidos).

A ideia neotestamentária, portanto, é a de que o povo de Deus, salvo em Cristo Jesus, forma a atual e permanente habitação de Deus. Cada um dos remidos é uma pedra que forma um grande edifício, casa ou santuário, onde Deus habita.

Agora, a presença gloriosa de Deus na Igreja não é mais percebida pela descida de uma nuvem que enchia um lugar. No presente, a habitação de Deus, a presença de Deus no meio de seu povo, se dá através de seu Espírito Santo, que ele derramou abundantemente sobre nós (Tt 3.6). Jesus ensinou isso claramente:

> E eu rogarei ao Pai, e ele vos dará outro Consolador, a fim de que *esteja para sempre convosco*, o Espírito da verdade, que o mundo não pode receber, porque não o vê, nem o conhece; vós o conheceis, porque *ele habita convosco e estará em vós* (Jo 14.16-17, grifos acrescidos).

Tiago, em sua epístola, também afirma a habitação de Deus em nós pelo Espírito: "Ou supondes que em vão afirma a Escritura: É com ciúme que por nós anseia o Espírito, que ele fez habitar em nós?" (Tg 4.5).

Nesse contexto, fica evidente que o santuário, templo ou lugar da presença gloriosa de Deus, sua habitação, é, sem dúvida, a comunidade de remidos, e não mais um lugar físico específico.

Eis alguns aspectos que manifestam a perfeição do tipo em relação de contraste com seu antítipo:

a. O templo do AT era um espaço físico; o templo do NT é uma comunidade de pessoas

Em Êxodo 40.35, é-nos dito que a glória do Senhor encheu o *tabernáculo* que Moisés erigiu e, em 1 Reis 8.11, que encheu o *templo* que Salomão edificou. O primeiro era de cortinas e peles de animais e madeira; o segundo, de pedras e madeira. Ambos, portanto, constituíam-se de um espaço físico. Em 1Coríntios 3.16-17, lemos que os creem em Cristo é que são o santuário de Deus, conforme Tiago ensinou (Tg 4.5); foi sobre essas pessoas que o Espírito Santo foi derramado. A habitação divina constitui-se, portanto, de pessoas que formam uma comunidade, ou seja, gente que tem em comum a fé justificadora em Cristo.

Por ser um espaço físico, o templo do AT era geográfico e nacionalmente limitado. O templo do NT, por sua vez, por ser uma comunidade de pessoas eleitas e salvas, não tem limites geográficos ou nacionais. Todo o rebanho de Deus, em toda a face da Terra, constitui o Templo do Senhor. Agora, a glória do Senhor é vista não mais em um só lugar específico; ela é contemplada por todas as nações. Naquele templo, apenas os israelitas podiam entrar; neste, gente de todas as etnias tem acesso e o integra.

Por ser um espaço físico, o templo do AT estava sujeito ao desgaste e à ruína provocados pelos tempo; por ser uma comunidade de pessoas crentes em Cristo, o templo do NT está, a cada dia, se renovando, sempre com a chegada de novos crentes na fé em Cristo, e também porque o Pai e o Filho mantêm para sempre sua Igreja segura:

> As minhas ovelhas ouvem a minha voz; eu as conheço e elas me seguem. Eu lhes dou a vida eterna; jamais perecerão, e ninguém as arrebatará da minha mão. Aquilo que meu Pai me deu é maior do que tudo; e da mão do Pai ninguém pode arrebatar. Eu e o Pai somos um (Jo 10.27-30).

Aqui, as ovelhas são uma comunidade de pessoas; elas ouvem a voz de Jesus e o seguem; são aquelas que o Pai deu ao Filho, que é maior do que tudo (veja a perfeição do tipo). Essas pessoas específicas têm a vida eterna; *jamais perecerão*, pois ninguém pode tirá-las das mãos do Filho e do Pai. O templo do AT pereceu, mas o do NT jamais perecerá. O fato de o templo do NT também ter natureza material, ou seja, o corpo físico de cada crente, significa que não perecerá, porque Jesus Cristo ressuscitará cada um de seus filhos, conforme prometeu em João 6.39-40, 44, "E eu o ressuscitarei no último dia", e também segundo o ensino de Paulo em 2Coríntios 15.

Embora, como dissemos, o templo do NT também tenha aspecto físico — "Acaso não sabeis que *o vosso corpo é santuário do Espírito Santo, que está em vós*" (1Co 3.17) —, sua natureza é, basicamente, espiritual, perfeita, em contraste com seu tipo, que era tão somente físico. Por isso, esse santuário, o Templo de Deus, é dedicado ao Senhor, consagrado a ele para os serviços espirituais agradáveis a Deus, por meio dos quais sua edificação está sempre em curso, ou seja, a edificação dos crentes.

Há uma tipologia maravilhosa nas Escrituras em relação à pedra. Uma pedra que, no Antigo Testamento, era física, como tipo, apontava para a pedra verdadeira e perfeita, que, no Novo Testamento, é chamada espiritual. A referência, contudo, não é à pedra de um edifício, como as do templo, por exemplo, mas à pedra da qual jorrava água para saciar os israelitas no deserto. Assim, temos em Êxodo 17.1-6:

> Tendo partido toda a congregação dos filhos de Israel do deserto de Sim, fazendo suas paradas, segundo o mandamento do Senhor, acamparam-se em Refidim; e não havia ali água para o povo beber. Contendeu, pois, o povo com Moisés e disse: Dá-nos água para beber. Respondeu-lhe Moisés: Por que contendeis comigo? Por que tentais ao Senhor? Tendo aí o povo sede de água, murmurou contra Moisés e disse: Por que nos fizeste subir do Egito, para nos matares de sede, a nós, a nossos filhos e aos nossos rebanhos? Então, clamou Moisés ao Senhor: Que farei a este povo? Só lhe resta apedrejar-me. Respondeu o Senhor a Moisés: Passa adiante do povo e toma contigo alguns dos anciãos de Israel, leva contigo em mão o bordão com que feriste o rio e vai. Eis que estarei ali diante de ti sobre a rocha em Horebe; ferirás a rocha, e dela sairá água, e o povo beberá. Moisés assim o fez na presença dos anciãos de Israel.

Aqui, essa pedra, ou rocha, era a fonte de toda água que dessedentava o povo no deserto.

Em 1Coríntios 10.3-4, Paulo, ao falar dessa experiência dos israelitas no deserto, identifica essa pedra com Cristo: "Todos eles comeram de um só manjar espiritual e beberam da mesma fonte espiritual; porque bebiam de uma pedra espiritual que os seguia. *E a pedra era Cristo*".

Observe que o apóstolo está comentando o mesmo evento narrado em Êxodo 17.1-6 quando fala que os israelitas bebiam de uma mesma fonte, e que essa fonte era uma pedra. Entretanto, em seu comentário e na análise da passagem com os crentes de Corinto, Paulo avança e vai além do sentido físico da pedra. Paulo visualiza um sentido espiritual naquela pedra física em Horebe, sobre a qual Deus estava. Ele diz que, espiritualmente, aquela pedra era Cristo, ou seja, aquela pedra era um tipo de Cristo. Na tipologia levantada por Paulo, Cristo é a Pedra Espiritual que dá água ao sedento; Cristo é a verdadeira fonte de vida espiritual. O próprio Cristo fez referência a si mesmo como aquele que tem água para dar de beber, no sentido espiritual:

> Replicou-lhe Jesus: Se conheceras o dom de Deus e quem é o que te pede: dá-me de beber, tu lhe pedirias, *e ele te daria água viva* (...) Afirmou-lhe Jesus: Quem beber desta água tornará a ter sede; aquele, porém, que *beber da água que eu lhe der* nunca mais terá sede; pelo contrário, a água que eu lhe der será nele uma fonte a jorrar para a vida eterna (Jo 4.10, 13-14).

Observe que Jesus, como aquele que tem essa água, é quem a dá. E somente quem tem pode dar. Ele é a fonte de água que dá vida espiritual (água viva).

Em outro momento, Jesus Cristo, a Pedra Espiritual que jorra água para o povo, disse em alto e bom som, na Festa dos Tabernáculos: "(...) Se alguém tem sede, venha a mim e beba. Quem crer em mim, como diz a Escritura, do seu interior fluirão rios de água viva" (Jo 7.37-38). A essa altura, cabem algumas observações:

V. A Pedra física é tipo da Pedra Espiritual

A rocha do deserto produziu água para dessedentar os lamurientos hebreus (Êx 16.1-6), enquanto a Rocha dos Séculos produz água viva para todo o povo de Deus na face da terra!

Veja alguns contrastes que apontam para o binômio *imperfeição* e *perfeição*:

- A rocha de Horebe produziu água por causa do poder de Deus concedido a Moisés, mas a Rocha eterna produz água de si mesma, porque é divina!
- As rochas do deserto, às vezes, representavam um empecilho para o povo atravessar o deserto, mas a Rocha eterna, que os seguia e os conduzia pelo caminho, era Cristo (1Co 10.4).
- O templo de Salomão foi construído de pedras físicas e naturais encontradas em alguma parte. Por sua vez, o Templo de Deus (que é a Igreja) é composto da Pedra Viva e das pedras que se tornam vivas ao entrar em contato com a Pedra Viva.

Chegando-vos para ele, *a pedra que vive*, rejeitada, sim, pelos homens, mas para com Deus eleita e preciosa, *também vós mesmos, como pedras que vivem*, sois edificados casa espiritual para serdes sacerdócio santo, a fim de oferecerdes sacrifícios espirituais agradáveis a Deus por intermédio de Jesus Cristo (1Pe 2.4-5).

Com as pedras físicas, os israelitas construíram um templo físico, mas o templo espiritual foi construído com pessoas que são chamadas "pedras que vivem", formando a "casa espiritual". Não é difícil perceber a imperfeição do templo físico (que já não existe mais!), em contraste com a perfeição da "casa espiritual" (que é a Igreja de Deus, o santuário do Deus vivo!).

Nos tempos do Antigo Testamento, a adoração era templária, ou seja, era uma adoração localizada. Deus só podia ser adorado em determinado lugar. Todo israelita que queria adorar a Deus tinha de ir a Jerusalém. A presença de Deus era percebida somente no templo, pois a sua presença era simbolizada pela presença da Arca da Aliança. Onde estava a arca, ali se encontrava a presença de Deus. Por essa razão, quando a arca foi tomada dos israelitas, a presença de Deus se foi deles.

No tempo do Novo Testamento, contudo, a adoração não era mais localizada, pois, onde "dois ou três estivessem presentes, ali o Senhor estaria no meio deles". A presença de Deus não mais está associada ao templo físico de pedras, mas é vista na Igreja, que é o santuário no qual Deus habita.

O tipo (templo de pedras de Jerusalém) é imperfeito, mas o antítipo (o santuário de Deus, a Igreja) é perfeito! O templo do AT foi destruído e nunca mais será reconstruído, pois, quando a ideia do edifício de Deus (que sois vós) foi construída, o primeiro edifício não mais se fazia necessário. Quando o que é perfeito se manifesta, o imperfeito desaparece.

Veja ainda outros contrastes que envolvem a ideia da imperfeição da pedra e da perfeição da Pedra angular:

a. A Pedra Espiritual é designada e apontada por Deus

Não foi Moisés quem escolheu a rocha de onde fluiria a água para o povo. Deus foi bem específico e disse a Moisés que a pedra a ser ferida era aquela sobre a qual ele estaria, em Horebe. Moisés não saiu procurando uma rocha qualquer. Não podia ser qualquer uma.

Jesus Cristo, igualmente, foi aquele enviado pelo Pai para dar de beber a seu povo. Ele foi apontado e designado Filho de Deus perfeito. Ninguém pode sair por aí escolhendo qualquer um para ser sua fonte de água. Só Cristo é o estabelecido por Deus, apresentado e mostrado pelo Pai como o suficiente Salvador: "E não há salvação em nenhum outro, porque abaixo do céu não existe nenhum outro nome, dado entre os homens, pelo qual importa que sejamos salvos" (At 4.12).

b. A Pedra Espiritual teve de ser ferida para jorrar água

Deus foi bem específico na ordem dada a Moisés. Ele tinha de bater na rocha, ferindo-a com seu bordão, para que pudesse fluir água. Deus disse a Moisés: "Ferirás a rocha, e dela sairá água".

Cristo também foi ferido mediatamente pelo Pai. Ele foi humilhado, esvaziou-se de si mesmo, foi ultrajado, cuspido, esbofeteado, chicoteado e, por fim, crucificado. Na cruz, foi trespassado por uma lança. Foi sepultado e esteve morto por três dias. Mas por essa razão é que, agora, ele pode dar água viva ao sedento. Foi plano do próprio Pai ferir o Filho para substituir aqueles que necessitavam de sua graça maravilhosa. Depois de ferida a Pedra Espiritual, Deus concederia vida ao mundo.

c. A Pedra Espiritual é fonte abundante e inesgotável

Todas aquelas centenas de milhares de pessoas beberam à vontade em Refidim. Além delas, o rebanho também, aos milhares, bebia e se fartava, mas, logo depois, tinham de voltar a beber. A pedra de Refidim produzia água enquanto o povo permanecia ali.

Jesus, por sua vez, disse à mulher samaritana, à beira do poço, que a água que ele dá não deixa ninguém voltar a ter sede, pois sua fonte é inesgotável e abundante! Ele disse, no último dia da festa, que o que ele dá de beber é uma água que flui para a eternidade e nunca se acaba.

Assim, aprendemos, por essa tipologia, que a Pedra Espiritual, assim como a física, é provisão misericordiosa e graciosa de Deus para um povo rebelde e contumaz, mas a primeira pedra é inferior à segunda. Cristo foi enviado às ovelhas perdidas da casa de Israel. Ele morreu por ímpios, fracos, pecadores e inimigos (Rm 5.6-11). Mas, diferente da pedra física, a Pedra espiritual é perfeita e eterna, e sacia a sede de pessoas do mundo inteiro, em todas as épocas. O tipo é imperfeito; o antítipo é perfeito.

VI. O Maná que Desceu do Céu é tipo do Pão Vivo que Desceu do Céu

Aqui também há outra tipologia muito interessante que, assim como a pedra e a libertação do Egito, tem a ver com a experiência do povo de Deus durante seus quarenta anos de peregrinação no deserto. Esse acontecimento diz respeito ao maná que caía do céu, como provisão graciosa de Deus, para o sustento de milhões de pessoas, conforme a narrativa de Êxodo 16.1-4, 13-15.

> Partiram de Elim, e toda a congregação dos filhos de Israel veio para o deserto de Sim, que está entre Elim e Sinai, aos quin-

ze dias do segundo mês, depois que saíram da terra do Egito. Toda a congregação dos filhos de Israel murmurou contra Moisés e Arão no deserto; disseram-lhes os filhos de Israel: Quem dera tivéssemos morrido pela mão do Senhor, na terra do Egito, quando estávamos sentados junto às panelas de carne e comíamos pão a fartar! Pois nos trouxestes a este deserto, para matardes de fome toda esta multidão. Então, disse o Senhor a Moisés: Eis que vos farei chover do céu pão (...) À tarde, subiram codornizes e cobriram o arraial; pela manhã, jazia o orvalho ao redor do arraial. E, quando se evaporou o orvalho que caíra, na superfície do deserto restava uma cousa fina e semelhante a escamas, fina como a geada sobre a terra. Vendo-a os filhos de Israel, disseram uns aos outros: Que é isto? Pois não sabiam o que era. Disse-lhes Moisés: isto é o pão que o Senhor vos dará para vosso alimento.

Eles reclamaram da falta de carne e pão, e Deus lhes deu o que pediam: carne e pão. As codornizes que caíam à tarde eram a carne e o que restava do vapor do orvalho era o pão. A tipologia, porém, está no pão, como Jesus, no Novo Testamento, vai mostrar a respeito de si mesmo. Embora ele se refira à sua carne como algo que os homens precisam, espiritualmente, comer para viver, essa sua carne é o pão que ele dá pela vida no mundo.

Nossos pais comeram o maná no deserto, como está escrito: Deu-lhes a comer pão do céu. Replicou-lhes Jesus: não foi Moisés quem vos deu o pão do céu; *o verdadeiro pão do céu é meu Pai quem vos dá. Porque o pão de Deus é o que desce do céu e dá vida ao mundo.* Então, lhe disseram: Senhor, dá-nos sempre desse pão. Declarou-lhes, pois, Jesus: Eu sou o pão da vida, o que vem a mim jamais terá fome (...) *Porque eu desci do céu* (...) Em verdade, em verdade, vos digo: quem crê em mim tem a vida eterna. Eu sou o pão da vida. Vossos pais comeram o maná no deserto e morreram. *Este é o pão que desce do céu*, para que todo aquele que dele comer não pereça. *Eu sou o pão vivo que desceu do céu; se alguém dele comer, viverá eternamente; e o pão que eu darei pela vida do mundo é a minha carne* (...) Este é *o pão que desceu do céu*, em nada semelhante àquele que vossos pais comeram e, contudo, morreram; quem comer este pão viverá eternamente (Jo 6.31-35, 38, 47-51, 58, grifos acrescidos).

Jesus Cristo estabelece uma ligação maravilhosa entre o pão que os israelitas comeram no deserto e ele. Porém, Jesus refere-se a si mesmo como *o verdadeiro pão do céu*. Não que aquele pão do deserto fosse falso (porque também vinha de Deus!), mas no sentido de que era uma sombra, uma espécie de realidade maior, melhor e superior, que era Jesus.

Com essas palavras, Jesus claramente estabelece a tipologia existente entre aquele pão e ele. Assim como aquele pão desceu do céu para alimentar o povo de Deus, Jesus é o pão de Deus que desceu do céu para dar vida e alimentar seu povo. Como antítipo perfeito, o Pão Vivo que desceu do céu tem as seguintes características:

a. Ele é o pão verdadeiro

Quando Jesus declarou ser ele o verdadeiro pão do céu, não estava dizendo que aquele evento no deserto não era real. Antes, ele reconheceu claramente como um evento histórico o maná no deserto. Jesus quis dizer que aquele maná era apenas a indicação de uma realidade superior que viria. Ele queria, pois, que seus ouvintes percebessem o simbolismo naquele acontecimento que apontava para ele, o Messias de Deus.

Nesse contexto, ele afirmou ser o verdadeiro pão do céu, ou seja, a realidade havia chegado e as sombras haviam terminado, pois atingiram seu propósito nele. Ele é a verdade. Era para ele que o evento no deserto apontava, cumprindo-se nele, o Cristo. Ele é o verdadeiro porque é a realidade apontada e esperada pelos outros tipos e, especificamente, por esse.

b. Ele é o pão vivo

Diferente de seu tipo, o antítipo é vivo; trata-se de um ser, de uma pessoa. Ele não é apenas algo que veio de Deus; ele é o próprio Deus que veio. Embora fosse dar sua carne, referindo-se à sua morte, como, de fato, aconteceu, ele ressuscitou. Ele não só é verdadeiro, como também é vivo e presente, sempre, a todo instante, concedendo vida todos os dias. Ele não é um pedaço de alimento que se põe na boca, mas alguém que vive e com quem se está unido, recebendo vida diária e eternamente.

c. Ele é o pão que dá vida ao mundo

"Porque o pão de Deus é o que desce do céu e dá vida ao mundo"; "e o pão que eu darei pela vida do mundo é a minha carne". O pão que caiu no deserto alimentou somente os israelitas daquele tempo. O Pão Vivo dá vida ao mundo, ou seja, às pessoas que estão no mundo, mas não indistintamente; dá vida àquelas que o Pai lhe deu (Jo 6.37).

E o Senhor é poderoso para dar vida não apenas a uma nação de uma única geração, como o maná no deserto. Ele é poderoso e perfeito para dar vida a multidões inumeráveis, de todas as etnias e de todas as épocas. Aqueles que comeram do maná morreram. Nesse sentido, ele em nada se assemelha àquele maná, porque quem comer do Pão Vivo que desceu do céu viverá eternamente e nunca mais terá fome.

Dessa forma, vemos como o tipo é imperfeito e o antítipo, perfeito. O pão do deserto foi temporário; o Pão Vivo é eterno. O pão do deserto foi local; o Pão Vivo é universal. O pão do deserto embolorava se fosse deixado para o dia seguinte, embora fosse uma maneira de Deus provar a fé dos israelitas; no Pão Vivo, não havia corrupção nem pecado. Ele morreu, ressuscitou e permanece exaltado eternamente. Quem comia do pão do deserto morria; quem se alimenta do Pão Vivo não morre por toda a eternidade.

Jesus Cristo, o Filho perfeito de Deus, é o Pão Vivo que desceu do céu para nós e por nós. Ele é a revelação perfeita de Deus para nós. Como o Pão Vivo de Deus, ele é o antítipo perfeito daquele pão do deserto, conforme narrado por Moisés e João.

VII. A Páscoa dos Judeus é tipo da Ceia do Senhor

A festa da Páscoa dos judeus também fez parte da revelação progressiva de Deus a seu povo, servindo de tipo e tendo seu antítipo posteriormente revelado na Ceia do Senhor.

Os textos bíblicos nos apontam para essa progressividade na revelação. Em primeiro lugar, temos os textos do AT sobre a festa israelita:

> Disse o SENHOR a Moisés e a Arão na terra do Egito: Este mês vos será o principal dos meses; será o primeiro mês do ano. Falai a toda a congregação de Israel, dizendo: Aos dez deste mês,

cada um tomará para si um cordeiro, segundo a casa dos pais, um cordeiro para cada família (...) O cordeiro será sem defeito, macho de um ano (...) e todo o ajuntamento da congregação de Israel o imolará no crepúsculo da tarde. Tomarão o sangue e o porão em ambas as ombreiras e na verga da porta, nas casas em que o comerem; naquela noite, comerão a carne assada no fogo; com pães amos e ervas amargas a comerão. Não comereis do animal nada cru, nem cozido em água, porém assado ao fogo: a cabeça, as pernas e a fressura. Nada deixareis dele até pela manhã; o que, porém, ficar até pela manhã, queimá-lo-eis. Desta maneira o comereis: lombos cingidos, sandálias nos pés e cajado na mão; comê-lo-eis à pressa; é a Páscoa do Senhor (...). O sangue vos será por sinal nas casas em que estiverdes; quando eu vir o sangue, passarei por vós, e não haverá entre vós praga destruidora, quando eu ferir a terra do Egito. Este dia vos será por memorial, e o celebrareis como solenidade ao Senhor; nas vossas gerações o celebrareis por estatuto perpétuo (...) guardai, pois, isto, por estatuto para vós outros e para vossos filhos, para sempre. E, uma vez dentro da terra que o Senhor vos dará, como tem dito, observai este rito. Quando vossos filhos vos perguntarem: Que rito é este? Respondereis: É o sacrifício da Páscoa ao Senhor, que passou por cima da casa dos filhos de Israel no Egito (Êx 12.1-14; 24-27a).

Guarda o mês de abibe e celebra a Páscoa do Senhor, teu Deus; porque, no mês de abibe, o Senhor, teu Deus, te tirou do Egito, de noite. Então, sacrificarás como oferta de Páscoa ao Senhor, teu Deus, do rebanho e do gado, no lugar que o Senhor escolher para ali fazer habitar o seu nome. Nela, não comerás levedado; sete dias, nela, comerás pães asmos, pão de aflição (porquanto, apressadamente saístes do Egito), para que te lembres, todos os dias da tua vida, do dia em que saístes da terra do Egito (Dt 16.1-3).

A festa da Páscoa, também chamada Festa dos Pães Asmos, foi instituída num contexto de libertação, num momento de ação sobrenatural e poderosa de Deus em favor de seu povo. Deus marcou na memória dos israelitas esse evento através da Páscoa. A mesma ideia também é transmitida na Ceia do Senhor.

> No primeiro dia da Festa dos Pães Asmos, vieram os discípulos a Jesus e lhe perguntaram: Onde queres que te façamos os preparativos para comeres a Páscoa? E ele lhes respondeu: Ide à cidade ter com certo homem e dizei-lhe: O Mestre manda dizer: O meu tempo está próximo; em tua casa celebrarei a Páscoa com meus discípulos. E eles fizeram como Jesus lhes ordenara e prepararam a Páscoa. Chegada a tarde, pôs-se ele à mesa com os doze discípulos. E, enquanto comiam, declarou Jesus: Em verdade vos digo que um dentre vós me trairá. E eles, muitíssimo contristados, começaram um por um a perguntar-lhe: Porventura, sou eu, Senhor? E ele respondeu: O que mete comigo a mão no prato, esse me trairá (...) Enquanto comiam, tomou Jesus um pão, e, abençoando-o, o partiu, e o deu aos discípulos, dizendo: Tomai, comei; isto é o meu corpo. A seguir, tomou um cálice e, tendo dado graças, o deu aos discípulos, dizendo: Bebei dele todos; porque isto é o meu sangue, o sangue da nova aliança, derramado em favor de muitos, para a remissão de pecados. E digo-vos que, desta hora em diante, não beberei deste fruto da videira, até aquele dia em que o hei de beber, novo, convosco no reino de meu Pai (Mt 26.17-23).

> Porque eu recebi do Senhor o que também vos entreguei: que o Senhor Jesus, na noite em foi traído, tomou o pão; e, tendo dado graças, o partiu e disse: Isto é o meu corpo, que é dado por vós; fazei isto em memória de mim. Por semelhante modo, depois de haver ceado, tomou também o cálice, dizendo: Este cálice é a nova aliança no meu sangue; fazei isto, todas as vezes que o beberdes, em memória de mim. Porque todas as vezes que comerdes este pão e beberdes o cálice, anunciais a morte do Senhor, até que ele venha (1Co 11.23-26).

Apenas pela leitura atenta dos textos do AT e do NT, podemos perceber a clara conexão entre a Festa da Páscoa e a Ceia do Senhor, formando o conjunto tipo e antítipo revelado crescentemente por Deus na história da redenção. Algumas características apontam para essa conexão de eventos.

Como é possível ver pelos textos, a Festa da Páscoa foi celebrada ao entardecer, e os discípulos prepararam a Ceia também ao crepúsculo, entre tarde e noite. Outra conexão é o cordeiro; na Festa da Páscoa, o cordeiro tinha de ser um animal preparado para aquela ocasião, macho, sem defeito e imolado. Na Ceia, o Cordeiro Jesus também foi preparado pelo Pai para aquele momento de ser entregue — ele era homem, não tinha pecado e foi imolado ou sacrificado; logo após, seu sangue foi derramado, como acontecia com o cordeiro pascal. Assim, por meio do tipo e do antítipo, Deus revelou sua vontade redentora.

Outro aspecto importante que associa os dois eventos, formando o tipo e o antítipo na revelação, diz respeito ao nome da Festa. Páscoa, em hebraico, significa "passar sobre" (do inglês "Passover"). Naquela noite, enquanto comiam, o anjo destruidor iria *passar sobre* todas as casas, a fim de matar todo filho primogênito em cuja casa não houvesse sangue nas portas. O sangue, portanto, era sinal de livramento da morte. Na Ceia do Senhor, o vinho é sinal de livramento da ira da justiça de Deus. Jesus Cristo disse: "Bebei dele todos; porque isto é o meu sangue, o sangue da nova aliança, derramado em favor de muitos, para remissão de pecados" (Mt 26.28). O sangue de Cristo, do nosso Cordeiro Pascal que foi imolado, para nós é livramento, pois o pecado, por meio do qual veio a morte (cf. Rm 5.12), foi remido, expiado. A ira divina passou de nós e caiu sobre nosso Primogênito; nós, porém, libertamo-nos. E essa libertação, assim revelada nessa tipologia, pode ser demonstrada em pelo menos três aspectos.

a. A libertação é celebrada

> Este dia vos será por memorial, e *o celebrareis* como solenidade ao Senhor; nas vossas gerações *o celebrareis* por estatuto perpétuo" (Êx 12.14); "e celebra a Páscoa do Senhor" (Dt 16.1). Da mesma forma, mas de maneira perfeita, o povo de Deus celebra a morte do Cordeiro de Deus: "O Mestre manda dizer: O meu tempo está próximo; em tua casa *celebrarei a Páscoa* com meus discípulos" (Mt 26.18b).

Deus deseja que seu povo celebre, comemore e festeje a redenção que ele preparou e executou. Esse ato poderoso de Deus deve marcar com alegria e regozijo o coração dos redimidos. Deus disse: "Guarda o mês de abibe e *celebra a Páscoa do Senhor, teu Deus; porque,* no mês de abibe, o Senhor, teu Deus, te tirou do Egito, de noite" (Dt 16.1, grifos acrescidos). Deus ordena que se celebre, e a razão para tal celebração é o fato de ele haver tirado seu povo do Egito; e, como vimos, a libertação do Egito é tipo da libertação do pecado. Essa libertação, ou redenção, é o motivo para a festa.

b. A libertação é recordada

> Este dia vos será *por memorial*" (Êx 12.14); "*Guarda o mês de abibe* (...) *porque, no mês de abibe*, o SENHOR, teu Deus, *te tirou do Egito*, de noite (...) *nela*, comerás pães asmos (...) *para que te lembres*, todos os dias da tua vida, do dia em que saístes da terra do Egito" (Dt 16.1,3b).

Da mesma forma, porém com mais perfeição, o Antítipo disse: "Isto é o meu corpo, que é dado por vós; fazei isto *em memória de mim* (...) fazei isto, todas as vezes que o beberdes, *em memória de mim*" (1Co 11.24b, 25b, grifos acrescidos).

Deus ordenou que aquele mês fosse guardado. Abibe não era apenas o mês da Festa; era o mês do evento da libertação. Deus quer que o evento da redenção fique na memória das pessoas por ele remidas. A Festa da Páscoa servia de memorial. Nela, o povo comia pães asmos para lembrar-se do que Deus havia realizado. Do mesmo modo, na Ceia do Senhor, o próprio Senhor disse que os atos de comer o pão e beber o cálice são em sua memória.

Na Festa da Páscoa, os libertos comiam pães asmos, ervas amargas e o cordeiro assado, para que pudessem relembrar o dia de sua libertação. Na Ceia do Senhor, os libertos comem pão e vinho para relembrar o dia de sua libertação através do Cordeiro Pascal, que foi imolado por eles. O alimento na celebração tinha a função de trazer à memória do povo o benefício recebido e nele simbolizado. De fato, o que Jesus Cristo fez, ao entregar seu corpo e derramar seu sangue, como ele disse, em favor de nós, é um evento que nunca pode ser esquecido por nossa memória frágil. O Senhor Jesus Cristo disse que, em memória dele, devemos comer do pão e beber do vinho. A redenção, portanto, é para ser lembrada.

c. A libertação é anunciada

> E, *uma vez dentro da terra* que o SENHOR vos dará, como tem dito, observai este rito. *Quando vossos filhos vos perguntarem*: Que rito é este? *Respondereis: É o sacrifício da Páscoa ao* SENHOR, que passou por cima da casa dos filhos de Israel no Egito (Êx 12.25-27, grifos acrescidos).

De forma semelhante, mas à perfeição, quando a instituição da Páscoa foi celebrada pela Igreja do Novo Testamento, Paulo disse: "Porque todas as vezes que comerdes este pão e beberdes o cálice, *anunciais a morte do Senhor,* até que ele venha" (1Co 11.26).

O caráter de proclamação está presente tanto na Festa como na Ceia. Na Festa da Páscoa, os pais transmitiam aos filhos o significado do rito, então, nessa ocasião, havia a proclamação dos pais aos filhos acerca da libertação efetuada por Deus no Egito. Naquele tempo, o anúncio acontecia mais no ambiente familiar e se estendia a toda a nação de Israel. De forma semelhante, hoje, na Ceia do Senhor, com perfeição, os participantes anunciam a morte do Senhor Jesus Cristo. Nesses dias, a proclamação não está restrita apenas ao ambiente doméstico ou da Igreja, mas se expande para todo o mundo. Dessa forma, a redenção tanto no tipo como no antítipo é anunciada. Como o antítipo é perfeito, seu anúncio também é maior e melhor.

Assim, nos três aspectos desses eventos, no que diz respeito à redenção, ou à libertação, percebemos que a Ceia do Senhor é o antítipo perfeito da Festa da Páscoa, conforme revelado na progressividade da revelação de Deus ao seu povo. Entretanto, a celebração da Ceia é com maior alegria, porque nossa libertação é espiritual e permanente. A recordação é melhor, porque lembramo-nos que o Filho de Deus nos substituiu com seu próprio sangue. E, como foi dito, a proclamação na Ceia é melhor e superior porque é universal.

VIII. *O cordeiro pascal dos hebreus é tipo do Cordeiro Pascal de deus*

Na imperfeição e na perfeição dos tipos e antítipos, também encontramos referências nas Escrituras quanto ao cordeiro pascal, ou seja, o animalzinho que era morto na festa judaica da Páscoa; e ao Cordeiro Pascal, Jesus, que foi imolado na cruz do Calvário. Quanto à Páscoa judaica, Deus a instituiu, conforme o relato de Êxodo 12:

> Disse o SENHOR a Moisés e a Arão na terra do Egito: Este mês vos será o principal dos meses; será o primeiro mês do ano. Falai a toda a congregação de Israel, dizendo: Aos dez deste mês, cada um tomará para si um cordeiro, segundo a casa dos pais, um cordeiro para cada família (...) O cordeiro será sem defeito, macho de um ano (...) e todo o ajuntamento da congregação de Israel o imolará no crepúsculo da tarde. Tomarão o sangue e o porão em ambas as ombreiras e na verga da porta, nas casas em que o comerem (...) é a Páscoa do Senhor (...) O sangue vos

será por sinal nas casas em que estiverdes; quando eu vir o sangue, passarei por vós, e não haverá entre vós praga destruidora quando eu ferir a terra do Egito (Êx 12.1-3, 5b, 7, 11c, 13).

O cordeiro para a Páscoa foi imolado por ocasião em que todo o povo de Israel, com seus pertences e animais, saiu da terra do Egito, sob o qual estava escravizado havia cerca de 430 anos.

Quanto ao Cordeiro Pascal, ele é reconhecido na primeira carta de Paulo aos Coríntios: "Lançai fora o velho fermento, para que sejais nova massa, como sois, de fato, sem fermento. Pois também Cristo, *nosso Cordeiro pascal*, foi imolado" (1Co 5.7). Aqui, Paulo está falando aos crentes da cidade de Corinto que haviam crido em Jesus Cristo. Ele é a realidade perfeita que o cordeiro pascal do Egito representava. O cordeiro da festa judaica era tipo de Cristo, o verdadeiro e perfeito Cordeiro Pascal. Como antítipo perfeito do tipo imperfeito, esse Cordeiro tinha as seguintes qualificações:

a. Jesus foi um Cordeiro perfeito

O cordeiro será sem defeito (Êx 12.5b).

Jesus Cristo não tinha pecado de espécie alguma. O cordeiro da Páscoa tinha de ser novo, sem defeito. Tinha de ser um animalzinho perfeito. Assim foi nosso Cordeiro Pascal. Nele, não havia pecado desde a sua concepção, a qual foi sobrenaturalmente operada pelo Espírito Santo. O apóstolo Pedro é enfático ao lembrar essa qualificação do Cordeiro: "mas pelo precioso sangue, como de cordeiro sem defeito e sem mácula, o sangue de

Cristo" (1Pe 1.19). Pedro, a exemplo de Paulo, está colocando o antítipo, Cristo, como o Cordeiro perfeito. Entretanto, o Cordeiro Pascal é perfeito porque não é um animal, mas o precioso e único Filho de Deus!

b. Jesus foi um Cordeiro imolado

(...) e todo o ajuntamento da congregação de Israel o imolará no crepúsculo da tarde (Êx 12.7).

Cristo foi entregue ao sofrimento. Foi homem de dores e que sabe o que é padecer. Seu sofrimento, tanto do corpo como da alma, teve seu ápice na cruz sangrenta, onde, como diz o Apóstolo, ele foi imolado. Ali, ele foi sacrificado, sua carne foi cortada, seu lado foi aberto, sua vida foi tirada. O profeta, havia muito, concordava com Moisés: "Ele foi oprimido e humilhado, mas não abriu a boca; como cordeiro, foi levado ao matadouro" (Is 53.7a).

João, por sua vez, lembra esse Cordeiro Pascal em sua morte, quando foi imolado: "Então, vi, no meio do trono e dos quatro seres viventes e entre os anciãos, de pé, um Cordeiro como tendo sido morto" (Ap 5.6a). O Cordeiro está em um lugar de destaque, no meio do trono, entre os serafins e o povo de Deus. Ele não está sentado, nem deitado, mas de pé, para que todos o notem. Mas é visto *como tendo sido morto.* João o vê assim porque ser imolado, morto e sacrificado era o que cabia ao Cordeiro. Não se pode esquecer, como Paulo e João bem lembraram, que ele foi imolado. Porém, o antítipo é perfeito porque o sacrifício de Cristo foi único e suficiente de uma vez por todas. Não há mais necessidade de repeti-lo, como era o caso do tipo.

c. Jesus foi um Cordeiro libertador

Tomarão o sangue (...) O sangue vos será por sinal (...) quando eu vir o sangue, passarei por vós, *e não haverá entre vós praga destruidora*" (Êx 12.11-13).

Não bastaria o cordeiro ser sem defeito, nem mesmo ser imolado, se o sangue não fosse devidamente utilizado. Para que o cordeiro cumprisse sua função, seu sangue deveria ser aspergido nas portas, a fim de que, ao ver o sangue, o anjo destruidor livrasse da morte os que estivessem sob o sangue do cordeiro. O sangue serviu de sinal libertador, pois significava livramento certo da morte.

Da mesma forma, o sangue de nosso Cordeiro Pascal foi derramado em nosso favor, para nossa libertação da morte eterna e do pecado. Jesus até poderia ser um homem perfeito, mas, se não derramasse seu sangue, nada teria feito em nosso lugar. Foi o preço que Deus exigiu para não derramar uma furiosa ira.

Quando João Batista viu Cristo vindo em sua direção, sem hesitar, testemunhou: "Eis o Cordeiro de Deus, que tira o pecado do mundo" (Jo 1.29b). É pelo seu sangue que temos a remissão dos pecados. Pedro também confirma a eficácia do sangue desse Cordeiro: "(...) sabendo que não foi mediante coisas corruptíveis, como prata ou ouro, que fostes resgatados do vosso fútil procedimento que vossos pais vos legaram, mas pelo precioso sangue, como de Cordeiro sem defeito e sem mácula, o sangue de Cristo" (1Pe 1.18-19). O sangue do Cordeiro foi suficiente para nossa salvação eterna, como apontava o sangue do cordeiro, que era suficiente para a salvação da morte temporal naqueles dias do êxodo israelita.

Assim, portanto, vemos Deus revelando, aos poucos, seus propósitos redentores quando enviou, posteriormente, como vimos em Paulo, João e Pedro, o antítipo do cordeiro pascal, Cristo. Eles se assemelham em suas funções e características, mas diferem quanto à eficácia e à suficiência, pois, enquanto o tipo em si é imperfeito, o antítipo é perfeito. A progressividade da revelação, portanto, vai da imperfeição para a perfeição.

Os cordeiros que eram oferecidos a Deus na dispensação antiga eram típicos do Cordeiro de Deus que foi oferecido de uma vez por todas. Assim como o cordeiro tinha de ser macho, Jesus Cristo é o homem perfeito; assim como o cordeiro tinha de ser sem mácula, Jesus é o Cordeiro perfeito em santidade; assim como o cordeiro tinha de ser morto na Páscoa, Jesus Cristo foi morto na parasceve pascal, ou seja, no dia de Páscoa; assim como o cordeiro tinha de derramar seu sangue (para que fosse aspergido sobre a porta da casa dos israelitas no Egito, no dia da instituição da primeira Páscoa), como sinal da libertação iminente, também o sangue de Cristo é derramado e aspergido sobre o povo de Deus, com o propósito de remissão dos pecados. Por essa razão, Jesus Cristo é chamado de o "Cordeiro Pascal".

Os cordeiros oferecidos no AT eram imperfeitos no sentido de não serem em si mesmos a razão pela qual Deus perdoava os pecados do povo; porém, a morte do Cordeiro de Deus, que tira o pecado do mundo, é eficaz para a remissão do povo de Deus. Ela é a base pela qual Deus não imputa mais os pecados aos próprios homens. Nesse sentido, o Cordeiro de Deus é perfeito, enquanto os cordeiros oferecidos no AT eram imperfeitos, pois a morte deles em si mesma era ineficaz.

A progressividade da revelação, portanto, é observada no uso desse tipo e de seu antítipo. A revelação é progressiva porque parte do imperfeito para o perfeito. Por essa razão, quando o Cordeiro veio, não precisamos mais de outros cordeiros. Quando o antítipo chega, os tipos cessam. Quando o perfeito chega, o imperfeito desaparece.

IX. O Sumo Sacerdote Melquisedeque é tipo do Sumo Sacerdote Jesus Cristo

A principal referência é o livro de Hebreus, que interpreta a tipologia entre Melquisedeque e Cristo.

> Onde Jesus, nosso precursor, entrou por nós, feito eternamente sumo sacerdote, segundo a ordem de Melquisedeque (...) Sem pai, sem mãe, sem genealogia, não tendo princípio de dias nem fim de vida, mas sendo feito semelhante ao Filho de Deus, permanece sacerdote para sempre (Hb 6.20; 7.3).

Aqui, a ênfase repousa na eternidade do Filho de Deus, de quem Melquisedeque era um tipo. Essa foi a grande diferença entre a ordem de Melquisedeque e a de Aarão. Melquisedeque não tinha uma linhagem de descendência — nem de pai, nem de mãe.

Em Gênesis, a genealogia é habitual, mas não a dele, o que contrasta com a ordem aarônica, que exigia um certificado conclusivo da descendência. Melquisedeque era sacerdote pelo que era, e não pelo que havia herdado. O sacerdócio de Aarão era reivindicado com base na legalidade; o de Melquisedeque, com base na personalidade (Hb 7.3).[11] A autoridade de Jesus repousa sobre si mesmo, não vem de homem algum.

---

11 William Barclay. *The Letter to the Hebrews*. Edição Revisada. Filadélfia: The Westminster Press, 1957, p. 69.

Melquisedeque era rei da justiça e da paz (Gn 14.17-20), e nada é dito acerca de seu nascimento ou de sua morte; seu sacerdócio é permanente. Temos, pois, cinco qualidades do sacerdócio de Melquisedeque: é um sacerdócio pessoal (e não por herança), real (ele era rei), de justiça, de paz e *eterno*, pois não tem começo nem fim.

Quando o texto comenta o fato de Abraão lhe ter dado o dízimo dos despojos, o v. 4 enuncia: "*considerai, pois, quão grande era este (...)*". O dízimo de Abraão não foi como sustento para os levitas, mas como tributo a Deus, pelo que ele era. Melquisedeque tipificava a grandeza de Cristo como o Filho eterno de Deus. No v. 1, Melquisedeque é considerado "*sacerdote do Deus Altíssimo*".

O texto central dessa tipologia é o verso 3: "*Sem pai, sem mãe, sem genealogia, não tendo princípio de dias nem fim de vida, mas sendo feito semelhante ao Filho de Deus, permanece sacerdote para sempre*" (grifos acrescidos), especialmente a última parte. Assim, o sacerdócio de Melquisedeque permanece para sempre na pessoa do Filho de Deus, Jesus Cristo, pois aquele era tipo deste. A expressão "sendo feito semelhante ao Filho de Deus" aponta para o caráter tipológico de Melquisedeque no que diz respeito à eternidade de Jesus e à sua natureza divina.

Em Hebreus 7.16-17, vemos a confirmação dessa tipologia, com ênfase para a perenidade do sacerdócio de Cristo. Ali, fala-se de outro sacerdote que se levanta, à semelhança de Melquisedeque: "constituído não conforme a lei de mandamento carnal, mas segundo o poder de vida indissolúvel. Porquanto se testifica: Tu és sacerdote para sempre, segundo a ordem de Melquisedeque". Isso que se testifica é uma citação do Salmo de Davi 110.4 — um salmo messiânico.

Em primeiro lugar, o texto diz que Jesus *foi constituído*, o que também é dito em Hebreus 5.10: "tendo sido nomeado por Deus sumo sacerdote, segundo a ordem de Melquisedeque". Entretanto, essa nomeação não foi feita segundo *a lei do mandamento carnal*, ou seja, pela continuidade do sacerdócio, segundo a lei estabelecia — todo homem, para ser sacerdote, tinha de ser um levita descendente de Arão. Portanto, a expressão "conforme a lei do mandamento carnal" equivale à nomeação de um sacerdote segundo a ordem de Arão.

O texto bíblico afirma, porém, que a nomeação de Jesus como sumo sacerdote foi segundo *o poder de vida indissolúvel*, porque Cristo foi constituído sacerdote para sempre. Melquisedeque, portanto, é tipo de Cristo especialmente nesse sentido, de sê-lo para sempre, uma vida que não se dissolve, que é eterna e perene. Entretanto, além da qualidade inerente do Filho de Deus, o autor de Hebreus pretende destacar a perenidade do sacerdócio de Cristo, em virtude de sua ressurreição.

A vida indissolúvel, ou indestrutível, foi bem escolhida porque é oposta à vida de Jesus, quanto à sua humanidade que foi "destruída" em seus sofrimentos e na cruz. Portanto, a expressão *o poder de vida indissolúvel* "descreve uma nova qualidade de vida da qual Jesus foi revestido, em decorrência de sua ressurreição e exaltação ao mundo celestial, onde ele foi formalmente instalado em seu ofício como sumo sacerdote".[12]

Em Hebreus 7.23-24, a ideia é complementada: "Ora, aqueles são feitos sacerdotes [da ordem de Arão] em maior número, porque são impedidos *pela morte de continuar*; este, no entanto,

---

12 William L. Lane. *Word Biblical Commentary:* Hebrews 1-8. Nashville: Thomas Nelson Publishers, 1991, v. 47a, p. 184.

como *continua para sempre*, tem seu sacerdócio *imutável*" (grifos acrescidos). Cristo, por ser sacerdote segundo a ordem de Melquisedeque, e não de Arão, embora tenha morrido, não foi impedido de continuar, pois ressuscitou.

A tipologia entre Melquisedeque e Cristo, portanto, apresenta-se em dois aspectos: a eternidade do sacerdócio de Jesus Cristo quanto à sua natureza divina decorre do atributo do Verbo; e o sacerdócio eterno de Jesus Cristo quanto à sua natureza humana decorre de sua ressurreição.

X. Os sumos sacerdotes são tipos do supremo Sumo Sacerdote

Essa tipologia está atrelada à tipologia do tabernáculo terreno e celestial, bem como à do sacerdócio segundo a ordem de Melquisedeque. Isso porque, tal como Melquisedeque, Jesus Cristo é sumo sacerdote, e era no tabernáculo que os sumos sacerdotes ministravam. Mas a tipologia do sumo sacerdócio é singular e separada das outras porque, embora as Escrituras falem claramente da imperfeição da pessoa e do ministério dos sumos sacerdotes, também apontam para a perfeição e a eficácia da pessoa e do ministério do Sumo Sacerdote. Em Hebreus, especialmente, existem diversas referências quanto a Cristo como sumo sacerdote:

> Pois ele [Cristo], evidentemente, não socorre a anjos, mas socorre a descendência de Abraão. Por isso mesmo, convinha que, em todas as coisas, se tornasse semelhante aos irmãos, para ser misericordioso e fiel *sumo sacerdote* nas cousas referentes Deus e para fazer propiciação pelos pecados do povo (...) Por isso, santos irmãos, que participais da vocação celestial, considerai atentamente o Apóstolo e *Sumo Sacerdote* da nossa confissão,

Jesus (...) Tendo, pois, a Jesus, o Filho de Deus, como grande *sumo sacerdote* que penetrou os céus, conservemos firmes a nossa confissão. Porque não temos *sumo sacerdote* que não possa compadecer-se das nossas fraquezas; antes, ele foi tentado em todas as cousas, à nossa semelhança, mas sem pecado.

Porque todo *sumo sacerdote* [da ordem de Arão], sendo tomado dentre os homens, é constituído nas cousas concernentes a Deus, a favor dos homens, para oferecer tanto dons como sacrifícios pelos pecados, e é capaz do condoer-se dos ignorantes e dos que erram, pois ele mesmo está rodeado de fraquezas (...) Assim, Cristo a si mesmo não se glorificou para se tornar *sumo sacerdote*, mas o glorificou aquele que lhe disse: Tu és meu Filho, eu hoje te gerei (...) tendo sido nomeado por Deus *sumo sacerdote*, segundo a ordem de Melquisedeque (...) onde [além do véu] Jesus, como precursor, entrou por nós, tendo-se tornado *sumo sacerdote* para sempre, segundo a ordem de Melquisedeque (...) Com efeito, nos convinha um *sumo sacerdote* como este, santo, inculpável, sem mácula, separado dos pecadores e feito mais alto que os céus, que não tem necessidade, como os sumos sacerdotes, de oferecer todos os dias sacrifícios, primeiro, por seus próprios pecados, depois, pelos do povo; porque fez isso uma vez por todas, quando a si mesmo se ofereceu. Porque a lei constitui sumos sacerdotes a homens sujeitos à fraqueza, mas a palavra do juramento, que foi posterior à lei, constitui o Filho, perfeito para sempre (...) Ora, o essencial das cousas que temos dito é que possuímos tal *sumo sacerdote*, que se assentou à destra do trono da Majestade nos céus, como ministro do santuário e do verdadeiro tabernáculo que o Senhor erigiu, não o homem. Pois todo sumo sacerdote é constituído para oferecer tanto dons como sacrifícios; por isso, era necessário que também esse *sumo sacerdote* tivesse o que oferecer (...) Ora, depois de tudo isto assim preparado [o tabernáculo terreno, v. 1], continuamente entram no primeiro tabernáculo [o Santo Lugar, v. 2] os sacerdotes, para realizar serviços sagrados; mas, no segundo [tabernáculo, o Santo dos Santos, v. 3], [entra] o sumo sacerdote, ele sozinho, uma vez por ano, não sem sangue, que oferece por si e pelos pecados de ignorância do povo; É isto uma parábola para a época presente (...) os quais não passam de ordenanças da carne (...) impostas até ao tempo oportuno da reforma. Quando, porém, veio Cristo como *sumo sacerdote* dos bens já realizados, mediante o maior e mais perfeito tabernáculo, não feito por mãos, quer dizer, não desta criação, não por meio de sangue de bodes e de bezerros, mas pelo seu próprio sangue, [Cristo como sumo sacerdote] entrou no Santo dos Santos, uma vez por todas, tendo obtido eterna redenção. Era necessário, portanto, que as figuras das cousas que se acham nos céus se purificassem com tais sacrifícios, mas as próprias cousas celestiais, com sacrifícios a eles superiores. Porque Cristo [como Sumo Sacerdote] não entrou em santuário feito por mãos, figura do verdadeiro, porém no mesmo céu, para comparecer, agora, por nós, diante de Deus (Hb 2.16-17; 3.1; 4.14-15; 5.1-2, 5, 10; 6.20; 7.26-28; 8.1-3; 9.6, 7, 9-11, 23, 24, grifos acrescidos).

Na tipologia, o tipo e o antítipo apresentam semelhanças, porém, aqui, estamos analisando uma característica diferencial que se revela essencial: o tipo é imperfeito, enquanto o antítipo é perfeito. Na tipologia do sumo sacerdócio, podemos perceber isso de duas maneiras:

a. A humanidade do Sumo Sacerdote

Com base nos textos citados, vejamos as semelhanças e a perfeição do antítipo em relação ao seu tipo no que diz respeito à humanidade do Sumo Sacerdote:

i) *Ele é um Sumo Sacerdote semelhante* àqueles a quem *representa*: "Por isso mesmo, convinha que, em todas as coisas, se tornasse *semelhante aos irmãos*" (Hb 2.17). Cristo nos representa diante de Deus; nós somos seus irmãos. Somos a descendência espiritual de Abraão que Cristo veio socorrer. O texto diz que ele não veio para socorrer anjos, mas seres humanos. Então, ele também tornou-se um ser humano. Assim como um sumo sacerdote representava as pessoas diante de Deus, Cristo também teve de se tornar um homem para nos representar diante de Deus. Assim como os sumos sacerdotes, o Sumo Sacerdote também é um homem. É importante registrar isso porque, desse modo, prova-se a plena humanidade de nosso Redentor.

Assinale-se que ele se tornou semelhante aos irmãos não apenas para representá-los como seres humanos que eram, mas também para ser um Sumo Sacerdote misericordioso e fiel, para que contássemos com alguém que pudesse compadecer-se de nossas fraquezas: "Porque não temos sumo sacerdote *que não possa compadecer-se das nossas fraquezas*" (Hb 4.16).

Assim como os sacerdotes imperfeitos da ordem de Arão eram capazes de se condoer "dos ignorantes e dos que erram, pois ele mesmo está rodeado de fraquezas" (Hb 5.2), também o Sumo Sacerdote perfeito pode ser compassivo e misericordioso, aquele que socorre porque *"foi tentado em todas as cousas,* à nossa semelhança, mas sem pecado" (Hb 4.15).

A exemplo dos sumos sacerdotes, o Sumo Sacerdote não era estranho à sua raça, pois ele também um ser humano. Assim como os sumos sacerdotes, o Sumo Sacerdote não era um ser humano insensível e indiferente às fraquezas de seus irmãos, mostrando-se misericordioso, compassivo e fiel, porque ele também experimentou toda a sorte de tentações, embora sem pecado; por essa razão, em sua humanidade, o Sumo Sacerdote é diferente dos sumos sacerdotes, sendo, pois, o antítipo perfeito da revelação progressiva de Deus.

ii) *Ele é um Sumo Sacerdote Santo*: "Com efeito, nos convinha um sumo sacerdote como este, *santo, inculpável, sem mácula*, separado dos pecadores e feito mais alto que os céus" (Hb 7.26); "Porque a lei constitui sumos sacerdotes a homens sujeitos à fraqueza, mas a palavra do juramento, que foi posterior à lei, *constitui o Filho, perfeito para sempre*" (Hb 7.28).

Os sumos sacerdotes tinham de oferecer sacrifícios por seus próprios pecados; o Sumo Sacerdote, não, porque ele era santo, perfeito e sem pecado. "Ele foi tentado em todas as cousas, à nossa semelhança, *mas sem pecado*" (Hb 4.15). Ele não tinha pecado, de nenhuma natureza ou espécie. Não apenas *convinha que* ele fosse semelhante aos irmãos, como também *convinha que* fosse "feito mais alto que os céus", que fosse "separado dos pecadores".

b. O ministério do Sumo Sacerdote

O Sumo Sacerdote Jesus Cristo não tinha apenas uma humanidade perfeita. Ele também tinha um ministério perfeito, um sacerdócio perfeito.

i) *Ele foi alguém dentre os homens estabelecido por Deus*. Assim, em Hebreus 5.1-2, temos: "Porque todo sumo sacerdote, *sendo tomado dentre os homens, é constituído*". Por isso o Verbo encarnou, a fim de ser constituído entre os homens sacerdote de Deus. Mas, diferente dos outros homens, ele não foi nomeado a partir da ordem de Arão: *"tendo sido nomeado por Deus sumo sacerdote*, segundo a ordem de Melquisedeque" (Hb 5.10), porque seu sacerdócio seria imutável. Como os sumos sacerdotes, o Sumo Sacerdote não se autonomeou: "Assim, Cristo a si mesmo *não se glorificou para se tornar sumo sacerdote*, mas o glorificou aquele que lhe disse: Tu és meu Filho, eu hoje te gerei" (Hb 5.5). Foi Deus, o Pai, quem o glorificou, o constituiu, o estabeleceu e o nomeou sacerdote para sempre.

ii) *Ele fez propiciação pelos pecados do povo*. Em Hebreus 2.17, temos: "sumo sacerdote nas cousas referentes Deus e para fazer propiciação pelos pecados do povo". Seu trabalho era nas cousas referentes a Deus, guardando a relação dos homens com Deus, de modo que os pecados deles precisavam ser perdoados. Ele se apresentava diante de Deus, a favor do povo. Ele foi constituído "nas cousas concernentes a Deus, *a favor dos homens*".

iii) *Ele compareceu diante de Deus*. Em Hebreus 4.14, lemos: "Tendo, pois, a Jesus, o Filho de Deus, como grande sumo sacerdote *que penetrou os céus*". Em Hebreus 6.20: "onde [além do véu] Jesus, como precursor, *entrou por nós*". E, em Hebreus 9.11: Cristo "entrou no Santo dos Santos, uma vez por todas, tendo obtido eterna redenção". Agora ele está assentado à "direita da Majestade", no mais Santíssimo Lugar.

iv) *Ele ofereceu sacrifício a Deus*: falando dos sumos sacerdotes aarônicos, Hebreus 5.2 diz que ele "é constituído nas cousas concernentes a Deus, a favor dos homens, para oferecer tanto dons como sacrifícios pelos pecados". Porque "todo sumo sacerdote é constituído para oferecer tanto dons como sacrifícios; por isso, era necessário que também esse sumo sacerdote [Cristo] tivesse o que oferecer (Hb 8.3). "Era necessário, portanto, que as figuras das cousas que se acham nos céus se purificassem com tais sacrifícios, mas as próprias cousas celestiais, com sacrifícios a eles superiores" (Hb 9.23). Cristo ofereceu sacrifício no ambiente celestial. Mas, diferente dos sumos sacerdotes aarônicos, o Sumo Sacerdote melquisedequiano, Jesus Cristo, era superior e perfeito.

v) *Ele foi constituído sacerdote para sempre*. Em Hebreus 5.10; 6.20, lemos: "tendo sido nomeado por Deus sumo sacerdote, *segundo a ordem de Melquisedeque* (...) tendo-se tornado sumo sacerdote para *sempre, segundo a ordem de Melquisedeque*".

Assim, ele não precisava ser substituído, trocado por outro porque morreu. Pois, como visto, ele ressuscitou. Ele foi nomeado e glorificado pelo Pai. Não temos necessidade de outro ou de outros sumos sacerdotes. Ele está eternamente designado como tal. "Porque a lei constitui sumos sacerdotes a homens sujeitos à fraqueza, mas *a palavra do juramento*, que foi posterior à lei, *constitui o Filho, perfeito para sempre*" (Hb 7.28).

vi) *Ele alcançou plena propiciação de pecados*: Cristo, como sumo sacerdote, "entrou no Santo dos Santos, uma vez por todas, *tendo obtido eterna redenção*" (Hb 9.11).

A redenção que ele obteve foi eterna, perfeita, durando para sempre. O verbo grego dá ideia de uma ação concluída no passado, mas com efeitos contínuos e duradouros. Cristo obteve a propiciação ideal de que necessitávamos.

vii) *Ele entrou diante de Deus no tabernáculo perfeito*: Em Hebreus 9, lemos: "Ora, depois de tudo isto assim preparado [o tabernáculo terreno, v. 1], continuamente entram no primeiro tabernáculo [o Santo Lugar, v. 2] os sacerdotes, para realizar serviços sagrados" (v. 6); "mas, *no segundo [tabernáculo, o San-*

to dos Santos, v. 3], [entra] o sumo sacerdote, ele sozinho, uma vez por ano, não sem sangue, que oferece por si e pelos pecados de ignorância do povo" (v. 7); ""É isto uma parábola para a época presente (...)" (v. 9); "os quais não passam de ordenanças da carne (...) impostas *até ao tempo oportuno da reforma*" (v. 10). "Quando, porém, veio Cristo como sumo sacerdote dos bens já realizados, mediante o maior e *mais perfeito tabernáculo, não feito por mãos, quer dizer, não desta criação*, não por meio de sangue de bodes e de bezerros, mas pelo seu próprio sangue, [Cristo como sumo sacerdote] *entrou no Santo dos Santos, uma vez por todas*, tendo obtido eterna redenção". Foi ali que ele entrou, nesse santíssimo lugar celestial e de uma vez por todas, uma única vez foi suficiente" (vv. 11-12).

Em Hebreus 8.1-3, temos: "Ora, o essencial das cousas que temos dito é que possuímos tal sumo sacerdote, que *se assentou à destra do trono da Majestade nos céus, como ministro do santuário e do verdadeiro tabernáculo que o Senhor erigiu, não o homem*". Tudo o que os sumos sacerdotes faziam uma vez ao ano era uma parábola, uma figura do que Cristo fez uma única vez, válida para todos os anos. Hebreus 9-24 completa: "Porque Cristo não entrou em santuário feito por mãos, figura do verdadeiro, porém no mesmo céu, *para comparecer, agora, por nós, diante de Deus*".

viii) *Ele ofereceu um único e perfeito sacrifício a Deus*: Em Hebreus 7.26-28, lemos: "Com efeito, nos convinha um sumo sacerdote como este, santo, inculpável, sem mácula, separado dos pecadores e feito mais alto que os céus, *que não tem necessidade, como os sumos sacerdotes, de oferecer todos os dias sacrifícios, primeiro, por seus próprios pecados, depois, pelos do povo; porque fez isso uma vez por todas, quando a si mesmo se ofereceu*".

Observe que ele é diferente dos sumos sacerdotes, pois é superior e perfeito. Ele não tem necessidade de oferecer sacrifícios todos os dias, nem de oferecer sacrifício por seus próprios pecados. Porque ele é santo, inculpável e sem mácula, seu próprio sangue, oferecido uma única vez, era suficiente para remover todos os pecados de uma vez por todas. Diferente dos sumos sacerdotes, o Sumo Sacerdote não ofereceu sacrifícios repetidamente, mas um único sacrifício, pois seu sacrifício foi perfeito. Vejamos Hebreus 9.11 "Quando, porém, veio Cristo como sumo sacerdote dos bens já realizados, mediante o maior e mais perfeito tabernáculo, não feito por mãos, quer dizer, não desta criação, não por meio de sangue de bodes e de bezerros, mas *pelo seu próprio sangue*".

Os "bens já realizados" "provavelmente se referem à crucificação e ao sacrifício de Cristo que tinha sido feito em favor dos crentes".[13] Em relação à expressão "os bens já realizados", Buchanan apoia a tradução "coisas boas que tinham acontecido".[14] Assim, essa é uma referência à oferta que Cristo fez de si mesmo.

Hebreus 10.11-12 também estabelece um excelente contraste entre o tipo e o antítipo:

> Ora, todo sacerdote se apresenta, dia após dia, a exercer o serviço sagrado e a oferecer muitas vezes os mesmos sacrifícios, que nunca jamais podem remover pecados; Jesus, porém, tendo oferecido, para sempre, um único sacrifício pelos pecados, assentou-se à destra de Deus.

---

13 George Wesley Buchanan. *The Anchor Bible: To the Hebrews*. New York: Doubleday & Company, Inc., 1972, p. 147.
14 Ibid.

O que Jesus ofereceu (a si mesmo) — ao contrário dos demais sacrifícios, que nunca podem remover pecados — de uma vez para sempre foi suficiente para remover os pecados. Somente a oferta de si mesmo tinha poder para remir o pecador. Somente Cristo foi, ao mesmo tempo, a oferta e o ofertante.

Desse modo, fica evidente como, na revelação progressiva, Deus arquitetou os tipos para seus antítipos, de modo que veio da imperfeição para a perfeição em Cristo. Tanto a humanidade como o ministério dos sumos sacerdotes eram imperfeitos porque eles eram pecadores e o sangue de animais não era suficiente para remover pecados. Mas eles eram figuras, parábolas. Conforme Hebreus 9, o Espírito Santo, por meio deles, queria dar a entender que o perfeito estava por vir, que a realidade chegaria no tempo oportuno, como chegou em Cristo. Assim, Jesus Cristo é o antítipo sumo sacerdotal perfeito do tipo correspondente na progressividade da revelação de Deus.

XI. O Profeta Moisés é tipo do Profeta Jesus Cristo

Existem algumas passagens nas Escrituras que apontam para essa tipologia entre Moisés e Jesus Cristo quanto ao ministério profético.

> O Senhor, teu Deus, te suscitará um profeta do meio de ti, de teus irmãos, semelhante a mim, a ele ouvirás, segundo tudo o que pediste ao Senhor, teu Deus, em Horebe, quando reunido o povo: Não ouvirei mais a voz do Senhor, meu Deus, nem mais verei este grande fogo, para que não morra. Então, o Senhor me disse: Falaram bem aquilo que disseram. Suscitar-lhes-ei um profeta do meio de seus irmãos, semelhante a ti, em

cuja boca porei as minhas palavras, e ele lhes falará tudo o que eu lhe ordenar (Dt 18.15-18).

O povo de Israel, na jornada do Egito para a Terra Prometida, no monte Horebe, ficou apavorado com a manifestação espantosa da voz de Deus. Então, o povo pediu um mediador, pois não queria mais ouvir a voz de Deus diretamente, por causa do terror que lhe causara e do medo de morrer. Deus, então, prometeu um profeta que lhes falasse tudo o que o Senhor ordenasse.

No texto citado, Moisés relembra o povo dessa promessa, pois eles estavam prestes a entrar na terra de Canaã, onde havia muitos adivinhadores, prognosticadores e falsos profetas. Moisés está exortando o povo para que confie na promessa de Deus e no profeta de Deus, para que não imite as nações que eles iriam desapossar da terra que Deus lhes deu.

É claro que muitos profetas foram levantados por Deus e atuaram como seus porta-vozes verdadeiros para Israel, como Samuel, Isaías, Jeremias, Elias, entre muitos outros. Entretanto, a passagem citada fala de *um* profeta, de alguém específico. Esse alguém é reconhecido como Jesus Cristo no NT.

> Arrependei-vos, pois, e convertei-vos para serem cancelados os vossos pecados, a fim de que, da presença do Senhor, venham tempos de refrigério, e que envie ele o Cristo, que já vos foi designado, Jesus, ao qual é necessário que o céu receba até aos tempos da restauração de todas as coisas, de que Deus falou por boca de seus santos profetas desde a antiguidade. Disse, na verdade, Moisés: "O Senhor Deus vos suscitará dentre vossos irmãos um profeta semelhante a mim; a ele ouvireis em tudo quanto vos disser" (At 3.19-22).

Essas palavras de Pedro são proferidas no templo, após um alvoroço entre os judeus por causa da cura de um coxo de nascença, que Deus efetuou por meio dele e de João. Pedro falou à multidão que se reunira a eles que Jesus era o Cristo designado por Deus e, como testemunho de sua palavra, evocou o que Moisés dissera aos israelitas naquela ocasião.

Outro que também fundamenta seu discurso sobre Jesus ser o Cristo, com base nas palavras de Moisés, é Estêvão. Antes de ser apedrejado, ele falou perante o Sinédrio acerca de Jesus, começando pelo chamado de Deus a Abraão. E, quando chegou aos dias de Moisés, entre outros eventos de sua vida, lembrou aos seus ouvintes: "Foi Moisés quem disse aos filhos de Israel: Deus vos suscitará dentre vossos irmãos um profeta semelhante a mim" (At 7.37). Estêvão faz, portanto, uma referência indireta a Jesus como sucessor de Moisés.

O próprio Cristo também se reconhece nas palavras de Moisés. Ao falar aos judeus incrédulos, Jesus afirmou: "Porque, se, de fato, crêsseis em Moisés, também creríeis em mim; porquanto ele escreveu a meu respeito" (Jo 5.46). Jesus estava afirmando àqueles que deveriam recebê-lo que ele era o verdadeiro e perfeito profeta de Israel. No contexto desse verso, Jesus está, a todo momento, assumindo sua designação divina, do Pai, para exercer seu ministério.

Tais passagens, portanto, apontam para o profeta perfeito que Jesus veio para ser. Moisés foi o tipo; Cristo foi o antítipo de profeta, porque Moisés declarou que o profeta que viria seria *semelhante a ele*. Moisés e Cristo são apenas semelhantes, não idênticos — Moisés era a sombra, o tipo imperfeito; Cristo, a realidade, o antítipo perfeito. E, na condição de tipo e antítipo, respectivamente, observam-se as seguintes semelhanças entre Moisés e Cristo:

a. Jesus é um profeta designado por Deus:

"O Senhor, teu Deus, te suscitará um profeta..."

O verdadeiro profeta não pode autodesignar-se. Ele é chamado e vocacionado por Deus. Ninguém pode autointitular-se profeta. Era Deus quem suscitava e levantava os profetas por ele escolhidos. E, assim como Moisés foi suscitado por Deus para seu povo, Jesus também veio da parte de Deus. Ele mesmo disse: "e não vim porque eu, de mim mesmo, o quisesse, mas aquele que me enviou é verdadeiro (...) Eu o conheço, porque venho da parte dele e fui por ele enviado" (Jo 7.28b, 29). Jesus não está dizendo que veio contra sua vontade. Ele está afirmando sua designação divina, como um profeta verdadeiro que não se autonomeava profeta, mas era enviado por Deus.

Em outra ocasião, Jesus também enfatizou sua procedência divina: "porque eu vim de Deus e aqui estou; pois não vim de mim mesmo, mas ele me enviou" (Jo 8.42b). Aqui, do mesmo modo, Jesus não está falando que veio contra sua vontade; em vez disso, ele está declarando abertamente que é alguém devidamente autorizado pelo Pai, pelo Senhor Deus, que falou naquele dia em Horebe aos israelitas.

Jesus é o profeta apontado por Moisés semelhante a ele, o antítipo, porque ele também foi suscitado por Deus. No entanto, Jesus era superior a Moisés, porque sua designação não foi temporária, mas eterna.

b. Jesus é um profeta dentre os irmãos

"Suscitar-lhes-ei um profeta *do meio de seus irmãos*."

Essa é uma afirmação muito importante de Deus ao seu povo. Ela fala sobre a plena humanidade do Redentor. Ele seria tirado do meio dos irmãos. Ele não seria um fantasma, uma imagem, mas uma pessoa real, um homem verdadeiro. Ele seria irmão porque viria como um descendente deles. E, de fato, Jesus veio da linhagem de Davi. Ele nasceu no meio dos irmãos, em Belém da Judeia. A irmandade significa não apenas que ele seria um homem, mas também que seria um homem judeu.

Deus não levantou um Moisés desconhecido para seu povo, de qualquer nação vizinha, ou mesmo um anjo, ou qualquer outra espécie de ser. Deus suscitou um homem, dentre seus irmãos, irmão de Arão e Miriam, que estavam lá no Egito. Os primeiros capítulos dos Evangelhos são unânimes em apontar para essa realidade do Messias. Ao discorrer acerca de sua concepção, da encarnação do Verbo, de seu nascimento, de sua genealogia, eles mostram claramente que Jesus também era um profeta dentre os irmãos.

Entretanto, superior e melhor que Moisés, Jesus não apenas é plenamente humano, como também plenamente divino; portanto perfeito e único, constituído entre os homens e a Trindade. Moisés errou quando Deus mandou que ele apenas falasse à rocha para que desse água (Nm 20.7-12); Jesus Cristo, porém, nunca pecou como homem, como alguém semelhante aos irmãos (Hb 7.26).

c. Jesus é um profeta que pronunciava as palavras de Deus

"(...) em cuja boca porei as minhas palavras."

As palavras que Moisés transmitiu ao povo não foram inventadas por ele; foram dadas diretamente por Deus a ele, ali no monte. A boca de Moisés falou o que Deus colocou nela para falar. Quando Deus diz que vai colocar as palavras na boca de seu profeta, está dizendo que o profeta falará não por si mesmo, com palavras próprias, mas que pronunciará as palavras dadas por Deus.

Assim foi com Jesus Cristo. Ele afirmava constantemente que suas palavras provinham de Deus: "Porque eu não tenho falado por mim mesmo, mas o Pai, que me enviou, esse me tem prescrito o que dizer e o que anunciar" (Jo 12.49). O Pai colocou suas palavras na boca do Filho.

Em outra ocasião, Jesus também afirmou: "Quem não me ama não guarda as minhas palavras; e a palavra que estais ouvindo não é minha, mas do Pai, que me enviou" (Jo 14.24). Sem dúvida, o Senhor Jesus é esse profeta de quem Moisés falou. Como vimos, o próprio Cristo reconheceu ser ele mesmo aquele de quem Moisés disse.

No entanto, Jesus estava muito acima de Moisés. Jesus era ele próprio a palavra de Deus, o Verbo de Deus (Jo 1.1). Jesus é o antítipo perfeito em relação a Moisés porque não apenas falava as palavras de Deus, mas, segundo João, "O Verbo era o próprio Deus falando. Ele podia dizer: Eu sou a verdade" (Jo 14.6). Ele falava com autoridade própria.

d. Jesus é um profeta que falava tudo o que Deus ordenava

"e ele lhes falará tudo o que eu lhe ordenar."

Aqui reside o que provava a veracidade de um profeta. Porque alguém até poderia ser realmente chamado por Deus, como um israelita legítimo, e receber de Deus o que dizer; porém, ainda assim, esse profeta talvez não falasse o que Deus ordenava; ele poderia, no momento da fala, dizer o que bem entendesse. Se, porém, ele falasse tudo o que Deus ordenara, o povo não seria enganado e o profeta seria reconhecido como verdadeiro. E observe que não poderia ser apenas *uma parte*, ou uma *boa parte*, ou mesmo a *maior parte* do que Deus lhe ordenara falar, mas *tudo* o que Deus lhe ordenara deveria ser entregue ao povo.

O Senhor Jesus Cristo afirmou de si mesmo: "As coisas, pois, que eu falo, como o Pai me tem dito, assim falo" (Jo 12.50b); "e que nada faço por mim mesmo, mas falo como o Pai me ensinou" (Jo 8.28b). Jesus sempre falou somente o que o Pai queria que ele dissesse. Cristo disse tudo o que Deus ordenou. Moisés foi um profeta verdadeiro; Jesus também foi um profeta verdadeiro. Mas Moisés não foi um profeta perfeito; só Jesus foi o profeta perfeito, sem mancha, sem defeito, sem pecado.

Moisés foi tipo de Cristo em alguns sentidos: ele é o mediador apresentado por Deus no AT, tipificando o "único mediador entre Deus e os homens, Jesus Cristo, homem"; ele é o libertador apresentado por Deus, tipificando o libertador que é Jesus Cristo; também Moisés é tipo de Cristo no que diz respeito ao ofício profético.

O próprio Moisés disse que Deus haveria de providenciar um profeta "semelhante a mim", que deveria ser ouvido pelo povo. Jesus Cristo é o profeta por excelência, como nenhum do AT foi. Ele fala diretamente da parte de Deus porque também tem a natureza divina. Ele não é somente o anunciador da revelação divina, mas o próprio Deus conosco.

Moisés foi tipo; Jesus Cristo foi o Antítipo. Moisés foi imperfeito em seu ofício profético, mas Jesus foi perfeito, não somente em relação à forma, mas também ao conteúdo. Deus revelou sua verdade a Moisés de modo parcial e incompleto, mas, por meio de Jesus Cristo, ele o fez de maneira completa e perfeita.

XII. O Rei Davi é tipo do Rei Jesus Cristo

O rei Davi foi o grande rei de Israel que reinou durante quarenta anos sobre o povo de Deus. Apesar de seus pecados e deslizes, ele foi reconhecido pelo próprio Deus como um homem segundo seu coração, que faria toda a sua vontade (At 13.22). Além de rei, Davi também foi poeta, sendo o autor da maior parte dos salmos da Bíblia. Dentre eles, o famoso Salmo 23, que retrata o Senhor como um pastor que cuida de seu rebanho; aliás, o próprio Davi fora pastor de ovelhas, antes de se tornar guerreiro e rei.

No Antigo Testamento, portanto, há referências proféticas acerca de Jesus Cristo, afirmando que, tal como Davi — e melhor do que ele —, ele reinaria sobre o povo de Deus, como um pastor cuida de seu rebanho.

> Eu livrarei as minhas ovelhas para que não sirvam de rapina, julgarei entre ovelhas e ovelhas. Suscitarei para elas *um só pastor, e ele as apascentará; o meu servo Davi é que as apascentará; ele lhes servirá de pastor*. Eu, o Senhor, lhes serei por Deus, *e o meu servo Davi será príncipe no meio delas*; eu o Senhor, o disse (Ez 34.22-24, grifos acrescidos).

> *O meu servo Davi reinará sobre eles;* todos eles terão *um só pastor*, andarão nos meus juízos, guardarão os meus estatutos e os observarão. Habitarão na terra que dei a meu servo Jacó, na qual vossos pais habitaram; habitarão nela, ele e seus filhos e os filhos de seus filhos, para sempre; *e Davi, meu servo, será seu príncipe eternamente* (Ez 37.24-25, grifos acrescidos).

> Naquele dia, diz o Senhor dos Exércitos, eu quebrarei o seu jugo de sobre o teu pescoço e quebrarei os teus canzis; e nunca

mais estrangeiros farão escravo este povo, que *servirá* ao Senhor, seu Deus, como *também a Davi, que lhe levantarei* (Jr 30.8-9, grifos acrescidos).

Depois, tornarão os filhos de Israel, e *buscarão* ao Senhor, seu Deus, *e a Davi, seu rei*; e nos últimos dias, tremendo, se aproximarão do Senhor e da sua bondade (Os 3.5).

Essas passagens do profeta Ezequiel falam de Davi reinando eternamente e apascentando com justiça. Entretanto, Davi, já morrera havia muito tempo. Isso significa que Ezequiel está estabelecendo o antigo rei Davi como um tipo do "Davi" que, como Antítipo, seria rei e pastor único sobre Israel eternamente. Esse "Davi", ou esse Antítipo, é reconhecido no Novo Testamento como Jesus Cristo. Ele é o Davi a quem verdadeiramente o profeta se referiu.

A passagem de Jeremias prevê um "Davi" que também reinaria e que seria levantado pelo Senhor dos Exércitos, a quem o povo liberto também serviria. Jeremias, a exemplo de Ezequiel, também apresenta o rei Davi como um tipo do Rei Jesus.

A profecia de Oseias, por sua vez, afirma esse Davi como rei, mas acrescenta que esse Rei Davi seria buscado. A seguir, transcrevem-se as passagens neotestamentárias que apontam para Jesus como esse Davi esperado.

Começando pela característica pastoral desse Rei, vemos, em João 10.11, Jesus declarando acerca de si mesmo: "Eu sou o bom pastor. O bom pastor dá a vida pelas ovelhas"; e, em João 10.14, 16: "Eu sou o bom pastor; conheço as minhas ovelhas e elas me conhecem a mim (...) Ainda tenho outras ovelhas, não deste aprisco; a mim me convém conduzi-las; elas ouvirão a minha voz; *então, haverá um rebanho e um pastor*".

Conforme Ezequiel profetizou (37.24), haveria um só pastor, e Cristo afirma ser esse único pastor sobre suas ovelhas. O contexto de Ezequiel 34.22 fala de um bom pastor que livraria suas ovelhas, não as deixando ser presas dos animais selvagens, e, segundo o texto de João 10.11, Jesus Cristo é esse bom pastor que dá a vida pelas ovelhas, que não deixa o lobo arrebatá-las de seu aprisco ou de sua mão, protegendo-as dos lobos vorazes.

Também está presente a característica de servo, pois assim também ele é identificado quatro vezes pelo profeta Ezequiel (34.23, 24; 37.24, 25). Em Lucas 1.68-70, no cântico de Zacarias, lemos: "Bendito seja o Senhor, Deus de Israel, porque visitou e redimiu seu povo, e nos suscitou plena e poderosa salvação na casa de *Davi, seu servo*, como prometera, desde a antiguidade, por boca dos seus santos profetas". Aqui, embora o texto traduzido na Almeida Atualizada diga que Deus suscitou plena e poderosa salvação "na casa de Davi, seu servo", talvez a melhor tradução seja "pela casa de Davi, seu servo". Essa opção de tradução, que inclui a ideia de agência, decorre do fato de a preposição grega *ev* (en) estar no caso dativo — e, quando essa preposição aparece nesse caso, pode ser carregar, embora raramente, a ideia de agência,[15] e não apenas de localidade. Em outras palavras, Zacarias reconhece que, por meio da casa de Davi, Deus trouxe salvação, e não apenas na casa de Davi houve salvação. Essa ideia é preferível à de localidade porque também se harmoniza com o restante das Escrituras. Assim, pela descendência de Davi, veio essa salvação plena e poderosa para os que estão nas trevas (Lc 1.79).

Observa-se, portanto, que, assim como Zacarias reconheceu aquele Davi como servo de Deus, também o profeta

---

15 Daniel B. Wallace. *Greek Grammar Beyond the basics*. Zondervan, s.d., pp. 372-373.

reconheceu o Rei Davi. A ocasião do cântico de Zacarias é o nascimento de seu filho João Batista. O cântico, contudo, não é sobre João Batista, mas, sim, uma profecia sobre Jesus Cristo, como demonstram claramente esses versos e os demais versículos do cântico. João Batista foi o precursor desse Rei poderoso e perfeito (Lc. 1.76), de quem ele não se sentia digno de desatar as sandálias (Lc 3.16).

Quanto à sua realeza, que é o aspecto mais proeminente da tipologia, em Atos 5.31 vemos: "Deus, porém, com a sua destra, *o exaltou a Príncipe* e Salvador, a fim de conceder a Israel o arrependimento e a remissão de pecados". A profecia de Ezequiel afirma que ele seria príncipe eternamente (37.25). Diversos textos no Novo Testamento afirmam a realeza de Cristo como príncipe, como aquele que foi colocado à direita da Deus: "De fato, o Senhor Jesus, depois de lhes ter falado, foi recebido no céu *e assentou-se à destra de Deus*" (Mc 16.19, grifos acrescidos); "Quem os condenará? É Cristo Jesus quem morreu ou, antes, ressuscitou, *o qual está à direita de Deus* e também intercede por nós" (Rm 8.34, grifos acrescidos); "o qual, depois de ir para o céu, *está à destra de Deus*, ficando-lhe subordinados anjos, e potestades, e poderes" (grifos acrescidos). Marcos, Paulo e Pedro reconhecem o domínio de Cristo como príncipe eternamente exaltado à direita de Deus.

Alguns textos em Atos dos Apóstolos, porém, deixam mais patente a tipologia entre o rei Davi e o Rei Jesus, apontando para a imperfeição daquele e para a perfeição deste. O apóstolo Pedro, em sua pregação, por ocasião do derramamento do Espírito Santo sobre a Igreja, ao falar aos incrédulos a respeito de Jesus ressurreto, disse:

(...) ao qual, porém, Deus ressuscitou, rompendo os grilhões da morte; porquanto não era possível fosse ele retido por ela. Porque a respeito dele diz Davi: 'Diante de mim via sempre o Senhor, porque está à minha direita, para que eu não seja abalado. Por isso, se alegrou o meu coração, e a minha língua exultou; além disso, a minha própria carne repousará em esperança, porque não deixarás a minha alma na morte, não permitirás que o teu Santo veja corrupção. Fizeste-me conhecer os caminhos da vida, encher-me-ás de alegria na tua presença'. Irmãos, seja-me permitido dizer-vos claramente a respeito do patriarca *Davi que ele morreu e foi sepultado, e o seu túmulo permanece entre nós até hoje*. Sendo, pois, profeta e sabendo que Deus lhe havia jurado que um dos seus descendentes se assentaria no seu trono, prevendo isto, referiu-se à ressurreição de *Cristo, que nem foi deixado na morte, nem o seu corpo viu corrupção*. A este Jesus, Deus ressuscitou, do que todos nós somos testemunhas. Exaltado, pois, à destra de Deus, tendo recebido do Pai a promessa do Espírito Santo, derramou isto que vedes e ouvis. *Porque Davi não subiu aos céus*, mas ele mesmo declara: 'Disse o Senhor ao meu Senhor: Assenta-te à minha direita, até que eu ponha os teus inimigos por estrado dos teus pés'. Esteja absolutamente certa, pois, toda a casa de Israel de que a *este Jesus, que vós crucificastes, Deus o fez Senhor e Cristo* (At 2.24-36, grifos acrescidos).

Nesse sermão, Pedro lembra, a seus ouvintes israelitas, palavras de Davi extraídas dos Salmos 16 e 110. Pedro tem o cuidado de pôr em relevo Davi e Jesus, os dois reis que estão em pauta. Contudo, dois aspectos são destacados por Pedro acerca do Rei Jesus em contraste com o rei Davi:

a. O Rei Jesus não experimentou corrupção

Pedro afirma que o patriarca Davi morreu e foi sepultado, e que seu túmulo estava entre eles até àquela data. Com isso, ele quis dizer que Davi não estava falando de si, mas de outro Davi, porque o Davi que citou as palavras de Salmos 16 viu corrupção; seu corpo, embora tenha repousado em esperança, experimentou deterioração como efeito do pecado em sua vida. Quanto ao Rei Jesus, porém, Pedro disse que o corpo de Cristo não fora deixado na morte nem vira corrupção. Então, segundo a interpretação de Pedro, Davi só poderia estar fazendo referência ao Cristo ressurreto, e não a si mesmo, visto que ele, Davi, experimentou corrupção.

Em sua interpretação de Salmos 16, Pedro viu o cumprimento das palavras de Davi em Cristo. Pedro entendeu que o rei que não viu corrupção foi Jesus Cristo, o verdadeiro rei Davi dos profetas Ezequiel, Jeremias e Oseias. O Antítipo perfeito, pois não viu corrupção, ressuscitou e está gloriosamente vivo e exaltado. E Pedro também destaca esse aspecto da exaltação de Cristo.

b. O Rei Jesus está exaltado

O apóstolo também estabelece contraste entre o rei Davi e o Rei Jesus com base nas palavras do próprio Davi em Salmos 110.1. Pedro faz questão de dizer não apenas que Davi morreu e viu corrupção, mas também que não subiu aos céus, como destacamos na passagem de Atos. Pedro afirma claramente que Davi não subiu aos céus; por outro lado, Deus fez de Jesus Senhor e Cristo, aquele que está exaltado à destra de Deus, tendo subido aos céus.

Em outras palavras, Pedro reconhece que o Davi das profecias de Ezequiel, Jeremias e Oseias é o Jesus que seus ouvintes crucificaram e que Deus ressuscitou. Veja que o tipo é imperfeito: aquele rei Davi que escreveu o salmo não foi exaltado e não subiu aos céus, diz Pedro. Mas Pedro também afirma a perfeição do Antítipo, ou seja, o fato de o Rei Jesus estar exaltado. O próprio Jesus reivindica sua superioridade ao tipo quando indaga aos fariseus quem seria o Cristo (Mt 22.41-44).

Portanto, por essas poucas passagens, evidenciam-se a imperfeição do tipo e a perfeição do Antítipo. Davi era um tipo de Cristo, apontava para ele. Quando a realidade chegou, quando a verdade apareceu, os apóstolos e a Igreja reconheceram o Antítipo e o declararam superior e perfeito em relação ao seu tipo. Assim, embora o Rei Jesus fosse como Davi quanto a ser um pastor sobre um rebanho, um rei sobre uma nação e um servo de Deus, ele é muito maior e supremamente perfeito, pois não foi deixado na morte, seu corpo ressurreto não viu corrupção e ele está exaltado à direita de Deus, nas alturas, o que seu tipo, o rei Davi, não alcançou.

XIII. As sombras *são imperfeitas; a* Realidade *é perfeita*

A sombra está para a realidade assim como o tipo está para o Antítipo. Tanto a sombra como o tipo prefiguram realidades superiores e perfeitas. Essa é outra maneira de falar da progressividade da revelação divina.

A sombra é uma imagem lançada por uma pessoa ou um objeto ao interceptar a fonte de luz. Na verdade, a sombra é uma imagem imperfeita de um objeto ou de uma pessoa. Sombras não existem (ou não fazem sentido) quando sua causa é removida. Portanto, a sombra é um reflexo imperfeito da realidade perfeita.

A Escritura oferece algumas noções de sombra como algo que aponta para uma realidade superior:

> Ora, visto que a lei tem *sombra* dos bens vindouros, *não a imagem real das coisas*, nunca jamais pode tornar perfeitos os ofertantes, como os mesmos sacrifícios que, ano após ano, perpetuamente eles oferecem (Hb 10.1, grifos acrescidos).

Tudo o que existe agora, em termos de bênçãos para nosso deleite, são apenas sombras de realidades superiores que virão em dias futuros, no momento em que nossa redenção se completar e houver o estabelecimento dos novos céus e da nova terra.

Seguem alguns exemplos da progressividade da revelação no que diz respeito à redenção.

a. A presente vida é sombra da vida vindoura

Os cristãos já têm a vida que vem da ação regeneradora do Espírito Santo. Eles foram tornados vivos pela ação vitalizadora do Senhor, mas ainda não conhecem a vida abundante, que se dará a partir do dia final. Jesus prometeu vida (que os cristãos já possuem), e vida em abundância (que os cristãos vão desfrutar no dia de Cristo). Essas coisas dizem respeito ao "já" e ao "ainda não" de nossa redenção. Possuímos a sombra, mas ainda não temos a realidade.

b. A lei é sombra dos bens vindouros

> Ora, visto que *a lei tem sombra* dos bens vindouros, *não a imagem real das coisas* (10.1a, grifos acrescidos).

A lei, que evidenciava o pacto feito com Moisés, era uma mera sombra das coisas prometidas no Novo Pacto, que nos é comunicado em Cristo. Os *bens vindouros* são contrastados com as sombras e se referem a coisas superiores, a realidades incomparáveis. Referem-se às coisas sacrificiais superiores de Cristo em comparação com as sombras dos sacrifícios prescritos pela lei de Moisés.

c. As comidas eram sombra do alimento perfeito

> Ninguém, pois, vos julgue por causa de *comida e bebida*, ou dia de festa, ou lua nova, ou sábados, porque tudo isso tem sido *sombra das cousas que haviam de vir*; porém o corpo é de Cristo (Cl 2.16-17, grifos acrescidos).

As comidas e as bebidas que os homens ingeriam naquela época (e agora!) não são perfeitas porque podem ser contaminadas de várias formas. Além disso, nos alimentos e em nossos estômagos e intestinos, há muitas bactérias que podem favorecer a proliferação de doenças.

Entretanto, quando pensamos em Cristo Jesus, ele é o pão perfeito que desceu do céu e, nele, não há nenhum tipo de contaminação. Ele nos alimenta perfeitamente por toda a eternidade e, por intermédio dele, acabamos com nossa sede.

O imperfeito sempre é precedido pelo perfeito. Ademais, quando nossa redenção se completar, na consumação dos séculos, haveremos de consumir a comida de cada dia com absoluta perfeição, porque não mais teremos qualquer tipo de enfermidade — restaurada, a terra ficará completamente livre da maldição a que hoje está sujeita.

d. O sábado é sombra do repouso eterno

> Ninguém, pois, vos julgue por causa de comida e bebida, *ou dia de festa, ou lua nova, ou sábados,* porque tudo isso tem sido *som-*

bra das cousas que haviam de vir; porém o corpo é de Cristo (Cl 2.16-17, grifos acrescidos).

As festas mencionadas também apontam para a ideia de sombra. Isso significa que teremos celebrações na glória (tanto no céu como na nova terra!) que serão perfeitas, realidades praticamente inimagináveis em comparação ao que temos aqui e agora. Pense especialmente no sábado, que tem a ver com um dia da semana, em contraste com o repouso que não termina. Quando pensamos em repouso, contudo, não estamos aludindo a inércia ou indolência, mas à realização de coisas que nos trazem absoluta paz. E esse repouso, nós o teremos para todo o sempre!

e. O santuário terreno é sombra do santuário celeste

> Era necessário, portanto, que as *figuras* das cousas que se acham nos céus se purificassem com tais sacrifícios, mas as próprias cousas celestiais, com sacrifícios a eles *superiores* (Hb 9.23, grifos acrescidos).

Hebreus 9.18-22, 24-25 fala dos sacrifícios de animais feitos no templo (que eram imperfeitos), em contraste com o sacrifício do Cordeiro (que foi perfeito).

Os sacrifícios inferiores são uma figura das coisas futuras, que são superiores. Os sacrifícios do santuário terreno (impuro) são sombras dos sacrifícios celestiais (puros). Por isso, o texto fala da realidade celeste como um "sacrifício superior" ou um "sacrifício melhor". Os sacrifícios do AT são um símbolo, ou um tipo, a sombra de uma realidade superior, a qual é demonstrada nas páginas do NT. Esse é o tipo de revelação progressiva.

Na verdade, a realidade e a perfeição das coisas reveladas no Novo Testamento são bem superiores às sombras e aos tipos imperfeitos que prefiguram.

f. A transitoriedade das coisas deste tempo em contraste com a perenidade das coisas futuras

Esse ensino sobre a revelação progressiva de Deus nos leva a uma conclusão: não podemos esquecer que há transitoriedade na sombra, em contraste com a perenidade da realidade.

> Porque somos estranhos diante de ti e peregrinos como todos os nossos pais; *como a sombra são os nossos dias sobre a terra, e não temos permanência* (1Cr 29.15).

Aqui, a morada dos hebreus era passageira, uma prefiguração da permanência eterna do novo Israel, na nova terra.

Essa passagem nos ensina que a sombra não é algo permanente e perde sua finalidade quando a realidade superior aparece. A sombra desaparece, enquanto a realidade fica. Isso também significa que os tipos desaparecem quando os antítipos se fazem presentes.

Em todos os exemplos citados, a respeito da progressividade da revelação divina, os antítipos do Novo Testamento são muitíssimo superiores aos tipos do Antigo Testamento, pois os primeiros são perfeitos, enquanto os últimos são imperfeitos. Todos os antítipos do Novo Testamento que estão prefigurados no Antigo Testamento são maiores e mais perfeitos em significado, porque a revelação divina tem caráter progressivo.

Diante de todo o exposto, sabemos que Deus, em sua revelação, recorreu a diversos meios para mostrar sua vontade a seu povo

— sua vontade redentora, especialmente, foi revelada gradualmente, ao longo dos anos.

Seus modos de salvação foram mostrados a seus servos por meio de eventos, pessoas e coisas que, para a época, eram válidos, sendo recebidos como a vontade de Deus. Por outro lado, com o passar dos tempos, especialmente com a vinda do Filho de Deus, Jesus Cristo, o Verbo encarnado, tais eventos, pessoas ou objetos encontram seu cumprimento nele. Dessa forma, tendo em Cristo Jesus, nosso Salvador, a verdade completa, notamos que houve progressividade na revelação de Deus ao seu povo.

Tal caráter da revelação de Deus foi mostrado por meio dos tipos que foram dados e estabelecidos pelo próprio Deus ao longo da história da humanidade. Esses tipos revelavam a natureza e o modo da obra redentora definidos no conselho eterno da redenção. Eles apresentavam seus antítipos, os quais, algumas vezes, ainda em tempos remotos, eram reconhecidos (embora não vistos) pelos autores bíblicos. Outros desses antítipos, porém, só foram percebidos e revelados nas Escrituras mais tarde, nos tempos de Jesus e após, por intermédio dos apóstolos e escritores do Novo Testamento.

O fato é que encontramos em Cristo Jesus a perfeição da revelação, não quanto ao seu conteúdo, mas quanto aos meios que Deus usou. O Filho de Deus é a conclusão perfeita de toda vontade revelada de Deus. No Filho, encontramos toda a verdade perfeita da vontade e do caminho redentor do Pai. Que nos alegremos nele e, com o coração repleto de imensa gratidão, irrompamos em louvor, adoração e serviço ao Deus Triúno, amando-o e obedecendo a ele de todo o nosso coração!

Pois nós também, outrora, éramos néscios, desobedientes, desgarrados, escravos de toda sorte de paixões e prazeres, vivendo em malícia e inveja, odiosos e odiando-nos uns aos outros. Quando, porém, se manifestou a benignidade de Deus, nosso Salvador, e o seu amor para com todos, não por obras de justiça praticadas por nós, mas segundo a sua misericórdia, ele nos salvou mediante o lavar regenerador e renovador do Espírito Santo, que ele derramou sobre nós ricamente, a fim de que, justificados por graça, nos tornemos seus herdeiros, segundo a esperança da vida eterna. Fiel é esta palavra, e quero que, no tocante a estas cousas, faças afirmação, confiadamente, para que os que têm crido em Deus sejam solícitos na prática de boas obras. Estas cousas são excelentes e proveitosas aos homens (Tt 3.3-8).

5. A REVELAÇÃO É PROGRESSIVA PORQUE VAI DO INFERIOR PARA O SUPERIOR[16]

A progressividade da revelação também pode ser percebida pela comparação entre os elementos da antiga administração do pacto e os elementos da nova.

Uma análise, ainda que superficial, de algumas passagens de Hebreus é elucidativa. Willem Vangemeren disse que "os pactos e ambos os Testamentos são mais significativamente baseados em seu único fundamento: Cristo, o mediador do Pacto".[17]

Não obstante, no Novo Testamento, Jesus Cristo cumpre as promessas do Antigo Testamento. Exatamente nesse sentido, po-

---

16 Agradeço ao acadêmico Alan Rennê Alexandrino Lima por sua contribuição para esta seção. Alan, com esforço e brilhantismo, fez um trabalho intitulado "A Progressividade da Revelação em Hebreus",. A ele, ofereço os louros desta seção.

17 Willem Vangemeren. *The Progress of Redemption: The Story of Salvation from Creation to the New Jerusalem*. Grand Rapids, MI: Baker Book House, 1995, p.

demos afirmar que a progressividade da revelação também pode ser aferida a partir do deslocamento do inferior para o superior, das promessas para seu cumprimento pleno na pessoa do Redentor.

A. Um pacto Superior

(...) por isso mesmo, Jesus se tem tornado fiador de *superior aliança* (Hb 7.22).

Hebreus 7 estabelece uma comparação entre o antigo pacto e o novo; entre o sacerdócio de Jesus Cristo e o sacerdócio levítico.

Os levitas pertenciam a um sacerdócio inferior, visto que precisavam ser escolhidos em maior número, pois, por causa da morte, eram impedidos de dar prosseguimento ao seu ministério (v. 23).

Jesus Cristo, ao contrário, pertence a um ministério superior, característico de um pacto superior. A progressividade da revelação pode ser percebida pela mudança de sacerdócio mencionada no v. 12: "Pois, quando se muda o sacerdócio, necessariamente há também mudança de lei". Essa mudança de sacerdócio implica a mudança de um pacto inferior para um pacto superior. Isso fica ainda mais claro quando, nos vv. 20-21, diz-se: "E, visto que não é sem prestar juramento (porque aqueles, sem juramento, são feitos sacerdotes, mas este, com juramento, por aquele que lhe disse: O Senhor jurou e não se arrependerá: Tu és sacerdote para sempre) (...)".

A superioridade do novo pacto pode ser aferida pelo fato de o sacerdócio levítico ter sido instituído por Deus sem juramento. O sacerdócio de Jesus Cristo, por sua vez, foi conferido com um juramento da parte de Deus. William S. Plumer diz o seguinte: "Nesses versos algumas coisas chamam a atenção. Uma é que um ofício criado e conferido pelo juramento de Deus é superior a outro criado e conferido sem o juramento de Deus".[18]

A. W. Pink afirma que o v. 22 também pressupõe, entre outras coisas, "que outro pacto existia entre Deus e o seu povo, antes do aparecimento de Cristo".[19] Esse outro pacto, de algum modo, era bom, pois era o "produto da sabedoria e da justiça de Deus; ele serviu a um bom propósito, restringindo o pecado e promovendo a piedade".[20] Não obstante, o novo pacto era "superior", ou seja, enquanto o pacto mosaico foi administrado pela instrumentalidade do sacerdócio levítico, o pacto superior foi administrado pelo próprio Filho de Deus. Além disso, em razão da mortalidade inerente aos levitas, o pacto mosaico era transitório, enquanto o pacto superior administrado por Cristo é permanente e eterno.

Deve-se evitar o entendimento dispensacionalista de que existem vários pactos distintos. Na verdade, há um único Pacto da Graça, mas com duas administrações: a antiga e a nova, a inferior e a superior. Esse é um ponto importante para se compreender a progressividade da revelação.

B. Um sacerdote Superior

> Com efeito, nos convinha um sumo sacerdote como este, santo, inculpável, sem mácula, separado dos pecadores e feito mais alto do que os céus, que não tem necessidade, como os sumos sacerdotes, de oferecer todos os dias sacrifícios, primeiro, por

---

18 William S. Plummer. *Commentary on the Epistle of Paul, the Apostle, to the Hebrews*. Grand Rapid, MI: Baker Book House, 1980, pp. 299-300.

19 Arthur W. Pink. *An Exposition of Hebrews*. Grand Rapids, MI: Baker Book House, 1989, p. 406.

20 Ibid.

seus próprios pecados, depois, pelos do povo; porque fez isto uma vez por todas, quando a si mesmo se ofereceu. Porque a lei constituiu sumos sacerdotes a homens sujeitos à fraqueza, mas a palavra do juramento que foi posterior à lei, constitui o Filho, perfeito para sempre (Hb 7.26-28).

O sumo sacerdote do Antigo Testamento caracterizava-se pela imperfeição e pela fraqueza. Em contraste, Jesus Cristo, como sumo sacerdote, era completamente isento das imperfeições dos sacerdotes levíticos. O contraste estabelecido pelo autor de Hebreus é nítido.

Aqui, observam-se duas razões para a superioridade do novo pacto como evidência da progressividade da revelação.

De um lado, no Antigo Testamento, o sumo sacerdote era absolutamente incapaz de oferecer sacrifício perfeito pelos pecados do povo. A primeira razão reside em sua própria pecaminosidade. Ele tinha de "oferecer todos os dias sacrifícios, primeiro, por seus próprios pecados" (Hb 7.27). Como homens pecadores que eram, os sacerdotes levíticos precisavam ter seus pecados expiados da mesma forma que as pessoas pelas quais eles ofereciam sacrifícios diariamente. Plumer assinala: "Todos os sacerdotes aarônicos eram homens pecadores. Eles eram nascidos pecadores. E cometiam pecados. Eles também eram sujeitos à contaminação cerimonial".[21] Por essa razão, os sacerdotes levíticos tinham de oferecer sacrifícios por si mesmos. Nesse sentido, João Calvino pergunta a respeito do sumo sacerdote do Antigo Testamento: "Como, então, ele poderia aplacar Deus em favor de outros, visto que Deus estava, de forma justa, irado contra o próprio sacerdote?".[22]

---

21 Plumer, op. cit., p. 305.
22 João Calvino. *Commentary on Hebrews*. Grand Rapids, MI: Christian Classics Ethereal Library, 1999, p. 111. Disponível em http://www.ccel.org/ccel/calvin/calcom44.html.

Por outro lado, Jesus Cristo não tinha necessidade alguma de oferecer sacrifício por si mesmo: "Com efeito, nos convinha um sumo sacerdote como este, santo, inculpável, sem mácula, separado dos pecadores e feito mais alto do que os céus" (Hb 7.26).

Jesus Cristo, como sumo sacerdote, reúne "certas qualificações de excelência",[23] ou seja, absoluta perfeição de caráter. O sumo sacerdote superior não tem necessidade de oferecer sacrifícios por si mesmo, visto que é santo, inculpável, sem mácula alguma e separado dos pecadores por sua pureza. Em João 8.46, o próprio Jesus desafiou os fariseus a encontrar nele alguma falta: "Quem dentre vós me convence de pecado?". De uma forma diferente em relação aos sumos sacerdotes do Antigo Testamento, que eram sujeitos a várias fraquezas, o Sumo Sacerdote do Novo Pacto era superior por se tratar do próprio filho de Deus encarnado: "Porque a lei constituiu sumos sacerdotes a homens sujeitos à fraqueza, mas a palavra do juramento que foi posterior à lei constitui o Filho, perfeito para sempre" (Hb 7.28).

Esse é mais um ponto importante para afirmar a progressividade da revelação, porque ela parte do inferior para o superior. Os sacerdotes do Antigo Testamento eram tipos do supremo Sumo Sacerdote, Jesus Cristo. A revelação divina é aumentada e mais clareada com a chegada daquele que é o perfeito Sumo Sacerdote.

C. Um sacrifício Superior

> Era necessário, portanto, que as figuras das coisas que se acham nos céus se purificassem com tais sacrifícios, mas as próprias coisas celestiais, com sacrifícios a eles superiores (Hb 9.23).

---
23 Pink, op. cit., p. 419.

Os versos anteriores ao v. 23 tratam da imperfeição e da ineficácia dos sacrifícios do Antigo Testamento. Tais sacrifícios eram ineficazes para aperfeiçoar o adorador, visto que "não passam de ordenanças da carne, baseadas somente em comidas, e bebidas, e diversas abluções, impostas até ao tempo oportuno de reforma" (Hb 9.10). Os sacrifícios eram tipos do sacrifício maior e perfeito de Jesus Cristo. Na seção seguinte, em Hebreus 9.11-28, discorre-se a respeito do sacrifício de Cristo como a substância dos sacrifícios cerimoniais. Assim, encontramos: "Com efeito, *quase todas as coisas, segundo a lei, se purificam com sangue*; e, sem derramamento de sangue, não há remissão" (Hb 9.22).

A ideia acima é que, de algum modo, os sacrifícios imperfeitos de animais purificavam "quase todas as coisas". Essas eram "as figuras das coisas que se acham nos céus" (Hb 9.23), mas não eram a realidade para a qual apontavam. A relação se dá entre os tipos do Antigo Testamento e o Antítipo, que é Jesus. A progressividade pode ser vista na imperfeição inerente aos sacrifícios realizados no tabernáculo e na perfeição do derramamento do sangue de Cristo.

O sacrifício de Jesus foi superior aos do Antigo Testamento porque estes purificavam apenas o tabernáculo terreno e tudo que nele estivesse contido, ao passo que o primeiro (o sacrifício de Cristo, ou seja, o derramamento de seu sangue) "purifica as coisas celestiais, de modo que ele pode entrar no céu na presença de Deus".[24] É necessário, contudo, compreender o que são essas "coisas celestiais", pois, como diz Plumer, "o céu, em si mesmo,

---

24 Simon Kistemeker. *Comentário do Novo Testamento: Hebreus*. São Paulo: Cultura Cristã, 2003, p. 368.

não necessita de purificação. E nosso sumo sacerdote não precisa oferecer nenhum sacrifício por si mesmo".[25]

É importante notar que, tanto no Antigo Testamento como no Novo Testamento, as pessoas são comparadas a vasos. Os perversos são comparados a vasos de ira e vasos quebrados, enquanto os eleitos são comparados a vasos escolhidos, vasos de misericórdia e vasos de honra (Salmos 2.9; Oseias 8.8; Atos 9.15; Romanos 9.22, 23; e 2 Timóteo 2.21). Diante disso, nada obsta que as "coisas celestiais" se refiram aos eleitos, pois "as pessoas a serem admitidas no céu são pecadoras e necessitam de expiação antes de ser recebidas naquele lugar santo".[26]

D. Uma promessa superior

> Agora, com efeito, obteve Jesus ministério tanto mais excelente, quanto é ele também Mediador de superior aliança instituída com base em superiores promessas (Hb 8.6).

O contraste aqui estabelecido não gira em torno de Jesus Cristo e dos sacerdotes levíticos. O contraste agora é entre a Antiga Aliança e a Nova Aliança.

Em Hebreus 8.1-5, a comparação com o sumo sacerdote humano atende ao propósito maior de mostrar a superioridade da Nova Aliança em Jesus Cristo. Em todo o capítulo 7, o autor demonstra, de forma irrefutável e sob a autoridade das Escrituras, que o sacerdócio de Cristo superou o sacerdócio aarônico. Agora, no capítulo 8, o foco é o ministério superior de Jesus Cristo e também a superioridade da Nova Aliança em relação à Antiga.

---

25 Plumer, op. cit., p. 371.
26 Ibid.

Assim, além de ter um ministério mais excelente que o levítico, Jesus é o Mediador de uma aliança também superior. A superioridade da nova aliança em Cristo consiste em ter sido "instituída com base em promessas superiores". É possível concluir facilmente que a antiga aliança também fora estabelecida sob certas promessas, como assinala A. W. Pink: "Cada aliança entre Deus e o homem deve ser fundada sobre e resolvida em promessas".[27] E, apesar de as promessas da Nova Aliança serem *melhores* do que as promessas da Antiga, é imprescindível compreender que isso não implica dizer que são promessas *distintas*. Existem alguns que defendem esse ponto de vista, como alerta Pink. Ele cita as observações feitas por A. Barnes, exatamente com base nessa passagem de Hebreus:

> As promessas da primeira aliança pertencem *principalmente* à vida presente. Eram promessas de duração de dias; de acréscimo de números; de semente do tempo e colheita; de privilégios nacionais e de paz extraordinária, abundância e prosperidade. O fato de ela também ser promessa de vida eterna é indubitável; mas esse não era seu aspecto principal. Na Nova Aliança, contudo, a promessa de bênçãos espirituais tornou-se o *principal*. A mente é direcionada ao céu; o coração é animado com as esperanças da vida imortal; o favor de Deus e a antecipação do céu são assegurados da maneira mais ampla e solene.[28]

Esse entendimento, contudo, não está correto. Mesmo que seja possível observar aspectos terrenos e temporais na Antiga

---

27 Pink, op. cit., p. 440.
28 A. Barnes. apud Arthur W. Pink. *An Exposition of Hebrews*, op. cit., p. 441 (grifo original).

Aliança, as diferenças entre as duas alianças não devem ser superestimadas. É necessário compreender que, sob a Antiga Aliança, as mesmas promessas foram feitas aos antigos pais. Havia a mesma esperança de vida eterna. Vigorava a mesma promessa de salvação. Nesse sentido, é correto o entendimento de Calvino:

> É certo que os pais que viveram sob a Lei tinham a mesma esperança de vida eterna que nós temos; e, da mesma forma, eles tinham a graça da adoção em comum conosco, portanto, a fé deve ter repousado nas mesmas promessas. Porém, a comparação feita pelo apóstolo refere-se à *forma*, e não à *substância*; pois, embora Deus lhes tenha prometido a mesma salvação que nos é prometida hoje, nem a *maneira* nem o *caráter* da revelação são os mesmos ou iguais aos que experimentamos.[29]

Percebe-se, assim, que as promessas que fundamentam a Nova Aliança são superiores às da antiga, no sentido de que são as mesmas de outrora, mas agora são ratificadas pelo derramamento do sangue de Cristo. Além disso, não são de propriedade exclusiva de uma só nação. Antes, tais promessas são proclamadas abertamente aos eleitos de Deus, tanto entre os judeus como entre os gentios.

E. Uma esperança superior

> (...) (pois a lei nunca aperfeiçoou coisa alguma), e, por outro lado, se introduz esperança superior, pela qual nos chegamos a Deus (Hb 7.19).

---

[29] João Calvino, op. cit., p. 116 (grifos acrescidos).

A REVELAÇÃO ESPECIAL É PROGRESSIVA

Não há como compreender o conteúdo do v. 19 sem conectá-la ao v. 18: "Portanto, por um lado, se revoga a anterior ordenança, por causa de sua fraqueza e inutilidade (...), e, por outro lado, se introduz esperança superior, pela qual nos chegamos a Deus". Aqui, o autor de Hebreus está falando da revogação de uma esperança inferior ("a anterior ordenança") e da introdução de uma esperança superior. Claramente, percebe-se, nesse ponto, a progressividade da revelação.

Em Hebreus 7.18, a palavra grega *proagou,shj* significa "precedente". A ideia transmitida pelo autor é que a ordenança em foco tem caráter transitório, temporário e, portanto, será superada por outra de caráter permanente e perpétuo. No caso, a ordenança precedente era o sacerdócio levítico. A "esperança superior", por sua vez, era o sacerdócio de Jesus Cristo segundo a ordem de Melquisedeque. Logicamente, isso não quer dizer que a esperança não fosse um elemento existente na ordenança precedente. O ponto em destaque é que, em Cristo, a esperança dos crentes sob a Nova Aliança era superior à dos crentes sob a antiga.

A razão para a superioridade da esperança do novo pacto reside no fato de que, no Antigo Testamento, "os sacerdotes ofereciam sacrifícios de animais para que o povo obtivesse a remissão de seus pecados. Mas esses sacrifícios, por si mesmos, não podiam purificar a consciência dos crentes".[30]

É verdade que, no Antigo Pacto, os crentes também contavam com os benefícios espirituais do pacto da graça, de modo que "as cerimônias os levavam a Cristo, a quem os crentes do Antigo Testamento tinham acesso à graça pela fé. Eles acreditavam em Jesus

---

30 Kistemaker, op. cit., p. 280.

Cristo, e eram participantes dos benefícios do pacto, assim como nós, sob o Novo Testamento".[31]

Não obstante, no Novo Testamento, não há mais a necessidade das cerimônias realizadas por sacerdotes mortais e do oferecimento de animais. O crente vai à presença de Deus por intermédio de Jesus Cristo. Na Nova Aliança, a esperança é superior, por causa da introdução do sacerdócio todo-perfeito de Jesus. É por meio dele que o crente recebe "a completa publicação e a calorosa recepção do descanso para a sua consciência".[32]

F. Um acesso superior

(...) querendo com isto dar a entender o Espírito Santo que ainda o caminho do Santo Lugar não se manifestou, enquanto o primeiro tabernáculo continua erguido. É isto uma parábola para a época presente; e, segundo esta, se oferecem tanto dons como sacrifícios, embora estes, no tocante à consciência, sejam ineficazes para aperfeiçoar aquele que presta culto, os quais não passam de ordenanças da carne, baseadas somente em comidas, e bebidas, e diversas abluções, impostas até ao tempo oportuno de reforma (Hb 9.8-10).

Tendo, pois, irmãos, intrepidez para entrar no Santo dos Santos, pelo sangue de Jesus, pelo novo e vivo caminho que ele nos consagrou pelo véu, isto é, pela sua carne, e tendo grande sumo sacerdote sobre a casa de Deus, aproximemo-nos, com sincero

---

31 Brakel. *The Christian's Reasonable Service*. Grand Rapids, MI: Reformation Heritage Books, 2007, v. 2, p. 200.

32 Ibid.

coração, em plena certeza de fé, tendo o coração purificado de má consciência e lavado o corpo com água pura (Hb 10.19-22).

O conceito da progressividade da revelação é evidente quando, em Hebreus 9.8, o autor afirma que os eventos até então narrados eram revelações dadas pelo Espírito Santo.

No período do Antigo Testamento, somente os sumos sacerdotes tinham acesso ao lugar do tabernáculo, conhecido como Santo dos Santos, e isso, uma única vez por ano. As pessoas comuns e os demais sacerdotes não tinham acesso a ele. Havia um véu que impedia o acesso direto a Deus. Além disso, como assinala o v. 9, o primeiro tabernáculo, no qual se localizava o véu que simbolizava a separação de Deus, era uma parábola para o tempo presente, funcionando, assim, como um tipo de algo superior,[33] o antítipo, claramente definido em Hebreus 10.19-22.

A expressão "Santo dos Santos", como propõe Simon Kistemaker, "foi escolhida deliberadamente".[34] Há um nítido contraste com o que acontecia sob o Antigo Testamento, quando apenas o sumo sacerdote, como representante das doze tribos, podia entrar no Santo dos Santos.

Tudo isso, contudo, mudou com a vinda de Jesus Cristo. Seu sangue derramado e sua carne constituem o "novo e vivo caminho", que é o fundamento da ousadia dos crentes da Nova Aliança para entrar na presença de Deus. Enquanto, no Antigo Testamento, havia separação entre Deus e o povo, e o sumo sacerdote entrava no Lugar Santo apenas uma vez por ano, aspergindo sangue sobre

---

33 Calvino afirma que o termo grego *parabolh.*, usado no v. 9, tem o mesmo significado, no contexto, do termo *avnti,tupoj*, ou seja, o segundo tabernáculo era um modelo correspondente ao primeiro. Cf. João Calvino, op. cit., p. 116.

34 Kistemaker, op. cit., p. 401.

a arca para expiar os pecados do povo, através do sangue de Jesus Cristo, não há mais nenhuma separação, além de ter sido realizada, em definitivo, a perfeita expiação. O povo de Deus pode aproximar-se dele com "o coração sincero, em plena certeza de fé", sabendo que todas as suas impurezas foram lavadas com água pura.

Enquanto, no Antigo Testamento, o acesso a Deus era por meio do sumo sacerdócio representativo levítico, na Nova Aliança esse acesso é superior, ocorrendo através do novo e vivo caminho, o sangue do perfeito Sumo Sacerdote, Jesus Cristo. É necessário compreender, todavia, que isso não significa que, na Antiga Aliança, não houvesse acesso a Deus ou que esse acesso fosse algo completamente desconhecido do povo, como bem assinala Brakel: "Simplesmente implica que esse caminho não era tão conhecido quanto na época da vinda de Cristo. Assim, por meio de sombras, eles olhavam para o Cristo que viria".[35]

G. Um ANTEGOSTO superior da glória

> É impossível, pois, que aqueles que uma vez foram iluminados, e provaram o dom celestial, e se tornaram participantes do Espírito Santo, e provaram a boa palavra de Deus e os poderes do mundo vindouro, e caíram, sim, é impossível outra vez renová-los para arrependimento, visto que, de novo, estão crucificando para si mesmos o Filho de Deus e expondo-o à ignomínia (Hb 6.4-6).

As pessoas em questão tiveram o enorme privilégio de "provar" (*geu,w*) de vários benefícios: 1) o dom celestial; 2) a participação comum do Espírito Santo; 3) a boa palavra de Deus; e 4)

---
35 Brakel, op. cit., p. 201.

os poderes do mundo vindouro. A expressão *duna,meij te me,llontoj aivw/noj* (v. 5), traduzida como "e os poderes do mundo vindouro", faz referência ao antegosto superior da glória. De acordo com Matthew Poole, essas pessoas "tiveram um claro entendimento do juízo de Deus sobre o mundo, das promessas de Deus, do desvendar do mundo futuro; tiveram uma clara distinção do juízo, bem como provaram dos milagres da era apostólica".[36]

Todos os privilégios mencionados foram experimentados durante o Antigo Testamento. No entanto, com a vinda de Jesus e a entrada nos "últimos dias", todos eles passaram a ser fruídos de uma maneira mais clara e intensa.

---

36 Mathew Poole. *A Commentary on the Whole Bible: Matthew — Revelation*. Edinburgh: The Banner of Truth Trust, 2003, v. 3, p. 737.

CAPÍTULO 8: ESTRUTURA

1. A REVELAÇÃO VERBAL É OBJETIVA
   A. O que é revelação especial objetiva?
   B. Por que precisamos da revelação especial objetiva?
   C. A revelação especial objetiva é eficaz?
2. A REVELAÇÃO VERBAL É SUBJETIVA
   A. O que é revelação especial subjetiva?
   B. É mais difícil perceber e compreender a revelação subjetiva
   C. A necessidade de haver pressupostos corretos para o estudo da revelação subjetiva
   D. Exemplos da Revelação Especial Subjetiva
      I. Exemplo de Isaías
      II. Exemplo de Paulo
      III. Exemplo de Pedro

CAPÍTULO 8
A REVELAÇÃO VERBAL É OBJETIVA E SUBJETIVA

O cristianismo é uma religião que enfatiza a revelação divina, porém um cristianismo saudável ensina que o mecanismo da revelação não é automático.

Deus se revela de forma clara na natureza e na Escritura, mas a apreensão da revelação não é uma consequência automática disso. É necessário contar com uma ação divina para se subjetivar a revelação, de modo que o recipiente da revelação entenda e creia naquilo que é revelado. Embora a revelação objetiva seja dada aos homens, isso não implica que todos contem com a internalização da verdade.

A apropriação da verdade divina depende de duas ações: uma ação de natureza divina e uma ação de natureza humana.

A ação de natureza divina é o ato regenerador de Deus que habilita o homem a fazer o que não podia fazer, ou seja, a fazer a sua parte, que é ter fé naquilo que é revelado. Nesse sentido, a fé, que é um ato humano também funciona como uma resposta à ação regeneradora de Deus. Com fé, o homem se apropria da revelação divina. Não é a fé que valida ou torna a revelação verdadeira, mas é por meio dela que nos apropriamos da revelação divina. Esse é o ponto desenvolvido neste capítulo.

1. A REVELAÇÃO VERBAL É OBJETIVA

Quando falamos em revelação objetiva, pensamos nas verdades que advêm da obra salvadora de Jesus Cristo que culminaram em sua morte e ressurreição — a que chamamos "obra objetiva da salvação", cujo registro está na Escritura Sagrada.

Essa obra, descrita em palavras, deve ser anunciada a toda criatura. Não há distinção de pecadores na proclamação dessa obra reveladora. A apresentação dos propósitos de Deus é dirigida a todos os que estão em condição de desobediência, os chamados "caídos". A revelação especial objetiva está registrada nas Escrituras Sagradas. Independentemente da fé dos homens nela, trata-se da revelação objetiva de Deus.

A. O que é revelação especial objetiva?

A revelação especial objetiva é aquela que Deus nos deixou em atos e palavras. Em virtude de sua natureza objetiva, podemos pesquisá-la, estudá-la e, assim, ter confiança em sua veracidade. Deus se revelou objetivamente de várias maneiras: teofania, profecia, operação concursiva e por meio das palavras e dos atos diretos de Jesus Cristo.

Boa parte dessa revelação está registrada nas Escrituras Sagradas. Quer creiamos ou não nessa revelação, ela permanece como revelação divina. A revelação divina, em si mesma, não exige que creiam nela. Não é nossa fé que autentica a revelação. Muitos não creem na palavra de Deus, mas essa descrença não invalida sua natureza de revelação divina.

A REVELAÇÃO VERBAL É OBJETIVA E SUBJETIVA

B. Por que precisamos da revelação especial objetiva?

É impossível haver uma revelação subjetiva sem que tenhamos ouvido a revelação objetiva. Nós precisamos da revelação especial objetiva para crer em Cristo e em todas as coisas que ali estão escritas. A fé vem pelo ouvir essa revelação de Cristo (Rm 10.17). Essa revelação precisa ser pregada por uns e ouvida por outros. Trata-se do instrumento pelo qual Deus vai se dar a conhecer aos homens.

Tudo o que um ser humano precisa conhecer a respeito de Deus está registrado nas Escrituras Sagradas. Elas são a revelação divina, os oráculos de Deus. Todos os atributos da divindade estão ali ensinados e demonstrados por exemplos. As Escrituras são absolutamente suficientes em seu propósito de dar a conhecer as verdades sobre Deus, sobre o pecado humano e sobre a necessidade de redenção. Além disso, uma pessoa pode ser convencida de várias coisas sobre Deus e sobre si mesma pela exposição da Escritura.

C. A revelação especial objetiva é eficaz?

A revelação especial objetiva em si mesma não tem poder para transformar o coração de uma pessoa. A pregação que fazemos das verdades não tem o poder, por si só, de alterar a disposição interior dos ouvintes, ainda que seja feita de modo adequado e com muita pureza. Ela não é adequada em si mesma para salvar almas; não tem poder em si mesma de transformar vidas; e não é capaz de regenerar uma só pessoa para responder com fé, porque não é apta a trazer uma pessoa da morte para a vida.

Essa verdade pode ser facilmente provada. Se todos os que ouvissem a Palavra fossem atingidos de modo eficaz, todos haveriam de crer na salvação em Jesus Cristo. No entanto, a experiência nos tem mostrado que a maioria dos ouvintes não é afetada salvadoramente pela pregação. Na verdade, muitas vezes essas pessoas têm reagido de forma bastante negativa, revoltando-se contra a revelação na pregação, porque a pregação desnuda uma pessoa, e muitos não gostam de ser importunados dessa forma. Pink afirma:

> Nada *externo* ao homem pode lhe comunicar um conhecimento salvador de Deus ou de seu Cristo. Deve haver uma aplicação sobrenatural da Verdade, feita ao coração pelo poder especial de Deus, antes que ela possa ser espiritualmente apreendida.[1]

Somente uma ação interna de Deus é que pode causar um reflexo-resposta por parte do ouvinte. Somente a ação regeneradora-iluminadora pode provocar o elemento pístico na alma do ouvinte. Não existe, portanto, um poder transformador na revelação objetiva em si mesma, mas tão somente na ação renovadora interna do Espírito de Deus no coração do ouvinte. No entanto, não podemos deixar de ter em alta conta a revelação objetiva, porque não pode haver obra iluminadora do Espírito Santo sem o conhecimento prévio do que Jesus Cristo fez na cruz. Em outras palavras, não existe revelação subjetiva sem a revelação objetiva. As duas espécies de revelação são importantes e indispensáveis para a redenção humana.

Se precisássemos apenas da revelação objetiva, todos os hebreus da antiga dispensação que leram Moisés, os Profetas e os Salmos, bem como todos aqueles que ouviram a mensagem reveladora de Deus na nova dispensação, teriam respondido com fé. No entanto, a revelação objetiva em si mesma não tem o poder de

---

1 Pink. "God's Subjective Revelation in the Soul". In *The Doctrine of Revelation*. Disponível em http://www.pbministries.org/books/pink/Revelation/rev_14.htm. Acesso em jul. 2008.

transformar nosso interior, razão pela qual muitos não creram no passado, nem creem no presente.

Embora estejamos absolutamente convencidos de que a fé vem pelo ouvir da pregação da palavra de Cristo (Rm 10.17), a pregação da revelação objetiva não traz em si o poder transformador que produz resposta de fé no pecador. A pregação da revelação objetiva pode produzir o que chamamos, em teologia, "fé histórica", mas não pode produzir o que chamamos "fé salvadora". Para que exista uma vida espiritual que resulte em fé salvadora, outra providência divina deve ser tomada.

> Conquanto seja desejável e valioso um assentimento mental com relação à existência da Bíblia como Palavra de Deus, não devemos descansar satisfeitos nisso. Há uma diferença vital entre perceber a transcendência de seu ensino, sua imensurável superioridade em relação a todos os outros escritos dos homens, e ter uma experiência espiritual em nossa própria alma de sua virtude santificadora. Isso não pode ser adquirido com estudo ou com esforços de nossa parte, nem pode ser comunicado pelo mais hábil raciocínio ou pelo mais proficiente dos pregadores.[2]

A revelação objetiva de Deus trazida pelos ensinos da Escritura precisa ser subjetivada ou internalizada na alma dos ouvintes, a fim de que eles possam apropriar-se pessoal e experimentalmente da verdade de Deus. Por mais fiel que um pregador da Palavra seja, a cada vez que prega, tem de pedir a graça de Deus para abrir o coração de seus ouvintes e, assim, a verdade ser apropriada. Essa

---
2 Ibid.

ação divina é indispensável para que a verdade seja consciente e pessoalmente experimentada.

De fato, nós precisamos da pregação do evangelho que vem do céu, anunciando-nos tudo o que Deus fez por nós, assim como precisamos da mesma obra celeste dentro de nós para a compreensão e a apreensão pessoal dessa obra operada fora de nós. Portanto, nós precisamos de duas obras, a realizada por Cristo *extra nos* (fora de nós) e a obra do Espírito feita *intra nos* (dentro de nós), para que possamos responder com fé viva!

2. A REVELAÇÃO VERBAL É SUBJETIVA

Ao mesmo tempo que dizemos que a revelação especial é objetiva, revelada na história dos homens, podemos dizer que tem caráter subjetivo quando é pregada ou anunciada àqueles que "têm ouvidos para ouvir".

Todos os homens devem ouvir a proclamação dessa revelação, mas somente aqueles em quem o Espírito Santo opera é que têm essa revelação internalizada. Essa é a revelação especial subjetiva, porque penetra no coração dos homens, predispondo-os para a fé naquilo que lhes é apresentado. A obra regeneradora do Espírito Santo, uma obra imediata, é que permite que essa revelação especial seja internalizada, chamando o homem para uma resposta positiva aos atos redentores historicamente realizados e à proclamação das Escrituras.

A. O que é revelação especial subjetiva?

A revelação especial subjetiva tem a ver com a ação divina sobre o coração humano para a compreensão e a apreensão pessoal das verdades objetivamente reveladas.

A REVELAÇÃO VERBAL É OBJETIVA E SUBJETIVA

O cristianismo é uma religião que enfatiza a revelação divina, mas um cristianismo saudável ensina que o mecanismo da revelação não é automático. Deus se revela de maneira clara na natureza e na Escritura, mas a apreensão da revelação não é automática. É necessário haver uma ação divina para se dê a subjetivação da revelação, de modo que o recipiente da revelação entenda e creia naquilo que é revelado.

A revelação consiste de conceitos ou verdades que podem ser intelectualmente entendidos, mas, sem a respectiva subjetivação, não há efeito transformador na alma das pessoas. Hoje, existem muitas pessoas que estão na condenação, mesmo tendo acesso ao conhecimento de muitas verdades da revelação divina, porque não houve a devida apropriação dessas verdades. Tiveram conhecimento da verdade, mas não a experimentaram pessoalmente. Nas palavras de Pink,

> há uma diferença radical entre o assentimento mental às evidências da existência de Deus e o consentimento de todo o coração no sentido de vê-lo como meu Deus — meu único Senhor, meu Bem supremo, meu Fim supremo —, sujeitando-me a ele, tendo prazer nele e procurando sua glória.[3]

O mesmo pode ser dito com respeito à pregação da Palavra. Uma pessoa pode ouvir a verdade, entendê-la intelectualmente, mas não se apropriar pessoalmente dela. A revelação objetiva é a apresentação da verdade escriturística. A revelação subjetiva, por sua vez, depende de uma ação divina interna, para que possa ser apropriada.

---

3 Ibid.

Uma coisa é ser totalmente persuadido da singularidade e excelência de seu conteúdo [da Palavra], mas outra coisa é *submeter*-se à sua autoridade e ser regulado por seus preceitos. Uma pessoa pode admirar grandemente o plano da redenção revelado nela, mas não ter nenhuma familiaridade com seu poder salvador![4]

Dentro da própria igreja evangélica, existem muitas pessoas que recebem a pregação da verdade (que é a revelação objetivamente mostrada), mas permanecem sem a disposição de abraçá-la pela fé, sem se envolver pessoalmente com ela.

B. É mais difícil perceber e compreender a revelação subjetiva

A revelação objetiva pode ser mais facilmente verificada porque deixa marcas na história, está registrada nas Escrituras e, nos tempos da Bíblia, foi ouvida por seus recipientes. Essa revelação objetiva pode ser investigada até mesmo cientificamente. Não podemos colocar Deus sob crivo em nossa pesquisa, mas podemos estudar, analisar e verificar cientificamente sua revelação verbal.

Todavia, o mesmo não acontece com a revelação subjetiva, a qual não pode ser verificada da mesma forma, pois a subjetivação da revelação acontece no interior das pessoas a quem Deus se dá a conhecer. Por essa razão, é mais difícil estudá-la e compreendê-la, pois sua verificação depende do testemunho da pessoa em quem Deus operou a obra regeneradora. Somente aqueles que foram alvo da subjetivação da revelação é que podem dizer alguma coisa a seu respeito. Portanto, ela não pode ser estudada da mesma manei-

---
4 Ibid.

ra que a revelação objetiva. Entretanto, mesmo sendo um assunto mais difícil, é importante tentar compreendê-lo melhor.

Poucos estudiosos se aventuram na matéria da revelação subjetiva, até mesmo por questões teológicas. Há muita relutância entre os estudiosos de teologia em se aprofundar nessa questão da subjetividade da revelação divina, porque é um terreno perigoso e escorregadio, especialmente quando não dispomos dos pressupostos corretos.

C. A necessidade de haver pressupostos corretos para o estudo da revelação subjetiva

Para o estudo desse assunto, é preciso contar com alguns pressupostos firmemente colocados — pressupostos que vêm da própria Escritura.

I. O primeiro grande pressuposto é que todos os que ouvem a pregação da palavra podem conhecer coisas sobre Deus, mas não conhecem necessariamente Deus.

Quando pregamos a Escritura, nossos ouvintes podem até ficar fortemente convencidos da razoabilidade do ensino, por conhecerem muitas coisas sobre Deus, mas não têm, necessariamente, acesso real a ele, comunhão de vida com ele ou prazer nele. Para algumas pessoas, é impossível, por si mesmas, ter qualquer conhecimento experiencial de Deus. Elas *conhecem sobre Deus*, mas *não conhecem Deus*. Ouvem a seu respeito, mas não o experimentam.

II. O segundo grande pressuposto é que ninguém pode conhecer a revelação divina por si mesmo.

O conhecimento interiorizado de Deus, que é a revelação subjetiva, jamais pode ser obtido por esforço do próprio homem.

Até mesmo as mentes mais brilhantes, com capacidades intelectivas excepcionais, usando todos os seus poderes de razão e dispondo de todos os métodos científicos possíveis, não podem ter um conhecimento espiritual de Deus que se evidencia numa comunhão vital com ele.

Por mais que os seres humanos se esforcem, não podem tornar-se conhecedores experimentais de Deus, nem são capazes de usufruir da vida dele.

III. O terceiro grande pressuposto é que tanto a revelação objetiva como a revelação subjetiva vem de Deus.

Deus não pode ser descoberto pelos homens tanto na revelação objetiva como na subjetiva. Para que Deus seja conhecido quer numa quer noutra, é necessário haver uma obra reveladora divina.

D. exemplos da Revelação especial Subjetiva

I. Exemplo de Isaías

Não é sem sentido que o profeta Isaías exclama em uma de suas profecias: "Quem creu em nossa pregação? e a quem foi *revelado* o braço do Senhor?" (Is 53.1).

O profeta, como muitos pregadores de nossa geração e de todas as épocas, tinha muitos ouvintes, mas poucos haviam sido objetos da graça regeneradora de Deus — a graça que capacita as pessoas a terem ouvidos para ouvir.

A expressão "braço do Senhor" pode significar o poder invencível de Deus (cf. Sl 136.12). E somente aqueles que tiveram a revelação do braço do Senhor é que receberam a revelação subjetivada numa manifestação poderosa de Deus em seu interior.

Deus é o doador da revelação objetiva e da revelação subjetiva. Somente seu poder é que faz com que a mensagem ouvida se torne interiorizada e, portanto, recebida em fé por aqueles que a ouvem. Aqueles que receberam o "braço do Senhor" são os objetos da graça bondosa, experimentando, portanto, a força divina que penetra os corações.

II. Exemplo de Paulo

> A minha palavra e a minha pregação não consistiram em linguagem persuasiva de sabedoria, mas em demonstração do Espírito e de poder, para que a vossa fé não se apoiasse em sabedoria humana, e sim no poder de Deus (1Co 2.4-5).

Quando a pregação de um verdadeiro profeta de Deus chega aos ouvidos e ao coração dos ouvintes, é sinal da obra reveladora completa de Deus. Tanto a revelação objetiva como a revelação subjetiva vêm de Deus. Nesse sentido, Paulo foi uma pessoa muito usada por Deus. Por meio de sua pregação, as pessoas eram transformadas por Deus (cf. 1Ts 2.13).

Quando não há demonstração do Espírito e de seu poder numa pregação, ela não é eficaz. Portanto, não há nenhuma resposta positiva de fé por parte do ouvinte. Para que aconteça apropriação pessoal da revelação, é necessário haver uma obra eficaz do Espírito, uma obra que seja miraculosa, direta, pessoal e poderosa. Quando você perceber alguém que responde em fé à palavra da pregação, então pode dizer que ali houve as duas espécies de revelação divina: objetiva e subjetiva.

Pink diz que "Deus só pode ser *conhecido* quando é sobrenaturalmente *revelado* ao coração pelo Espírito através da Palavra.

Ninguém pode ser trazido ao conhecimento espiritual e salvador de Deus à parte da iluminação e da comunicação divina".[5]

Os ouvintes do evangelho podem ter algumas opiniões corretas sobre Deus, podem até mesmo emocionar-se ao ouvir a mensagem de Deus, mas essas coisas não podem nem devem ser confundidas com uma ação poderosa e vivificadora de Deus. Essa ação é inconfundível e produz um tipo de vida que capacita os ouvintes a crer indefectivelmente no Senhor Jesus. Sem a revelação objetiva e a poderosa revelação subjetiva do Espírito Santo, é impossível conhecer Deus.

III. Exemplo de Pedro

> Mas vós, continuou ele, quem dizeis que eu sou? Respondendo Simão Pedro, disse: Tu és o Cristo, o Filho do Deus vivo. Então, Jesus lhe afirmou: Bem-aventurado és, Simão Barjonas, porque não foi carne e sangue que to revelaram, mas meu Pai, que está nos céus (Mt 16.15-17).

Pedro era o líder do colégio apostólico. Sempre era o primeiro a responder às perguntas de Jesus. Pedro estava familiarizado com o AT, mas, a despeito de seu conhecimento das profecias messiânicas, ele ficou bastante tempo sem entender a verdadeira messianidade de Jesus. Aquele conhecimento intelectual não era suficiente para produzir em Pedro uma grande convicção de que Jesus era o Messias. Nem os milagres anteriormente presenciados haviam despertado seu coração para a grande resposta. Mas Pedro não pestanejou na resposta. Ele confessou que Jesus era o "Cristo,

---

5 Pink, op. cit.

o Filho de Deus vivo". Isso significava que, a essa altura, Pedro havia crido na messianidade de Jesus.

Não sabemos se Pedro se jactou de sua resposta. De qualquer forma, Jesus deixou claro para Pedro que seu entendimento sobre quem ele era viera de cima, de Deus. Não foi uma captação humana, mas a internalização de uma verdade que ele já havia dito. É graça divina crer da forma como Pedro creu; é graça divina entender a realidade espiritual como Pedro a entendeu. Por essa razão, Pedro era um bem-aventurado!

É impossível ter conhecimento verdadeiro de quem o Senhor é se não houver uma obra interior e graciosa de Deus em nós. Aquilo que está patente diante de nós, a revelação objetiva, tem de ser internalizado, a fim de que sejamos verdadeiramente crentes no que o Senhor fez e disse.

CAPÍTULO 9: ESTRUTURA

1. A regeneração é anterior à revelação verbal subjetiva
   A. A regeneração antecedente é uma obra poderosa
   B. A regeneração antecedente é uma obra miraculosa
   C. A regeneração antecedente é uma obra misteriosa
   D. A regeneração antecedente é uma obra iluminadora
   E. A regeneração antecedente é uma obra soberana

2. A pregação do evangelho é anteRIOR À revelação verbal subjetiva

CAPÍTULO 9
ANTECEDENTES DA REVELAÇÃO VERBAL SUBJETIVA

Antes de a verdade ser subjetivada, duas coisas têm de acontecer ao pecador: a) Em primeiro lugar, uma ação natural, que é a pregação da Palavra; b) Em segundo, uma ação sobrenatural, que é a regeneração. Às vezes, contudo, essas duas obras podem vir em ordem inversa. Deus regenera uma pessoa e, então, a palavra de Deus lhe é pregada, causando a fé e sua vinda a Cristo.

1. A REGENERAÇÃO É ANTERIOR À REVELAÇÃO VERBAL SUBJETIVA

A alma humana precisa ser vivificada [regenerada] antes de ser capaz de compreender as verdades que estão reveladas objetivamente na Escritura Sagrada. Mas ela não tem capacidade de compreendê-las porque está morta, mostrando-se, portanto, impotente para percebê-las e aplicá-las interiormente.

Uma pessoa natural (sem Cristo) que ouve a pregação da palavra não está apta a entender as verdades espirituais. Ela pode até achar interessante a pregação, mas não lhe surte sentido pessoalmente. Pink assinala:

> Como o homem natural pode crer salvadoramente em Cristo se não possui a graça, se não há poder de se levantar, se não há suficiência nele? Vir a Cristo é um movimento espiritual, porque é a alma saindo em busca de Deus. Mas movimento pressupõe vida e, como não pode haver movimento natural ou movimento sem a vida natural, o mesmo se passa espiritualmente.[1]

Portanto, a fim de que haja um movimento espiritual em relação a Deus, é necessário que a regeneração preceda a subjetivação da revelação.

A. A regeneração antecedente é uma obra poderosa

A ação regeneradora de Deus, que resulta na internalização da revelação objetiva, é extremamente poderosa, porque diz respeito à criação de alguma coisa que não existia antes: a vida. Somente Deus tem capacidade de trazer à existência coisas que não existem. Não há poder maior neste mundo do que a vivificação de uma pessoa! Por meio da obra regeneradora, a vida que não existia passa a existir. O pecador é morto em "seus delitos e pecados" e, a fim de que ele viva, é necessário que essa vida seja criada nele.

O conhecimento de Cristo trazido por essa experiência miraculosa e secreta é privilégio gracioso daqueles que "passaram da morte para a vida", ou seja, daqueles que foram vivificados pela ação do Espírito Santo.

---

1 Pink. Op. cit.

B. A regeneração antecedente é uma obra miraculosa

A obra regeneradora de Deus, além de poderosa, é miraculosa. A subjetivação da revelação depende de uma ação miraculosa de Deus no coração do pecador, a fim de que ele possa entender o que antes não fazia sentido para ele. O sentido da verdade revelada aos pais e objetivamente registrada na Escritura, em seu sentido soteriológico, está escondida dos incrédulos. Eles não conseguem ver a si mesmos comos pecadores e destituídos da glória de Deus até que Deus internalize a revelação neles.

A regeneração é miraculosa porque provoca uma mudança interior que é impossível investigar. Trata-se de um fenômeno puramente espiritual numa esfera inacessível ao ser humano, pois se passa no coração. A essa sua parte mais interior, nem mesmo os homens mais inteligentes têm — nem podem ter — acesso. O coração está segregado apenas à ação de Deus. Somente Deus tem acesso ao coração e é ele quem tem o poder de gerar de novo ou de dar um coração de carne a quem possui somente um coração de pedra.

C. A regeneração antecedente é uma obra misteriosa

Além de a obra regeneradora ser miraculosa, também é misteriosa. Ninguém consegue entender, de maneira correta, como essa ação divina se opera em nós. É um grande mistério a ação do Espírito Santo nessa obra regeneradora. Essa luz divina é um ato poderoso e soberano de Deus, uma ação eminentemente sobrenatural que atinge o coração do pecador, fazendo-o enxergar verdades espirituais, sobre Deus e sobre si mesmos, que antes estavam escondidas. Portanto, se entendermos que a subjetivação da verdade revelada é uma ação miraculosa, temos de concordar que também é uma experiência extremamente misteriosa.

O fato é que é impossível entender claramente como Deus opera essa interiorização da revelação. Deus retira da alma a morte e coloca vida nela. Deus implanta misteriosamente a vida, de modo que o pecador deixa de ser morto e, de forma fantástica, começa a amar as coisas que antes odiava e a odiar as coisas que antes amava! A forma como essas coisas acontecem é um grande mistério. Quando o pecador regenerado se dá conta, a obra já aconteceu. A ação miraculosa e misteriosa faz com que a hostilidade ao evangelho seja vencida e o ódio a Cristo seja retirado. É uma obra misteriosa porque é operada no local mais profundo do ser humano, o coração — uma esfera que o próprio homem desconhece.

D. A regeneração antecedente é uma obra iluminadora

A fim de que os homens venham a entender as verdades reveladas, é necessário que a luz divina invada seus corações. Nas palavras de Paulo, essa verdade está disposta da seguinte forma:

> Porque Deus, que disse: *Das trevas resplandecerá a luz*, ele mesmo resplandeceu em nosso coração, para iluminação do conhecimento da glória de Deus, na face de Cristo (2Co 4.6).

O ser humano só passa a enxergar espiritualmente quando a luz divina adentra sua alma. Antes da obra regeneradora, só havia trevas em sua alma, mas, quando ocorre a regeneração, a luz resplandece na alma humana e faz o pecador ver o que antes era incapaz de ver.

A iluminação, como resultado da regeneração, passa existir na alma humana. Então, a alma passa a enxergar Cristo e sua verdade, amando-as de todo o seu coração!

As verdades objetivamente reveladas nas Escrituras são muito claras, mas tão somente para aqueles que têm olhos para ver. Elas podem tornar o homem sábio para a salvação pela fé em Cristo Jesus (2Tm 3.15-17), mas, antes, ele tem de ser vivificado. A luz só faz sentido para aqueles de quem a cegueira foi retirada. A iluminação diz respeito à abertura de olhos, ou seja, resulta de uma ação poderosa, miraculosa e misteriosa de Deus.

As verdades objetivamente reveladas e registradas na Escritura são denominadas "lei perfeita que refrigera a alma, que dá sabedoria aos símplices (...) que alegram o coração (...) ilumina os olhos" (Sl 19.7-8), mas essas coisas próprias da lei do Senhor não fazem sentido se a luz divina, produto da regeneração, não penetrar o coração dos homens.

As verdades objetivamente reveladas e registradas na Escritura são "a lâmpada para os pés e a luz para os nossos caminhos" (Sl 119.105). Em todas as eras, os filhos de Deus entenderam essa verdade, mas todos nós temos de compreender que ela só faz sentido quando temos olhos para ver por onde nossos pés caminham e olhos para ver o caminho da realidade espiritual. Antes de ver a luz, é necessário que haja uma obra que nos capacite a vê-la ao nosso redor. Essa é a iluminação que tem como antecedente a regeneração!

E. A regeneração antecedente é uma obra soberana

Deus é eternamente poderoso, mas é sua soberania que governa a manifestação de seu poder. Portanto, ele decide mostrar seu poder de maneira soberana.

Deus não está debaixo da obrigação de internalizar a revelação em todas as pessoas que ouvem a pregação do evangelho. Ele poderia deixar todas as pessoas sem a luz internalizada, mas decidiu mostrar seu poder a algumas pessoas que são alvo de seu favor imerecido. E ele exerce esse poder miraculoso de acordo com seu plano soberano. Somente naqueles em quem ele pôs o coração (amou) de antemão, a vida é implantada e, assim, os objetos dessa ação passam a enxergar as coisas espirituais.

A ação sobrenatural de Deus sempre precede a subjetivação da revelação, porque ninguém poderá responder com fé a menos que a graça soberana atinja o pecador morto em seus pecados. Recordando, podemos dizer que essa ação sobrenatural no coração do pecador é poderosa, miraculosa, misteriosa, iluminadora e soberana.

2. A PREGAÇÃO DO EVANGELHO É ANTERIOR À REVELAÇÃO VERBAL SUBJETIVA

Assim como há um elemento sobrenatural/misterioso que antecede a internalização da revelação, há também um elemento natural/observável pelos sentidos que, em geral, a antecede: a pregação da Palavra.

Em nenhuma hipótese uma pessoa será iluminada interiormente sem que tenha ouvido antes a pregação da Palavra. Não estou afirmando que a regeneração se dê pela Palavra pregada, mas, sim, que, para haver internalização da verdade, essa verdade deve ser objetivamente pregada. Antes da abertura dos ouvidos espirituais, é preciso que se abram os ouvidos naturais, assim como, antes da subjetivação da verdade, tem de haver sua objetivação na pregação. Paulo registra esse princípio usando questões bem definidas:

> Porque: Todo aquele que invocar o nome do Senhor será salvo. Como, porém, invocarão aquele em quem não creram? E como crerão naquele de quem nada ouviram? E como ouvirão, se não

há quem pregue? E como pregarão, se não forem enviados? Como está escrito: Quão formosos são os pés dos que anunciam coisas boas! (Rm 10.13-15)

Para que a verdade desça ao coração humano, tem de entrar pelos ouvidos naturais. E só faz sentido os ouvidos espirituais serem abertos quando existe pregação da palavra. Como o Espírito de Deus vai internalizar uma revelação que ainda não chegou ao ouvido do pecador?

É importante assinalar que internalização não é o mesmo que regeneração. A regeneração é um ato divino que não exige nenhum meio para acontecer; a internalização da revelação, por sua vez, exige a pregação anterior da Palavra.

Se você quiser relacionar diretamente a internalização da revelação a alguma doutrina soteriológica, tem de associá-la à vocação eficaz (ou a um novo nascimento), que é a obra do chamamento divino em consonância com a pregação da Palavra. Nesse sentido, o chamamento eficaz só faz sentido quando acontece a pregação da palavra — via de regra, por vocação externa, ou vocação geral.

Entretanto, nem todos os que recebem a vocação externa (pregação da Palavra revelada) recebem o chamamento interno (internalização da revelação), mas todos os que recebem a internalização da revelação têm de ouvir a pregação da Palavra (ou a vocação externa). Em geral, a pregação da palavra antecede a internalização da revelação porque a internalização da Palavra só acontece quando a Palavra é pregada externamente. Não pode haver internalização da Palavra se esta não for anunciada ao pecador.

Vejamos um exemplo bem claro disso em Atos 8.27-33: Filipe, chegando-se ao eunuco da rainha Candace, dos etíopes, que lia o profeta Isaías, lhe perguntou "Entendes o que lês?", ao que o eunuco replicou: "Como entender se alguém não me explicar?". Então, a narrativa diz que Felipe explicou o sentido do Servo Sofredor e o levou até Jesus. O eunuco só recebeu a luz para entender (a subjetivação da revelação) após a leitura e a explicação da revelação objetiva. Em geral, a ação sobrenatural é precedida pela ação natural da leitura e pela explicação da Palavra.

A fé reformada afirma que, invariavelmente, a regeneração e o novo nascimento (ou vocação eficaz) desembocam na fé. Aqueles que creem são os mesmos que receberam a internalização da revelação.

Portanto, pela instrumentalidade da pregação e, sobretudo, pelo poder do Espírito Santo, que internaliza a pregação da Palavra, podemos ver o surgimento do que chamamos fé salvadora. Não existe fé sem pregação, porque a fé é produto da pregação da Palavra de Cristo (Rm 10.17).

Quando uma pessoa que ouve a pregação da Palavra crê, vem alegremente a Cristo. De modo repentino, uma pessoa antes cega passa a ver para receber Cristo em seu coração. Mas essa vinda a Cristo Jesus nunca acontece por um poder que existe latente no pecador; trata-se de um poder operado sobrenaturalmente pelo Espírito de Deus.

Quando uma pessoa vem a Cristo, consegue discernir a diferença entre verdade e erro. Antes, essa capacidade era absolutamente inexistente, mas agora, com a luz de Cristo, a pessoa que é objeto da graça divina tem seu caminho alumiado e continuará a ter luz, até que a luz seja perfeita, na conclusão da redenção.

CAPÍTULO 10: ESTRUTURA

1. A revelação subjetiva produz conhecimento experiencial de Deus
2. A revelação subjetiva produz conhecimento qualificado de Deus
3. A revelação subjetiva produz conhecimento pleno de afeição por Deus
4. A revelação subjetiva produz conhecimento cheio de humildade
5. A revelação subjetiva produz conhecimento transformador
6. A revelação subjetiva produz conhecimento prático (operativo)
   A. O conhecimento teórico é afirmado
   B. O conhecimento teórico é contraditado
   C. O conhecimento apenas teórico traz consequências nefastas
7. A revelação subjetiva produz conhecimento que satisfaz

CAPÍTULO 10
EFEITOS DA REVELAÇÃO VERBAL SUBJETIVA

Quando a revelação objetiva de Deus é internalizada (ou subjetivada), provoca algumas reações muitíssimo importantes em nosso ser interior. Nesse momento, passamos a amar as coisas que odiamos e passamos a odiar as coisas que amamos. Há uma inversão de nossos valores, os quais passam a combinar com os valores de Deus, prescritos na revelação objetiva, a Escritura.

1. A REVELAÇÃO SUBJETIVA PRODUZ CONHECIMENTO EXPERIENCIAL DE DEUS

Quando a obra do Espírito Santo alcança o coração humano, o conhecimento de Deus trazido pela revelação divina não é simplesmente um conhecimento teórico, mas um conhecimento concreto e real.

Deus, que é um espírito infinito, impossível de ser atingido pelo uso da razão, torna-se perceptível à alma humana. O objeto da graça divina passa a ter um conhecimento experiencial e visível de Deus. E, quando falo de conhecimento visível de Deus, não estou afirmando que Deus tenha uma forma que possamos ver com olhos físicos, mas, sim, que podemos ver, como Moisés, aquele que é invisível (Hb 11.27). Como produto da revelação internalizada pelo Espírito Santo, o recipiente dessa revelação passa a perceber que Deus é real, vendo-o experimentalmente.

Jó teve essa experiência de perceber a realidade visível de Deus quando exclamou: "Eu te conhecia só de ouvir, *mas agora os meus olhos te veem*" (Jó 42.5). Ele foi atingido pela fortíssima sensação da majestade santa e gloriosa de Deus diante do terrível quadro de seu próprio sofrimento. Diante da grandeza da revelação divina interiorizada, Jó percebeu que não podia contender com aquele que tem todas as coisas em suas mãos. Essa visão alterou a cosmovisão de Jó. Ele passou a ver o que estava ao seu redor de um modo diferente. Ele passou a ver as coisas como realmente são. Antes, sua ideia de Deus era uma; agora é outra. Numa época de sua vida, era apenas um conhecimento teórico; após, veio a ser um conhecimento experiencial.

Quando a revelação divina atinge nosso interior, passamos a ver as coisas de um ângulo diferente: nós as vemos como Deus as vê e percebemos o que antes não percebíamos. Então, passamos a ter uma real familiaridade com Deus, como nunca tivemos antes. Vemos sua excelência e sua autoridade sobre o universo e sobre a nossa própria vida, assim como passamos a perceber a doçura de sua ação em nós.

Esse conhecimento experiencial que temos de Deus não é adquirido através de estudo ou de pesquisa de sua Palavra. É um conhecimento colocado em nós — aquilo que os teólogos do passado costumavam chamar *gratia infusa*.

Esse conhecimento não provém de esforço mental, mas de uma comunicação sobrenatural que Deus faz de si mesmo a nós, por meio das operações secretas e poderosas de seu Espírito. Então, passamos a "ver" o Filho (Jo 6.40), a "ouvir" sua voz (Jo 5.25), a recebê-lo pela fé (Jô 1.12) e a "provar" que o Senhor é bondoso (1Pe 2.3). Esse é o conhecimento experiencial que somente aquele que recebe o dom da revelação subjetiva passa a ter.

Aqueles que recebem a interiorização da revelação objetiva, causada pela obra regeneradora, passam a odiar o pecado e a ter desejos de santidade, buscando aquele por quem nunca antes tiveram qualquer desejo. Nesse caso, cumpre-se o que o Messias disse a respeito deles:

> Fui buscado pelos que não perguntavam por mim; fui achado por aqueles que não me buscavam; a um povo que não se chamava do meu nome, eu disse: Eis-me aqui, eis-me aqui (Is 65.1).

Quando a alma é atingida pela ação regeneradora do Senhor, procura Cristo e passa a amá-lo de todo o coração. Esse amor é o resultado do amor de Deus derramado em nossos corações pelo Espírito Santo (Rm 5.5). O ato regenerador de Deus não é algo que recebemos, mas algo que Deus causa em nós e que nos dispõe ao recebimento de todas as outras graças, inclusive a graça da fé salvadora.

2. A REVELAÇÃO SUBJETIVA PRODUZ CONHECIMENTO QUALIFICADO DE DEUS

Entende-se por "qualificado" o conhecimento que pode ser atestado, por se tratar de um conhecimento verificável por seus resultados.

Quando recebemos esse conhecimento, nossa alma passa a ter uma certeza inabalável de que o que está revelado objetivamente na Escritura é a verdade incontestável.

No momento em que alguém é atingido pela revelação subjetiva, não somente conhece a realidade, como também a reconhece como divina. Uma pessoa atingida internamente pela revelação (a obra feita pelo Espírito Santo) lê a Escritura e vê nela a real e infalível Palavra de Deus, assim como a verdade a respeito de si mesma. Ela sempre se vê nas afirmações verdadeiras da Escritura a respeito da raça humana. Ela entende que as verdades dizem respeito a todos os pecadores, mas inclui-se entre eles de um modo resoluto e, agora, conhecendo-se a si mesmo, deseja ardentemente a graça salvadora. Entende também que a Escritura foi escrita para ela.

A revelação objetiva se descortina para quem foi objeto da revelação subjetiva. Esse convencimento da veracidade da revelação objetiva não é produto do raciocínio humano ou de sua demonstração lógica, mas da ação graciosa de Deus em sua alma, por meio daquilo que os teólogos chamam "testemunho interno do Espírito Santo", que é mais poderoso do que qualquer argumento suprido pelo raciocínio humano.

3. A REVELAÇÃO SUBJETIVA PRODUZ CONHECIMENTO PLENO DE AFEIÇÃO POR DEUS

Os homens que ainda não foram atingidos internamente pela revelação divina podem ter noções sobre quem Deus é, mas essas noções não podem influenciá-los ou produzir neles as virtudes de Deus que se evidenciam na mudança de conduta ou na piedade de caráter. São noções ineficazes, desprovidas do poder de afetar interiormente suas vidas. Essas noções intelectuais não criam neles afeição santa por Deus.

Essas noções sobre Deus podem convencer os homens de que o pecado é alguma coisa prejudicial e odiosa para Deus, e que poderá trazer-lhes condenação, mas isso não fará com que o abandonem. Essas noções intelectuais não trazem os pecadores de volta de seus pecados para Deus; não provocam afeição santa por Deus, nem os sentimentos devidos em relação ao pecado.

O conhecimento que um homem natural tem das coisas espirituais não vai além da esfera da mente, não influencia suas afeições, nem move as volições. O simples assentimento de uma verdade não faz com que essa verdade desça ao interior do coração humano.

Exemplo: Um homem natural pode ser informado, pelo ensino da Escritura, a respeito de sua depravação total. Em seguida, recebe exemplos inequívocos disso, de modo que vem a concordar com o que é dito sobre a inclinação pecaminosa dos seres humanos, inclusive dele próprio. Todavia, ele não tem o desejo sincero de agradar a Deus, fugindo de sua vida pecaminosa. Ele não tem afeições que o inclinem para a santidade. Um conhecimento teórico de qualquer verdade da Escritura não aquece o coração nem o habilita a reagir positivamente diante da pregação da revelação objetiva.

No entanto, o conhecimento experiencial e qualificado de Deus produz um conhecimento cheio de afeição por Deus. A alma atingida pela revelação subjetiva convence a mente e vitaliza as volições, porque também transforma as afeições. Então, ela é capaz de discernir as coisas espirituais (1Co 2.14), produzindo afeições e desejos santos em relação às coisas terrenas e celestiais. Nesse momento, sua visão espiritual se transforma radicalmente, de modo que os amores de ontem não existem mais. O objeto do amor passa a ser exatamente aquilo que essa alma odiava. Deus é o objeto supremo de sua alma, e essa pessoa busca cada vez mais o conhecimento de Cristo, o "Sol da Justiça".

4. A REVELAÇÃO SUBJETIVA PRODUZ CONHECIMENTO CHEIO DE HUMILDADE

A revelação subjetiva, que é experiencial, qualificada e plena de afeições santas, também produz outro efeito extraordinário: a humildade.

Em geral, o homem que conhece muitas coisas profundas é atingido pela soberba, a ponto de se considerar superior aos outros. Comumente, ele não compartilha da ignorância dos "mortais". Somente ele não é passível de crítica, porque se vê acima dela.

Paulo afirma que "o saber ensoberbece" (1Co 8.1), porque o saber que não é produto da graça divina faz o homem afastar-se de Deus (Is 47.10). Quando o conhecimento é grande, uma pessoa se jacta dele. Na verdade, a soberba é muito comum naqueles que se destacam em alguma área da vida, especialmente na área do saber. As verdades, em si mesmas, quando não são produto da ação direta do Espírito Santo, podem ser mero conhecimento que ativa a vaidade e a soberba humana.

No entanto, quando a alma é atingida pela graça reveladora interna de Deus, afasta a soberba do coração humano, porque entende que esse conhecimento é puro dom divino, e não produto da mente humana. A noção de autossuficiência desaparece da alma do homem que recebe o ensino do Senhor. Por essa razão, Paulo disse que as armas divinas "destroem as fortalezas, anulando sofismas e toda altivez que se levanta contra o conhecimento de Deus" (2Co 10.4-5).

A pessoa atingida pela revelação subjetiva funciona como um antídoto à autossuficiência e à soberba. Isso porque a revelação subjetiva alcança seu coração, que é o centro do pecado da alma, e começa a limpá-lo.

A primeira fortaleza que a revelação ataca é a altivez (ou soberba), fazendo com que a pessoa perceba que, se possui algum conhecimento que corresponde à realidade, isso é produto da ação divina nela. Então, renuncia à sua própria sabedoria e rende-se à sabedoria divina, dando-se conta de que, sem Deus, ela carece da verdadeira instrução. A sabedoria divina passa a ser a força da sua sabedoria. Em seguida, humildemente, ela pede a Deus: "Ensina-me, ó Senhor, os teus estatutos" (Sl 119.33) e "ensina-me, ó Deus, a tua vontade" (Sl 143.10).

A revelação subjetiva faz com que a alma humana permaneça em seu próprio lugar, ou seja, no lugar de dependência de Deus acerca do conhecimento da realidade, porque a sabedoria que vem de Deus é que ilumina os olhos e abre o coração para o que é justo e santo. A sabedoria do mundo é loucura, demoníaca, e as pessoas atingidas pela revelação interior de Deus deixam essa sabedoria e abraçam a sabedoria que vem do Alto.

5. A REVELAÇÃO SUBJETIVA PRODUZ UM CONHECIMENTO TRANSFORMADOR

A revelação subjetiva, que é experiencial, qualificada e plena de santas afeições e humildade, também produz um conhecimento transformador.

O conhecimento que é produto da ação divina na alma humana opera verdadeiros milagres. Essa pessoa passa a ver e a enfrentar a vida com outra visão de mundo. Uma mudança vital acontece em sua vida. Antes rebelde, o coração dessa pessoa se torna tratável, ensinável e disposto a ouvir interiormente a voz divina.

Quando a graça regeneradora atinge a alma, a pessoa se reconcilia com Deus, não somente sentindo temor por ele, mas também enchendo-se de amor por ele. O coração fica terno, e as volições, tratáveis, de modo que o caráter da pessoa é formado pela Verdade de Deus.

Essa transformação é admirável! A vida do homem é mudada de tal forma que os antigos amigos não mais reconhecem a "nova" pessoa. As inclinações interiores são mudadas e estruturadas de tal forma que o objeto da graça divina desfruta da Palavra e tem prazer internamente na lei de Deus. Além disso, a revelação internalizada subjuga os desejos da carne e remove os preconceitos carnais contra as exigências santas de Deus, estimulando as afeições amáveis em relação a Deus.

O conhecimento internalizado na alma humana pode ser visto como objeto da graça divina. Essas pessoas não conseguem esconder a mudança que Deus opera nelas com sua revelação subjetiva! Elas refletem a glória redentora de Deus e, a cada dia, são transformadas segundo a imagem de Cristo, de glória em glória pelo Senhor, o Espírito (2Co 3.18). Essas pessoas são transformadas do pecado para a santidade; do orgulho para a humildade; do amor-próprio para o amor a Cristo!

6. A REVELAÇÃO SUBJETIVA PRODUZ CONHECIMENTO PRÁTICO (OPERATIVO)

Muitas pessoas chegam a ter um conhecimento teórico de Deus, com uma noção razoável de algumas verdades a seu respeito. Esse conhecimento teórico, contudo, não se revela em obras. Não é sem razão que Paulo diz:

No tocante a Deus professam conhecê-lo; entretanto, o negam por suas obras; é por isso que são abomináveis, desobedientes e reprovados para toda boa obra (Tt 1.16).

A. O conhecimento teórico é afirmado

Tt 1.16a: "No tocante a Deus *professam conhecê-lo*"

Dentro do cristianismo, há muita gente que professa Deus teoricamente. Muitas verdades do cristianismo podem ser conhecidas pelas pessoas, mas essas verdades são absorvidas simplesmente por noções mentais, não produzindo os resultados esperados. Elas absorvem somente especulações inúteis e até mesmo conversam sobre a fé cristã, mas uma conversa que não reflete a prática cristã. Essas pessoas são o que o autor de Hebreus chama "participantes do Espírito Santo". Elas, contudo, não são transformadas pela ação regeneradora de Deus (Hb 6.4-5).

De forma diferente, as pessoas transformadas pela graça tornam-se participantes da natureza divina, adquirindo disposições santas de comunhão vital com Deus, as quais são evidenciadas no cumprimento de seus deveres espirituais, esforçando-se diligentemente para obedecer aos mandamentos de Deus.

Quando atingidas pela graça, essas pessoas têm a lei de Deus gravadas em seus corações (Jr 31.33) e são capacitadas a desempenhar os deveres da lei, amando a lei divina (Sl 119.97).

B. O conhecimento teórico é contraditado

Tt 1.16b: "(...) entretanto, o negam por suas obras (...)"

Existem pessoas que são cristãs de conteúdo teológico, mas suas ações contradizem aquilo em que creem. Suas obras não são evidência da crença que professam. Há uma dicotomia entre a teoria e a prática, ou entre a teologia e a ética no pensamento e na vida deles. O que fazem com uma mão, desfazem com a outra.

C. O conhecimento apenas teórico traz consequências nefastas

Tt 1.16c: "(...) é por isso que são abomináveis, desobedientes e reprovados para toda boa obra".

Os chamados cristãos que apresentam dicotomia entre a teoria e a prática são pessoas com apelidos espirituais muito tristes. Elas são assim chamadas:

I. As pessoas se tornam abomináveis

II. As pessoas se tornam desobedientes

Além disso, essas pessoas tornam-se "incapacitadas para o bem", ou seja, para fazer coisas que agradam a Deus. Tudo o que fazem, ainda que os homens considerem coisas boas, elas próprias não consideram "boas obras", por causa da impureza de seus corações e de suas motivações escusas.

Quem tem apenas conhecimento teórico está fadado a viver em trevas espirituais, sem qualquer manifestação da vida que há em Cristo. Por essa razão, essas pessoas são impedidas de praticar as coisas do Alto, as coisas que vêm de cima, ou seja, as boas obras que agradam a Deus.

7. A REVELAÇÃO SUBJETIVA PRODUZ CONHECIMENTO QUE SATISFAZ

Quando alguém é atingido pela revelação subjetiva, não procura o conhecimento de Deus em outro lugar, nem em outra religião, porque não há Redentor melhor do que Jesus Cristo.

A revelação que Deus faz de si mesmo e de outras coisas a nosso respeito e a respeito de nossa redenção é satisfatória a todos aqueles que são objetos dessa ação reveladora interiorizada. Aqueles que foram objetos da graça reveladora não desejam nenhum outro Deus e, portanto, nenhuma outra revelação além daquela que está registrada nas Escrituras.

Aqueles que foram objeto da revelação subjetiva sobrenatural não procuram outra espécie de revelação porque qualquer outro tipo de conhecimento é comparativamente menos digno. Nada se compara ao Deus que se revela nem à revelação que Deus faz de si mesmo! Aqueles que foram objeto da graça reveladora têm a lei divina aplicada, de forma eficaz, ao seu coração e, portanto, seus pecados são percebidos com tristeza diante da santidade de Deus; e, ao confessá-los, eles encontram o sangue expiador do Cordeiro, tornando-se herdeiros de todas as bênçãos espirituais que provêm da obra de Cristo.

Esse conhecimento é satisfatório para a alma do crente porque ele não deseja mais nada e também porque está pleno daquele que é todo-suficiente. Nada fora de Cristo pode satisfazer a alma. Nada deste tempo satisfaz plenamente a alma humana, porque tudo deste mundo passa ou perece. A revelação de Cristo é a única fonte perene de satisfação! (Jo 4.13-14)

CAPÍTULO 11: ESTRUTURA

Exemplo 1

Exemplo 2
1. A revelação divina objetiva causava encanto nos discípulos de Jesus
2. A revelação divina objetiva tinha de ser apreendida pelos discípulos
3. A revelação divina objetiva não foi apreendida pelos discípulos
4. A revelação divina subjetiva foi escondida dos discípulos
5. A revelação divina subjetiva causava temor nos discípulos

Exemplo 3
1. Veja os detalhes da revelação objetiva divina
2. Veja a razão da não compreensão de nada acerca da revelação objetiva divina

CAPÍTULO 11
A REVELAÇÃO VERBAL PODE SER OBJETIVA SEM SER SUBJETIVA

Existem alguns exemplos bíblicos da interiorização da revelação verbal objetiva. As pessoas ouvem a pregação com seu ouvido natural e, então, ocorre a abertura de seu coração, provocando, assim, a interiorização da revelação verbal.

Dos vários exemplos registrados na Escritura a respeito dessa verdade, vamos analisar alguns deles, ainda que de forma sucinta.

EXEMPLO 1

Estavam de caminho, subindo para Jerusalém, e Jesus ia adiante dos seus discípulos. Estes se admiravam e o seguiam tomados de apreensões. E Jesus, tornando a levar à parte os doze, passou a *revelar-lhes* coisas que lhe deviam sobrevir, dizendo: Eis que subimos para Jerusalém, e o Filho do Homem será entregue aos principais sacerdotes e aos escribas; condená-lo-ão à morte e o entregarão aos gentios; hão de escarnecê-lo, cuspir nele, açoitá-lo e matá-lo; mas, depois de três dias, ressuscitará (Mc 10.32-34).

Essa foi uma revelação objetiva. Ou seja, Jesus disse claramente, com todas as letras, o que haveria de acontecer com ele. No entanto, seus discípulos, até mesmo os mais íntimos, não tiveram ouvidos para ouvir essa revelação, não tiveram olhos para enxergar o real significado de suas palavras, nem tinham ainda coração para compreender essas coisas (cf. Dt 29.2-4). Os discípulos estavam tão encantados com o ensino de Cristo, e o espírito deles estava tão inexplicavelmente apreensivo, que não compreenderam o real significado das palavras de Jesus. Faltava-lhes a interiorização da verdade divina na vida deles. E essa subjetivação da revelação é um dom de Deus.

Mesmo ouvindo claramente as afirmações de Jesus sobre seu sofrimento e morte, eles nem sequer imaginaram que isso realmente poderia acontecer ao Mestre. Poderíamos dizer, numa linguagem coloquial, que "a ficha deles não caiu" quando Jesus lhes disse aquelas tristes verdades. Eles estavam como que cegos para compreender as coisas que Jesus lhes dizia.

EXEMPLO 2

E todos ficaram maravilhados ante a majestade de Deus. Como todos se maravilhassem de quanto Jesus fazia, disse aos seus discípulos: Fixai nos vossos ouvidos as seguintes palavras: o Filho do Homem está para ser entregue nas mãos dos homens. Eles, porém, não entendiam isto, e foi-lhes encoberto para que não o compreendessem; e temiam interrogá-lo a este respeito (Lc 9.43-45).

Aqui, há uma explicação que lança luz sobre a falta de entendimento deles quanto à revelação objetiva. O texto mostra a razão da não fixação da verdade objetivamente revelada.

Algumas verdades precisam ser expostas aqui:

1. A revelação divina objetiva causava encanto nos discípulos de Jesus

"*E todos ficaram maravilhados* antes a majestade de Deus."

Na verdade, a majestade de Deus era vista nas ações de Jesus Cristo, como mostra a parte final do verso 43.

Com a afirmação de que os discípulos ficaram maravilhados diante da majestade de Deus, o autor do evangelho diz claramente que Jesus é Deus. Cada ação do Deus-homem provocava expressões de espanto e de encantamento nos discípulos.

Assim, todos os atos miraculosos de Jesus Cristo eram reveladores de Deus, porque sua finalidade era revelar o Pai. E não somente as palavras, mas também os atos poderosos de Jesus Cristo, eram reveladores dos atributos encantadores de Deus. Não é sem razão que o evangelista observa o encanto dos discípulos com a revelação objetiva que seu Mestre lhes trazia.

2. A revelação divina objetiva tinha que ser apreendida pelos discípulos

"Como todos se maravilhassem de quanto Jesus fazia, disse aos seus discípulos: *Fixai nos vossos ouvidos as seguintes palavras*: o Filho do Homem está para ser entregue nas mãos dos homens."

A ordem de Jesus Cristo é para que eles fixassem bem o ensino sobre o que estava prestes a acontecer com o Filho de Deus encarnado. Era uma ordem para que entendessem o que parecia impossível aos olhos dos discípulos: a Majestade de Deus seria entregue nas mãos dos homens. O Divino seria "vencido" pelo humano.

Em sua revelação objetiva, Jesus não escondeu nada de seus discípulos. Ele lhes falou essa verdade da maneira mais clara possível. O texto estudado anteriormente (Mc 10.32-34) fala com muita clareza acerca do significado de "ser entregue nas mãos dos homens". Ninguém mais poderia ser tão explícito quanto Jesus o foi na revelação objetiva dessa verdade. E, como a verdade sobre Jesus foi dita claramente, era dever dos discípulos apreender essa mensagem, para que, quando tudo acontecesse, eles estivessem prontos.

3. A revelação divina objetiva não foi apreendida pelos discípulos

"Eles, porém, não entendiam isto."

Sabemos, contudo, que os olhos deles estavam como que fechados e ficaram pasmados quando Jesus foi preso e morto por seus algozes. Eles não conseguiram apreender a mensagem e esperar, confiantes na providência divina, o que dizia respeito ao Filho encarnado.

É possível que o encanto do ensino e das obras de Jesus lhes obscurecesse o entendimento. Eles não podiam imaginar que aquele que fazia tantas maravilhas seria vencido pelos homens.

Mas havia mais do que isso: sua cegueira funcionava como uma espécie de julgamento sobre eles. Eles haviam tido uma visão muito equivocada da messianidade de Jesus. Eles esperavam um Messias bem diferente daquele que Deus enviou. E a falta de entendimento deles sobre sua messianidade também os impedia de compreender o destino de Jesus Cristo nas mãos dos homens.

4. A revelação divina subjetiva foi escondida dos discípulos

"*e foi-lhes encoberto* para que não o compreendessem"

Todavia, além da cegueira que era natural neles, por causa de sua má teologia, havia uma obra negativa de Deus neles. Ou seja, Deus deixou de operar positivamente no interior deles quando não lhes abriu os olhos para que compreendessem subjetivamente aquilo que Jesus lhes revelara objetivamente. Deus envolveu em sombras e mistérios as coisas reveladas.

Isso, na verdade, parece um contraste, mas não é. Deus simplesmente não lhes deu luz interior para que compreendessem a verdade que ele próprio lhes havia ensinado. Eles não tiveram olhos para ver, nem ouvidos para ouvir, tampouco coração para entender as palavras ditas por Jesus. Eles não conseguiam "fixar" aquelas palavras ditas por Jesus. A ignorância deles não era intelectual, nem teológica; era uma ignorância espiritual. Deus lhes cegou o entendimento para que não vissem o significado real da morte de Jesus e de sua posterior ressurreição. Eles continuaram com a errônea teologia messiânica e não puderam compreender a verdadeira messianidade de Jesus.

5\. A revelação divina subjetiva causava temor nos discípulos

"e *temiam* interrogá-lo a este respeito."

O temor de interrogar sobre o destino de Jesus resultava da teologia errônea deles. Eles não queriam ouvir acerca da possibilidade de Jesus morrer, pois não era isso que eles esperavam que acontecesse. Todavia, o temor deles também estava fundado numa ação clara de Deus, que não lhes deu a conhecer o real significado de sua profecia. É possível que, se eles o interrogassem, Jesus lhes instruísse plenamente sobre o significado de suas palavras.

EXEMPLO 3

Um terceiro exemplo está estampado em cores vívidas também por Lucas.

> Tomando consigo os doze, disse-lhes Jesus: Eis que subimos para Jerusalém, e vai cumprir-se ali tudo quanto está escrito por intermédio dos profetas, no tocante ao Filho do Homem; pois será ele entregue aos gentios, escarnecido, ultrajado e cuspido; e, depois de o açoitarem, tirar-lhe-ão a vida; mas, ao terceiro dia, ressuscitará. Eles, porém, nada compreenderam acerca destas coisas; e o sentido destas palavras era-lhes encoberto, de sorte que não percebiam o que ele dizia (Lc 18.31-34).

Esse é mais um texto em que está evidente a revelação objetiva feita por Jesus Cristo sem se fazer acompanhar da revelação subjetiva.

A REVELAÇÃO VERBAL PODE SER OBJETIVA SEM SER SUBJETIVA

1. Veja os detalhes da revelação objetiva divina

Eis que subimos para Jerusalém, e vai cumprir-se ali tudo quanto está escrito por intermédio dos profetas, no tocante ao Filho do Homem; pois será ele entregue aos gentios, escarnecido, ultrajado e cuspido; e, depois de o açoitarem, tirar-lhe-ão a vida; mas, ao terceiro dia, ressuscitará.

Jesus imprime um tom de gravidade à sua revelação objetiva.

A expressão "eis que subimos para Jerusalém" aponta para o fim. Jerusalém seria o palco de todas as encenações de suplício do Redentor. Jerusalém era o lugar de oferendas, que todos judeus faziam, ano após ano. Agora era a vez de Jesus. E ele ofereceria a si mesmo em sacrifício pelo seu povo.

Então, Jesus revela aos seus discípulos vários detalhes apontando para o sacrifício: ele seria entregue aos gentios (o que significava que os romanos haveriam de tê-lo nas mãos); seria moralmente afligido ("escarnecido, ultrajado e cuspido"); seria fisicamente afligido ("e, depois de o açoitarem, tirar-lhe-ão a vida"); e, por fim, ressuscitaria. Além disso, certamente Jesus referiu-se a textos do AT que apontavam para seu padecimento e morte. Poderia haver algum ensino mais claro que esse?

2. Veja a razão da não compreensão de nada acerca da revelação objetiva divina

No entanto, a despeito dos ensinos bastante claros, os Doze não entenderam nada do que Jesus lhes disse. Não era um problema de surdez física, nem de incapacidade intelectual. A despeito de serem iletrados e incultos, eles eram inteligentes, porque a inteligência não depende de formação acadêmica, muito menos a sabedoria. Mas alguma coisa acontecia com eles que não compreendiam uma só palavra acerca da revelação profética de Jesus sobre seu próprio fim.

"Eles, porém, nada compreenderam acerca destas coisas; e o sentido destas palavras era-lhes encoberto, de sorte que não percebiam o que ele dizia."

A palavra "eles" refere-se aos doze apóstolos. Em outra ocasião, parece-me que ele ensinou sua verdade objetiva a todos os seus ouvintes, mas apenas aos seus apóstolos ele ensinou em particular o significado das parábolas (cf. Mc 4.33-34); no entanto, aqui em Lucas 18, até mesmo os doze apóstolos ficaram privados do real significado da revelação objetiva e detalhada. Faltou-lhes a graça iluminadora para compreender o cerne da verdade.

Isso porque, por razões compreendidas apenas mais tarde, Deus cegou-lhes os olhos e fechou-lhes o entendimento. Deus não lhes deu a revelação subjetiva e, por isso, ficaram sem compreender uma só palavra de Jesus.

CAPÍTULO 12: ESTRUTURA

1. A revelação especial pode ser Objetiva para todos e subjetiva somente para alguns
    A. As parábolas de Jesus eram a revelação objetiva para todos os ouvintes
    B. As parábolas de Jesus eram perfeitamente inteligíveis a todos os ouvintes
    C. As parábolas de Jesus eram misteriosas a todos os ouvintes
    D. As parábolas de Jesus tinham de ser especialmente reveladas a alguns

2. A revelação VERBAl subjetivada e sua relação com a fé
    A. as duas faces da verdade
    b. A revelação subjetiva e a fé são sobrenaturais
    c. A revelação subjetiva é uma ação imediata de Deus, enquanto a fé é uma ação mediata

3. A revelação subjetiva é essencial para a compreensão da revelação objetiva

4. Não existe revelação subjetiva sem revelação objetiva
    A. A resposta dos universalistas
    B. A resposta dos Luteranos
    C. A resposta dos arminianos
    D. A resposta dos Calvinistas

CAPÍTULO 12
A REVELAÇÃO VERBAL OBJETIVA PODE SER SUBJETIVADA

Os exemplos do capítulo anterior (Mc 10.32-34; Lc 9.43-45; 18.31-34) indicam uma revelação objetiva sem o respectivo caráter subjetivo. Neles, Jesus falou profeticamente de tudo o que haveria de acontecer em sua vida em seus últimos dias neste mundo caído, como alguém "ferido e oprimido" de Deus.

E, de uma forma diferente em relação aos textos antes analisados, nos versos a seguir veremos a revelação objetiva sendo subjetivada, ou seja, aquilo que atingiu a inteligência dos discípulos também lhes chegou ao coração. Eles ouviram a mensagem revelada e a receberam em seu interior pela ação divina.

> E aconteceu que, quando estavam à mesa, tomando ele o pão, abençoou-o e, tendo-o partido, lhes deu; então, *se lhes abriram os olhos*, e o reconheceram; mas ele desapareceu da presença deles (Lc 24.30-31).

Nesses versos, podemos ver Jesus participando de uma conversa com dois de seus discípulos sobre os acontecimentos dos últimos dias. Eles estavam muito abatidos porque a esperança da redenção de Israel havia desaparecido (v. 21). Jesus ouviu todas as suas lamúrias. Eles até reconheceram que tinham ouvido falar da ressurreição daquele varão "poderoso em obras e palavras", mas não creram no relato das mulheres que viram o túmulo vazio (vv. 22-23). Jesus repreendeu a incredulidade do coração deles (v. 25). E ainda conversaram longamente, a ponto de Jesus ter a oportunidade de discorrer sobre o sofrimento e a morte do Messias registrados em Moisés, nos Profetas e em todas as Escrituras (v. 27). Assim mesmo, mesmo depois de toda a exposição da revelação divina, aqueles homens não reconheceram quem falava com eles. Eles estavam como que cegos.

Somente na hora refeição, ao partir o pão, a compreensão de todas as coisas e do próprio Jesus veio à tona. Ali, os olhos dos discípulos foram abertos e eles enxergaram a realidade espiritual relacionada ao Messias. Essa subjetivação da verdade objetivamente revelada foi uma obra divina neles, pois a ação está na voz passiva. Não foram eles que abriram os olhos; os olhos deles foram abertos por uma ação sobrenatural.

O outro texto, no mesmo capítulo, registrando incidentes havidos poucas horas depois, mostra, com mais clareza ainda, a ação divina sobre os discípulos, abrindo o entendimento deles para as verdades que lhes haviam sido ensinadas.

> A seguir, Jesus lhes disse: São estas as palavras que eu vos falei, estando ainda convosco; importava se cumprisse tudo o que de mim está escrito na Lei de Moisés, nos Profetas e nos Sal-

mos. *Então, lhes abriu o entendimento para compreenderem as Escrituras*; e lhes disse: Assim está escrito que o Cristo havia de padecer e ressuscitar dentre os mortos no terceiro dia (...) (Lc 24.44-46).

Tudo o que fora dito por Jesus anteriormente, como uma revelação divina a eles, não havia sido compreendido por eles, porque eles estavam cegos. Nenhuma palavra dita por Jesus foi captada por eles. Agora, nos versos acima, a "ficha deles caiu", e eles tiveram uma compreensão bem clara da revelação dada anteriormente.

Sobre essa revelação, diz-se estar nas "Escrituras". Tudo o que a Lei de Moisés, os Profetas e os Salmos diziam sobre os sofrimentos do Messias foi perfeitamente "fixado" na alma deles, de modo que tudo ficou bem claro. Agora, seus olhos podiam ver tudo de forma cristalina. A revelação objetiva havia sido subjetivada.

1. A REVELAÇÃO ESPECIAL PODE SER OBJETIVA PARA TODOS E SUBJETIVA SOMENTE PARA ALGUNS

E com muitas parábolas semelhantes lhes expunha a palavra, conforme o permitia a capacidade dos ouvintes. E sem parábolas não lhes falava; tudo, porém, explicava em particular aos seus próprios discípulos (Mc 4.33-34).

A. As parábolas de Jesus eram a revelação objetiva a todos os ouvintes

Mc 4.33ª: "E com muitas parábolas semelhantes lhes expunha a palavra"

O texto paralelo de Mateus 13.34-35 mostra a objetividade da revelação, apontando para verdades que antes eram escondidas dos homens, mas que agora revelavam-se a eles. Jesus lhes contou coisas que os antigos não haviam conhecido. Asafe, o salmista, citado por Mateus como profeta, disse o seguinte:

> Abrirei os meus lábios em parábolas, e publicarei enigmas dos tempos antigos. O que ouvimos e aprendemos, o que nos contaram nossos pais, não o encobriremos a seus filhos; contaremos à vindoura geração os louvores do Senhor e o seu poder e as maravilhas que fez (Sl 78.2-4).

Os hebreus receberam as verdades reveladas por Deus que estavam "ocultas desde a criação do mundo" (Mt 13.35) a seus filhos.

A recepção e a transmissão aos filhos não implicam o respectivo entendimento espiritual, pois essas verdades foram emitidas em parábolas ou enigmas. Todos os ouvintes receberam a revelação das coisas outrora ocultas, fossem elas palavras, fossem maravilhas miraculosas do passado.

De qualquer modo, as verdades foram objetivamente transmitidas a todos os judeus, ainda que a maioria dos que vieram depois não tivesse nenhum entendimento espiritual delas, mesmo nos tempos em que Jesus falou por meio de parábolas.

B. As parábolas de Jesus eram perfeitamente inteligíveis a todos os ouvintes

Mc 4.33b: "E com muitas parábolas semelhantes lhes expunha a palavra, *conforme o permitia a capacidade dos ouvintes.*"

Mesmo a revelação objetiva sendo transmitida por meio de parábolas, estas não eram dadas acima da inteligência dos ouvintes.

O motivo para o uso que Jesus fez de parábolas está expresso em termos de sua acomodação ao estágio de preparação que estava presente na multidão; ele falava a palavra "conforme o permitia a capacidade dos ouvintes". Isso significa que ele a adaptava ao nível de entendimento encontrado em seus ouvintes.[1]

Jesus falava em consonância com o nível intelectual de seus ouvintes, de modo que a revelação objetiva era perfeitamente inteligível, pois ele lhes falava das coisas que eram familiares ao *modus vivendi* deles em suas parábolas.

No entanto, não podemos esquecer que havia outro sentido mais profundo nas parábolas que não era revelado a esses muitos que ouviam Jesus. Somente a revelação objetiva lhes chegava aos ouvidos, não a subjetiva, não o sentido espiritual escondido por trás das palavras usadas por Jesus.

C. As parábolas de Jesus eram misteriosas a todos os ouvintes

Mc 4.34a: "E sem parábolas não lhes falava"

Era costume de Jesus ensinar a multidão por meio de parábolas, as quais sempre apresentavam um tom misterioso que chamava a atenção dos ouvintes.

Não podemos esquecer que, embora as parábolas tratassem de coisas familiares aos ouvintes, continham um elemento misterioso que a própria Escritura chama *"enigmas dos tempos antigos"* (Sl 78.2). Essas parábolas tinham o que podemos chamar " elemento obscuro" para a maioria dos seus ouvintes. Afinal de contas,

---

[1] Willliam L. Lane. *The Gospel According to Mark*. Grand Rapids, Mich: Eerdmans, 1975, 172.

por razões escondidas na soberania divina, muitos de seus ouvintes "não eram participantes da verdadeira luz".[2]

O método das parábolas adotado por Jesus poderia ser entendido como uma expressão, ao mesmo tempo, de seu juízo e de sua graça. De seu juízo, em relação àqueles a quem somente a revelação objetiva chegava. Estes não possuíam a preparação devida para receber diretamente a realidade espiritual. Por essa razão, Jesus lhes falava somente por meio de parábolas. E, de sua graça, em relação àqueles a quem ele explicava particularmente o sentido de suas palavras.

Henry diz que "a glória do Senhor era coberta por uma nuvem, e Deus nos fala na linguagem dos filhos dos homens, a respeito da qual, embora não de primeira mão, mas em graus, podemos entender o significado".[3]

Muitas coisas de sua revelação objetiva, Deus passou aos homens envoltas em mistério. Todavia, ainda que o ensino fosse segundo a capacidade de entendimento dos ouvintes, estes não podiam, por si sós, entender o significado espiritual do ensino.

D. As parábolas de Jesus tinham de ser especialmente reveladas a alguns

Mc 4.34b: "tudo, porém, explicava em particular aos seus próprios discípulos."

Todos os ouvintes foram atingidos pela revelação objetiva das verdades por meio de parábolas, mas somente alguns receberam a subjetivação da revelação. Somente alguns discípulos (especialmente os apóstolos) tiveram compreensão espiritual das parábolas, cujo sentido permaneceu escondido de outros.

---

2 João Calvino. *Harmony of Matthew, Mark and Luke*, v. II, p. 106.

3 Mathew Henry. *Matthew to Luke*. Londres: James Nisbet and Co., 1857, v. 1, p. 474.

Como eles tinham esse entendimento interno do sentido das parábolas? Simplesmente Jesus lhes explicava de forma clara, em particular, o sentido das coisas que, para os outros, dizia de forma enigmática. Não podemos esquecer que esse sentido que Jesus lhes dava era o sentido espiritual das parábolas, para que eles as compreendessem em sua plenitude. Os outros só ficavam com o sentido intelectual que lhes era acessível, pois a linguagem usada lhes era familiar.

As parábolas eram úteis para despertar a atenção dos ouvintes, mas havia a necessidade de explicar *todas as coisas* que apresentavam um caráter escondido ou enigmático. Os apóstolos foram contemplados com uma explicação pessoal e interior, de modo que vieram a entender o real significado da mensagem divina. Uma revelação ao coração dos discípulos era necessária para que eles compreendessem o cerne do ensino do evangelho do reino. Não bastava a revelação da verdade; era preciso ter o entendimento dela. Não bastava a revelação objetiva; era preciso ter também a revelação subjetiva. E, pela graça divina, somente uns poucos foram objeto dela.

2. A REVELAÇÃO VERBAL SUBJETIVADA E SUA RELAÇÃO COM A FÉ

A. as duas faces da verdade

Tanto a revelação objetiva como a revelação subjetiva são dons de Deus ao homem.

A revelação objetiva vem a todos que ouvem a pregação da Palavra; a revelação subjetiva, por sua vez, vem a todos em quem o Espírito Santo opera. No entanto, esses dois dons não encerram a questão sobre a matéria. Há outro aspecto que é humano.

A revelação é internalizada, mas precisa ser apropriada pelo homem. Na obra regeneradora de Deus, há uma ação que predispõe o homem a crer. Nesse sentido, embora a fé seja um dom de Deus, é uma atividade humana. Nenhum homem pode crer sem a habilitação divina, mas a verdade divina não será apropriada pessoal e conscientemente se não o for pela fé humana.

Deus comunica ao homem sua verdade revelada pela ação do Espírito Santo no coração humano, e o homem, em resposta, apropria-se dessa verdade revelada ao crer naquilo que foi objetivamente revelado e pregado.

Não é a fé que valida ou torna a revelação verdadeira, mas é pela fé que nos apropriamos da verdadeira revelação divina.

B. A revelação subjetiva e a fé são sobrenaturais

Não existe nada na esfera espiritual do homem que seja de procedência natural. Tudo na esfera espiritual é sobrenatural.

A ação divina que internaliza a revelação objetiva é sobrenatural porque vem direta e imediatamente de Deus e, de forma infalível, produz fé.

É importante compreender que a fé é um movimento humano *em direção a* Deus; a capacitação para ela, contudo, *provém* de Deus. Nenhum ser humano é capaz de ter fé salvadora sem a ação prévia regeneradora do Espírito de Deus. A vida que entra na alma humana pela ação regeneradora é indescritível. Ela é ilustrada, por João, como o movimento do vento: não sabemos de onde vem nem para onde vai (Jo 3.8).

Se a origem da vida natural é inexplicável, quanto mais a origem da vida espiritual! Ambas procedem de Deus, mas a vida espiritual não pode ser pesquisada, porque não tem a mesma natureza física de uma semente que germina. A regeneração não pode ser verificada num tubo de ensaio porque é um fenômeno espiritual/sobrenatural provocado por um ser essencialmente sobrenatural.

Aqueles que têm a revelação verbal internalizada tornam-se capazes de crer, mas o fato de eles crerem aponta para uma ação sobrenatural divina. Por isso, Jesus diz: "Mas, a todos quantos o receberam, deu-lhes o poder de serem feitos filhos de Deus, a saber, aos que creem no seu nome; os quais não nasceram do sangue, nem da vontade da carne, nem da vontade do homem, mas de Deus" (Jo 1.12-13).

A revelação subjetiva não tem origem na esfera das coisas naturais, mas das sobrenaturais. Ninguém é capaz de crer sem ter uma nova natureza, a qual habilita o homem a se apropriar interiormente da revelação verbal objetiva e, assim, torná-la uma revelação interiorizada.

C. A revelação subjetiva é uma ação imediata de Deus, enquanto a fé é uma ação mediata

Uma *ação imediata* é aquela que Deus opera sem o uso de meios.

A revelação subjetiva é operada imediatamente por Deus. Ele não usa nenhum instrumento para abrir o coração de uma pessoa a fim de que venha a entender a revelação objetiva que é pregada. Não é a pregação que Deus usa para internalizar a revelação objetiva, porque a pregação tem como base a própria revelação objetiva. Deus trabalha de um modo direto para tornar internalizada sua verdade. A verdade é internalizada, mas não é o meio que Deus usa para abrir o coração de uma pessoa.

Uma *ação mediata* é aquela que Deus opera usando algum meio. A fé é uma operação mediata de Deus no coração de uma pessoa porque vem por meio da pregação. Não existe a possibilidade de fé sem a pregação da palavra de Cristo. Esse é o instrumento usado por Deus para gerar fé no coração de uma pessoa. Todavia, a geração de fé depende de uma ação prévia de Deus no coração do homem, a obra regeneradora do Espírito Santo. A operação mediata da fé depende intimamente da operação imediata de Deus na regeneração. Em outras palavras, a crença na revelação objetiva (que está contida na pregação da Palavra) depende da revelação subjetiva (que é a ação imediata de Deus no coração).

Ambas as ações, tanto a imediata como a mediata, estão clareadas no exemplo de Lídia. Ela ouviu que Paulo pregava numa reunião na qual as mulheres compareciam para orar (Lc 16.13).

> Certa mulher, chamada Lídia, da cidade de Tiatira, vendedora de púrpura, temente a Deus, nos escutava; *o Senhor lhe abriu o coração para atender às coisas que Paulo dizia* (At 16.14).

Sem dúvida, Lídia já ouvira a pregação do evangelho, pois o texto diz que ela era "temente a Deus". Ela fazia parte de um grupo religioso sério entre os israelitas. Ela prestava atenção à pregação de Paulo. Todavia, se, mais uma vez, Lídia tivesse apenas ouvido a pregação, não teria crido em Jesus Cristo. No entanto, houve necessidade de uma ação imediata de Deus para que a fé acontecesse no coração de Lídia.

Lídia foi objeto de uma ação imediata de Deus, que "abriu o coração" dela (essa é a revelação subjetiva), a fim de que pudesse crer na revelação objetiva ("atender às coisas que Paulo dizia"), que estava contida na pregação de Paulo. Se Deus não houvesse operado imediatamente, Lídia não poderia "atender às coisas que Paulo dizia".

3. A REVELAÇÃO SUBJETIVA É ESSENCIAL PARA A COMPREENSÃO DA REVELAÇÃO OBJETIVA

A compreensão da revelação objetiva só acontece quando a revelação subjetiva está presente

A revelação subjetiva é essencial para o aprendizado das coisas divinas da revelação objetiva. Sem a subjetividade da revelação, não há eficácia na revelação objetiva. Deus não pode ser apreendido meramente pelas habilidades intelectuais, porque ele é um ser eminentemente espiritual (Jo 4.24) e, portanto, não pode ser conhecido da maneira como é, ou seja, *espiritualmente*.

Essa incapacidade é produto da finitude humana, que é agravada pela condição pecaminosa em que os homens vivem. Para que um ser humano venha a conhecer o Senhor, tem de ser ensinado pelo próprio Senhor (Is 54.13; cf. Jo 6.44-45).

A internalização da revelação acontece quando o Senhor age no interior do homem, dando-lhe coração para entender (Jr 24.7). Enquanto Deus não faz essa operação, a revelação objetiva se mantém incompreensível. Na verdade, essa ação divina se dá em seus eleitos. Estes — e somente estes — recebem a revelação subjetiva, que se evidencia "no conhecimento completo daquele que nos chamou para a sua própria glória e virtude" (2Pe 1.3).

Esse poder divino, que comunica vida à alma, ilumina o entendimento do pecador, concede afeição santa a ele e o predispõe espiritualmente para que possa compreender a revelação objetiva. Quando esse poder divino atinge a alma humana, o pecador compreende que Deus é santo e exige que o pecado seja punido; compreende que Deus é gracioso, por isso provê um Redentor substituto; compreende que, se não fosse a sua graça, ele estaria irremediavelmente perdido. Essas verdades vêm claramente à sua alma pela subjetivação da verdade divina.

Antes de o pecador receber interiormente a ação poderosa divina, só consegue ouvir a respeito de Deus, mas não conhecê-lo experimentalmente. Todavia, quando a graça o atinge, ele adquire essa experiência transformadora. Foi exatamente essa a sensação de Jó quando disse: "Eu te conhecia só de ouvir, mas agora os meus olhos te veem. Por isso, me abomino e me arrependo no pó e na cinza" (Jó 42.5-6).

> Tudo me foi entregue por meu Pai. Ninguém conhece o Filho, senão o Pai; e ninguém conhece o Pai, senão o Filho e aquele a quem o Filho o quiser revelar (Mt 11.27).

A palavra *revelar* usada por Mateus significa remover o véu e aponta para o que estava escondido. Na ação poderosa de Deus, a mente depravada começa a ver como realmente é (Is 25.7); as emoções desgovernadas passam a ter um norte definido; e as volições passam a querer coisas que nunca quiseram.

4. NÃO EXISTE REVELAÇÃO SUBJETIVA SEM REVELAÇÃO OBJETIVA

Para estabelecer uma distinção entre as várias tendências teológicas do cristianismo contemporâneo, é preciso indagar: "Por que, quando ouvem a pregação da Palavra, algumas pessoas se voltam para Cristo e outras, não?" e "O que determina a resposta das pessoas à pregação da Palavra?".

As respostas a essas perguntas são várias, pois refletem o pano de fundo teológico das várias tradições cristãs.

A. A resposta dos universalistas

"Por que, quando ouvem a pregação da Palavra, algumas pessoas se voltam para Cristo e outras, não?"

Diante dessa questão, há os que pugnam por um pensamento que reflete o liberalismo teológico do final do século XVIII e todo o século XIX e até meados do século XX. E, entre esses liberais, há os que pensam de forma universal. Eles creem que a revelação subjetiva pode acontecer até mesmo aos que nunca receberam a revelação objetiva. Obviamente, eles não usam esses termos, pois não creem que a Escritura seja, de fato, a revelação divina; eles creem apenas que poucas partes têm autoridade. Por isso, diz-se que os liberais creem que a Escritura pode conter a Palavra de Deus.

De acordo com eles, os seres humanos recebem a revelação apenas através da natureza e têm uma compreensão espiritual quando em contato com ela. Como todos os seres humanos, sem exceção, recebem a revelação da natureza, para os universalistas, todos acabam recebendo a internalização da revelação, que apresenta tons salvadores.

A razão para essa resposta é simples: os universalistas negam a existência do inferno. Logo, se os homens não vão para o inferno, alguma coisa acontece com eles, levando-os para um lugar melhor. O que, então, seria? A compreensão de que a revelação geral mostra internamente ao homem quem Deus é!

Segundo esse raciocínio, todos os homens têm condições de reagir positivamente à pregação da Palavra porque já têm a revelação da natureza, que os habilita internamente a responder com fé.

B. A resposta dos Luteranos

Os luteranos têm uma resposta muito curiosa que, às vezes, é assimilada pelos evangélicos em geral sem que se deem conta da sutileza enganosa da matéria.

Na tradição luterana, alguns afirmam que, sempre que ocorre a pregação da Palavra, há, concomitantemente, a ação do Espírito. Nunca acontece uma pregação da Palavra que não seja acompanhada da ação do Espírito. Em outras palavras, para a ortodoxia luterana, o chamamento da Palavra (*vocatio verbalis*) carrega consigo a ação do Espírito Santo. Essa vocação é apresentada igualmente a todos os que ouvem. Todos os que ouvem a pregação da Palavra recebem também o chamamento do Espírito, o qual está intrinsecamente conectado ao chamamento da Palavra. Por essa razão, o chamamento da Palavra é sempre suficiente em si mesmo e, todas as vezes que a palavra é pregada, pode ser eficaz. Para eles, não há separação entre revelação objetiva e subjetiva. Onde existe uma, a outra se faz presente.

Quando contestados com a pergunta: "Por que alguns se voltam para Cristo e outros, não?", a resposta, quase invariavelmente, é: porque os homens colocam empecilhos. Deus faz tudo para salvar o pecador, mas, se este coloca obstáculo, o chamamento da Palavra torna-se ineficaz. A falta, nesse caso, não reside na Palavra, mas no ouvinte. Este, em última instância, é o responsável pela ineficácia do chamamento.

Essa é a maneira mais fácil de responder, pois lança sobre o pecador toda a responsabilidade pela ineficácia da pregação.

C. A resposta dos arminianos

O formulador pioneiro do arminianismo foi Jacobus Arminius (1560-1609). Os arminianos reagiram negativamente ao calvinismo vigente na Holanda, voltando-se para o campo semipelagiano, com uma ênfase ligeiramente diferente.

No pensamento dos remonstrantes[4] e dos arminianos posteriores, a proclamação do evangelho vem acompanhada de uma graça que torna o ouvinte capaz de aceitar o que se prega. Essa graça é suficiente e atinge todos os homens que ouvem a pregação. Ela é chamada de graça preveniente.[5]

Segundo os arminianos, todos os homens recebem uma graça preveniente que os capacita a receber o evangelho. Todos os que ouvem a pregação do evangelho, sem exceção, podem aceitá-lo. Tudo vai depender de como usam essa capacidade potencial que lhes é dada.

Além disso, os arminianos defendem, com unhas e dentes, o libertarismo, que lhes é peculiar. A doutrina da liberdade da vontade, que é a pedra de toque deles, é uma conquista de todos os que possuem a graça preveniente, a qual os capacita a caminhar tanto para um lado como para o outro. Por isso, a resposta positiva ou negativa ao evangelho depende de como o homem usa a liberdade que flui da graça preveniente.

D. A resposta dos Calvinistas

O calvinismo tem uma resposta bem diferente das três tradições anteriores, tomando emprestados alguns conceitos de Agostinho e expandindo-os.

O convite do evangelho, segundo Calvino (1509-1564), não é eficaz em si mesmo. O calvinismo divide a *vocatio specialis* em *vocatio externa* e *vocatio interna*.

A *vocatio externa* tem a ver com o chamamento da palavra, que deve ser dirigido a todas as pessoas indistintamente, mas não

---

[4] Os remonstrantes são aqueles que participaram do Sínodo de Dort (1618-1619), defendendo a posição de Armínio e até mesmo indo além.

[5] Se você quiser conhecer mais sobre a graça preveniente, leia dois artigos de minha autoria na *Fides Reformata*.

carrega em si, necessariamente, a obra do Espírito. Nem sempre quando a Palavra é pregada, ocorre a operação eficaz do Espírito. A operação do Espírito é soberana, e ele opera de modo eficaz no coração de quem ele quer, mas sempre em conexão com a Palavra pregada. Entretanto, nem sempre que a palavra é pregada se faz acompanhar da ação sobrenatural do Espírito. A chamada eficaz não vem a todos os homens que ouvem a *vocatio verbalis*. Somente os eleitos recebem o chamamento interior do Espírito, que vem com a pregação da Palavra.

Aqui, a explicação para respostas distintas nas pessoas que ouvem o mesmo evangelho é diferente daquela que os luteranos dão. Nem todos os que ouvem a Palavra recebem o chamamento do Espírito. Quem faz a diferença não é quem ouve, mas aquele que chama. Por essa razão, os calvinistas distinguem *vocatio efficax* de *vocatio inefficax*.

Portanto, somente para o calvinismo não existe revelação subjetivada sem a pregação da revelação objetiva. Deus opera internamente apenas no coração daquele que ouve a pregação da Palavra. A eficácia da pregação está diretamente ligada à ação do Espírito, e não ao exercício da livre vontade do homem (arminianos), à falta de empecilhos que o homem pode colocar (luteranos) ou à revelação da criação, que vem a todos os homens (liberais).

Qual resposta você daria à pergunta formulada? Sua resposta retrata a espécie de teologia que você sustenta.

CAPÍTULO 13: ESTRUTURA

1. A REVELAÇÃO FUTURA TEM A VER COM A VISÃO BEATÍFICA DE DEUS
2. DEUS REVELARÁ MAIS COISAS DE SI MESMO NA NOVA TERRA
3. DEUS REVELARÁ MAIS COISAS SOBRE JESUS CRISTO
   A. O crescimento no conhecimento de cristo é uma ordenança
   B. O crescimento no conhecimento de cristo é continuado
   C. O crescimento no conhecimento de cristo traz glória a ele agora e no futuro
4. DEUS REVELARÁ MAIS COISAS SOBRE NÓS PRÓPRIOS
   A. Nós conheceremos muito mais sobre a depravação que temos neste presente habitat
   B. Nós conheceremos muito mais sobre a obra de redenção aplicada a nós
   C. Nós conheceremos mais sobre nossa locomoção na nova criação

APLICAÇÕES

5. DEUS REVELARÁ UMA GLÓRIA QUE CONTRASTA COM O SOFRIMENTO PRESENTE
   A. Em primeiro lugar, nós seremos glorificados com Cristo
   B. Em segundo lugar, conheceremos nossa própria glória
   C. Em terceiro lugar, conheceremos uma glória que nunca termina

CONCLUSÕES
- A. A revelação futura ainda será mediada por Jesus Cristo
- B. A revelação futura ainda será limitada
- C. A revelação futura será contrastada com o sofrimento presente
- D. A revelação futura não dispensará o conhecimento passado
- E. A revelação futura não ELIMINARÁ a cultura do passado

CAPÍTULO 13
A REVELAÇÃO VERBAL É FUTURA[1]

As Escrituras ensinam que, no presente estado, decaído em pecado, ninguém é capaz de ver a Deus (Êx 33:18-23; 1Tm 6:16). O pecado causa separação entre o ser humano e Deus, e agrava o fato de a criatura estar defeituosa para receber e assimilar perfeitamente qualquer revelação divina. Os salvos, mesmo sob os benefícios da graça salvadora, ainda sofrem com a presença do pecado. E especialmente sua capacidade de conhecer o Senhor Deus ainda se encontra prejudicada, de modo que, igualmente, depende dos meios revelacionais.

Essa grande deficiência é chamada de "efeitos noéticos do pecado" ou "efeitos do pecado sobre a mente". Entretanto, quando Cristo retornar, os remidos serão libertos da presença do pecado e terão seus corpos transformados e aperfeiçoados como o corpo do Redentor, vindo a possuir também a plena renovação da mente. A vida será desfrutada plenamente na ha-

---
1 Algumas partes deste capítulo devem-se à colaboração de Ewerton Barcelos Tokashiki, aluno de mestrado do CPAJ, por pesquisa feita na disciplina "Teologia da Revelação", ministrada em 2013.

bitação de Deus com seu povo. O conhecimento sobre as coisas desta vida será ampliado, todos saberão numa escala maior e perfeita e verão a Deus!

1. A REVELAÇÃO FUTURA TEM A VER COM A VISÃO BEATÍFICA DE DEUS

Os teólogos reformados falam da visão beatífica de Deus referindo-se àquele conhecimento que tornará os glorificados plenamente felizes.

R. J. Bauckman observa que essa visão de Deus também estabelece "um contraste entre o conhecimento de Deus indireto, fragmentário e obscuro, que temos nesta vida, e a apreensão clara e direta de Deus, como ele é, aquela a que aspiramos (1Co 13:12)".[2] A ideia é que, na glorificação, ao verem Deus, eles atingirão o ápice da satisfação futura, pelo fato de ele ser o bem supremo.

François Turretini define a visão de Deus como "o perfeitíssimo e claro conhecimento de Deus e das coisas divinas, tais como podem pertencer a uma criatura finita, oposto ao conhecimento imperfeito e obscuro, que é possuído aqui mediante a fé".[3] No estado glorificado, os salvos não precisarão mais da fé, porque verão a Deus sem a mediação da Escritura Sagrada. Assim, seu futuro conhecimento de Deus será perfeito, sem interpretações errôneas ou obscuras, pois eles receberão uma perfeita revelação.

No entanto, Deus nunca poderá ser visto pelos olhos físicos, mesmo estando os bem-aventurados em corpos glorificados. A esse respeito, Turretini observa que

---

[2] R. J. Bauckman. apud Sinclair B. Ferguson. et al. (orgs.). *Novo dicionário de teologia*. São Paulo: Hagnos, 2009, p. 1.192.

[3] François Turretini. *Compêndio de teologia apologética*. São Paulo: Cultura Cristã, 2011, v. 4, p. 729.

as Escrituras enumeram a invisibilidade entre as propriedades essenciais e imutáveis de Deus e negam ao homem não só o ato, mas também o poder de vê-lo. As passagens são: Cl 1.15; 1Tm 1.17; 6.16; Hb 11.27; Êx 33.20. Deus é um Espírito incorpóreo e simples, que, portanto, não pode enquadrar-se à sensação do corpo, porque o poder não vai além de seu próprio objeto. Terceiro, a visão ótica na outra vida sucederá a fé (2Co 5.7). Ora, esta é mental e intelectual, não sensível. Finalmente, nem a totalidade da essência pode assim ser vista (porque não há proporção entre a faculdade e o objeto, entre o finito e o infinito), nem uma parte dela (porque, assim, ela viria a ser divisível e mortal).[4]

A expectativa de uma visão de Deus é alimentada pelos crentes no decorrer de ambas as administrações da aliança. Na Antiga Aliança, embora a revelação da consumação estivesse ainda um pouco obscura, é possível ler o registro do anseio que seus membros nutriam quanto à esperança futura de estarem diante da face de Deus (Sl 17.15; Mt 5.8; 1Co 13.12; 1Jo 3.2; Ap 22.3-4).

Quando olhamos para a história da Igreja, percebemos que Agostinho, no período da Patrística, foi quem melhor desenvolveu o conceito de visão beatífica. Alister McGrath afirma, quanto aos ensinamentos de Agostinho, que

> a visão de Deus tem a capacidade única de satisfazer o desejo humano, ultrapassando absolutamente a capacidade de todo ser ou de toda coisa criada. Tal visão é o *summum bonum*, o sumo bem, "a luz pela qual a verdade é recebida e a fonte da qual as bênçãos são absorvidas.[5]

---

4 Ibid.
5 Alister McGrath. *Teologia: os fundamentos*. São Paulo: Edições Loyola, 2009, pp. 223-224.

Agostinho pressupondo a transformação do corpo para uma realidade espiritual adaptada, fala sobre como os glorificados verão a Deus.

> É possível e muito crível que na outra vida veremos de tal maneira os corpos mundanos do novo céu e da nova terra, que com clareza assombrosa veremos a Deus, que está presente em todas as partes e governa todas as coisas corporais; vê-lo-emos, por intermédio de nossos corpos transformados, e em todos os corpos a que volvermos os olhos. Vê-lo-emos não como agora vemos as coisas invisíveis de Deus, pelas coisas criadas, em espelho, em enigma e em parte, onde vale mais a fé com que cremos que a espécie das coisas corporais que vemos por meio dos olhos corpóreos. (...) Logo, veremos Deus por meio de olhos que em poder se assemelharão ao espírito, o que lhes permitirá ver também a natureza incorpórea, coisa difícil ou impossível de justificar por testemunhos das divinas Escrituras, ou, o que é mais fácil de entender, Deus ser-nos-á tão conhecido e tão visível, que com o espírito o veremos em nós, nos outros, em si mesmo, no novo céu e na nova terra, e em todo ser então subsistente. Vê-lo-emos também, pelo corpo, em todo corpo, aonde quer que os olhos espirituais do corpo espiritual se dirijam. Nossos pensamentos serão patentes a todos e mutuamente.[6]

Agostinho crê que, após a transformação do corpo e de toda a criação, a revelação de Deus será imediata, de modo que o conheci-

---

6 Agostinho, *A Cidade de Deus*. 7 ed. Bragança Paulista: Editora Universitária São Francisco, 2006, pp. 584-585.

mento no estado de glória ocorrerá além do que é físico.⁷ Entretanto, especula, de forma um pouco confusa, que isso acontecerá "por meio de olhos que em poder se assemelharão ao espírito", pois é "coisa difícil ou impossível de justificar por testemunhos das divinas Escrituras."

A tradição medieval romana ensina que Deus pode ser visto em sua essência. J. Van Engen esclarece que

> os teólogos medievais, especialmente Tomás de Aquino e outros, fortemente influenciados pela filosofia aristotélica, definiam a visão de Deus como uma intuição ou percepção direta da sua própria existência (*essentia*), como um ato eterno do intelecto e como algo totalmente sobrenatural no seu caráter.⁸

Diferentemente dos escolásticos romanos, os reformados assumiram que o conhecimento de Deus permaneceria limitado. Jacobus Altingius declara que os glorificados verão "a mais clara visão de Deus, que é a *intuitiva* percepção de Deus; e *mental* [visão] se a essência espiritual está na visão, e a *ocular* [visão] no Deus encarnado tal como os anjos têm".⁹

Assim, embora haja desacordo entre os antigos reformados, luteranos e calvinistas, quanto ao modo como ocorrerá a visão beatífica, Antonius Walaeus afirma que "concordamos que a glória de Deus será mais plenamente vista na natureza humana de Cristo —

---

7 Os luteranos entendem a visão beatífica de Deus como não sucedendo meramente por contemplação mental (*visio corporalis*), mas especialmente pelos olhos físicos glorificados. John Mueller Theodore. 4 ed. rev. *Dogmática cristã*. Porto Alegre: Concórdia, 2004, p. 593.

8 J. Van Engen. apud Walter Elwel (org.). *Enciclopédia histórico-teológica da Igreja Cristã*. São Paulo: Edições Vida Nova, reimpressão em 1 volume, 2009, p. 628.

9 Jacobus Altingius. *Methodus Theologiae Didactiae*. Opera, Amsterdã, 1687, apud Heinrich Heppe. *Reformed Dogmatics*. London: Wakeman Great Reprints, s.d., p. 707.

todavia, admitimos que essa verdadeira visão, que é a suprema base da vida eterna, não será do que é corporal, mas com os olhos da alma".[10] Por vezes, esse conhecimento a ser adquirido pelos glorificados é chamado de *theologia beatorum*.

Richard A. Muller define a teologia beatífica, na perspectiva dos protestantes escolásticos, como aquela "que os benditos eleitos são capazes de conhecer no céu, em harmonia com o *liber gloriae*, 'o livro da glória', e o *lumen gloriae*, a 'luz da glória'".[11] Esse conhecimento não será uma *visio Dei per essentiam*, ou seja, de Deus em si, mas será dado por ele por meio da criação redimida, do que será revelado em Cristo e do que pode ser conhecido por intuição. O conhecimento dos glorificados será sempre uma *theologia ectypa*, por ser finita, e uma reflexão da divina *theologia archetypa*, que é o perfeito conhecimento de Deus de si mesmo.[12]

Klaas Schilder está correto em refutar a ideia de que poderemos ver a essência de Deus. Ele escreve que, "estritamente falando, não podemos conceber uma *visio per essentiam* de Deus. De fato, é uma tolice esperar que, um dia, o homem possa ver Deus em sua essência".[13] Embora a revelação na nova terra seja para aqueles que estarão em estado glorificado, desprovidos da limitação imposta pelo pecado, ainda assim, eles serão finitos, ou seja, haverá uma incapacidade física, e Deus sempre será infinito. O corpo glorificado estará adaptado para receber o conhecimento que teremos de Deus, mas não será por meio de olhos físicos que veremos o Pai.

---

10 Antonius Waleus. *Loci communes s. Theologiae*. Leiden, 1640, citado em Heinrich Heppe, op. cit., p. 707.

11 Richard Mueller. *Dictionary of Latin and Greek Theological Terms*. Grand Rapids, Baker Academics, 2006, p. 300.

12 Ibid, pp. 299-300.

13 Klaas Schilder. *Heaven, What Is It?* Grand Rapids: Eerdmans Publishing Co., 1950, p. 64.

Como, então, conheceremos Deus face a face, se não seremos capazes de ver sua essência divina? Resumindo a perspectiva reformada, Herman Bavink declara que,

> quando olhamos o espelho da revelação de Deus, vemos apenas sua imagem, mas então o veremos face a face e saberemos como também somos conhecidos. Contemplação (*visio*), compreensão (*comprehensio*) e o desfrutar de Deus (*fruitio Dei*) compõem a essência de nossa bem-aventurança futura. Os redimidos verão Deus — de fato — não com olhos físicos, mas de uma forma que sobrepuja toda a revelação nessa dispensação feita pela natureza ou pela Escritura. Assim, todos o conhecerão, cada um na medida de sua capacidade mental, com um conhecimento que tem sua imagem e semelhança no conhecimento de Deus — de forma direta, imediata, pura e sem ambiguidade. Então, eles receberão e possuirão tudo o que aguardam aqui, em esperança. Assim, contemplando e possuindo Deus, eles desfrutarão dele e serão abençoados em sua comunhão: abençoados em corpo e alma, intelecto e vontade.[14]

Nesse sentido, embora tenhamos um conhecimento sobrenatural, e nunca antes experimentado, cremos que não veremos a Deus em essência com nossos olhos físicos. Por isso, A. A. Hoekema afirma que "a existência na nova terra será marcada por perfeito conhecimento de Deus, perfeito gozo de Deus e perfeito serviço de Deus".[15] E teremos um conhecimento que será imediato e intuitivo, e uma percepção da luz da glória de sua presença.

---

14 Herman Bavinck. *Dogmática reformada*, v. 4, pp. 721-722.
15 Anthony Hoekema. *A Bíblia e o futuro*, p. 382

Jesus Cristo continuará como mediador revelacional no futuro. Ele é Deus e uma manifestação permanente de Deus ao seu povo. Durante a sua humilhação, nosso Redentor disse a Felipe: "há tanto tempo estou convosco, e não me tens conhecido? Quem me vê a mim vê o Pai" (Jo 14.9). Nele, sempre veremos o Pai. Entre os reformados, quem mais escreveu sobre esse assunto foi Jonathan Edwards. Ele declarou que a *visio Dei* não será alguma coisa vista com os olhos físicos, mas que será uma visão intelectual pela qual Deus será visto.[16] Noutro lugar, ele completa que

> ver a Deus no corpo glorificado de Cristo é a maneira mais perfeita que existe de ver a Deus com os olhos do corpo; porque se verá um corpo real, em que uma das pessoas da Trindade assumiu como seu corpo, e nele habita para sempre como seu próprio corpo, no que a majestade divina e a excelência aparecem tanto quanto é possível que se manifeste de forma visível ou em figura.[17]

Como, atualmente, no céu essa revelação continua existindo por sua mediação, do mesmo modo, na nova terra Cristo ainda será o revelador da Trindade. Prudentemente, concordamos com G.C. Berkouwer, no sentido de que "a visão de Deus não é algo que nos está explicado, mas algo que é-nos prometido neste tempo, que vemos somente através de um espelho de enigmas (1Co 13.12)".[18]

---

16 Jonathan Edwards. *The works of Jonathan Edwards*. Edinburgh: The Banner of Truth, 1997, v. 2, pp. 905-907.

17 Jonathan Edwards. *The Sermons of Jonathan Edwards: A Reader*. Organização de Wilson H. Kimmach, Kenneth P. Minkema e Douglas A. Sweeney. New Heaven: Yale University Press, 1999, pp. 74-75.

18 G. C. Berkouwer. *The Return of Christ: Studies in Dogmatics*. Grand Rapids, Eerdmans Publishing Co., 1972, p. 382.

2. DEUS REVELARÁ MAIS COISAS DE SI MESMO NA NOVA TERRA

Conheçamos, e prossigamos em conhecer ao Senhor; a sua saída, como a alva, é certa; e ele a nós virá como a chuva, como a chuva serôdia que rega a terra (Os 6.3, grifos acrescidos).

O conhecimento de Deus será continuado não somente pelo estudo das coisas já reveladas, mas também porque Deus nos dará a conhecer mais de si mesmo no estado de glória, seja no céu, seja na Nova Terra.

Já ouvimos muito a respeito de Deus e também lemos sobre ele nas Escrituras Sagradas. Todavia, quando adentrarmos o céu e a Nova Terra, haveremos de ver Deus "contemplando a sua face" (Cf. Ap 22.4).[19] E uma coisa é ouvir sobre quem Deus é; outra bem diferente é estar frente a frente com ele!

Hoje, podemos conhecer várias coisas acerca de seu poder, lendo as histórias registradas nas Escrituras, mas amanhã seremos confrontados com a beleza de sua majestade poderosa, vendo as obras da nova criação sem os resultados da Queda! Hoje, podemos ter imaginações no que diz respeito à sua glória, mas amanhã teremos vislumbres muito mais intensos do que a sua glória significa!

Amanhã teremos o coração puro e, dessa forma, veremos Deus como jamais foi visto pelos homens até agora, nem mesmo por aqueles que tiveram manifestações teofânicas no passado. Nossos olhos contemplarão coisas de Deus que nunca foram contempladas pelos homens deste presente habitat. A noção de Criador e de Redentor

---

19 Se quiser conhecer mais sobre a contemplação da face do Senhor, leia, de minha autoria, *O habitat humano: o paraíso restaurado (parte 2)*. São Paulo: Hagnos, 2015.

fará muito mais sentido no futuro do que agora, pois Deus vai se dar a conhecer muito mais poderosa e intimamente a nós. Spurgeon diz que, em virtude de a revelação continuar na glória,

> então, entenderemos mais de Deus do que entendemos agora; estaremos mais perto dele e seremos mais familiarizados com ele e seremos mais cheios dele do que agora (...) conheceremos nosso Pai como não o conhecemos agora; conheceremos o Filho num grau superior do que ele se revelou a nós até agora, e conheceremos o Espírito Santo como nunca o conhecemos até agora (...).[20]

Se existe a ordenação divina para que o conheçamos mais, não somente aqui e agora, mas também no porvir, esse é um sinal de que ele se mostrará muito mais abertamente do que o fez até então. Certamente, será maravilhoso conhecer ainda mais o Deus e Pai, e também Jesus Cristo, juntamente com seu Espírito!

3. DEUS REVELARÁ MAIS COISAS SOBRE JESUS CRISTO

O Filho de Deus encarnado, por causa de suas duas naturezas, continua a ser, em grande medida, um grande mistério para os remidos.

Para nós, é difícil compreender como uma pessoa divina tem duas naturezas distintas: a divina e a humana. Ainda que não tenhamos dúvida sobre a existência dessas duas naturezas nele,[21] temos muita dúvida acerca de como essa *unio personalis* ocorreu.

---

[20] Charles Haddon Spurgeon, em seu sermão sobre 1Coríntios 13.12. Disponível em http://www.biblebb.com/files/spurgeon/1002.htm. Acesso em outubro de 2014 (grifos acrescidos).

[21] Para saber mais sobre a divindade e a humanidade do Redentor, leia, de minha autoria, *As duas naturezas do Redentor*. São Paulo: Cultura Cristã, 2014.

Na Nova Terra, haveremos de crescer no conhecimento de Jesus Cristo. O que ele já revelou de si mesmo é suficiente para obtermos a salvação, porém há muitas coisas ainda por saber a seu respeito. E a Escritura nos incentiva nesse crescimento continuado: "(...) crescei na graça *e no conhecimento de nosso Senhor e Salvador Jesus Cristo. A ele seja a glória, tanto agora como no dia eterno*" (2Pe 3.18).

A. O CRESCIMENTO NO CONHECIMENTO DE CRISTO É UMA ORDENANÇA

Se Deus ordena o crescimento no conhecimento de Cristo, isso significa que mais coisas ainda haveremos de saber que, até então, não nos foram reveladas. Na verdade, o crescimento no conhecimento de Jesus Cristo é a expressão da própria graça, segundo a qual estamos crescendo, e esse crescimento não terá um fim nesta presente terra. De uma coisa, podemos estar certos: haveremos de ter conhecimento crescente sobre as naturezas de Jesus Cristo, porque a Escritura nos ordena a crescer nesse conhecimento.

Neste presente habitat, podemos estudar a Escritura para crescer no entendimento daquilo que está revelado, mas ainda vamos receber mais informações e ter um entendimento aumentado sobre quem é nosso Redentor na Nova Terra. E não podemos nos contentar em conhecer apenas o que conhecemos hoje. Somos ordenados pela autoridade da Escritura a crescer nesse conhecimento dele!

B. O CRESCIMENTO NO CONHECIMENTO DE CRISTO É CONTINUADO

Pessoalmente, creio que esse conhecimento continuado da ação graciosa e da pessoa de Jesus Cristo não se limita a esta existência. Hoje, o conhecimento que temos de Cristo é pequeno em relação ao futuro conhecimento que teremos. Não somente entenderemos melhor o que hoje já conhecemos, como também veremos facetas dele que nunca imaginamos. E essas facetas nada têm a ver com a aparência dele, mas com seu poder, com sua sabedoria, com seu amor etc. Além disso, ele tem muitas facetas que hoje desconhecemos, por estarem ocultas a nossos olhos, especialmente sobre a maravilhosa união das naturezas e de sua própria divindade.

Muitos morreram crentes, mas ainda desconhecendo uma infinidade de coisas sobre o Redentor que poderiam ter conhecido aqui. Entretanto, no outro lado da existência, eles terão o grande privilégio de conhecer teórica e experimentalmente Cristo Jesus. Portanto, o conhecimento de Cristo ultrapassará as fronteiras da presente história e adentrará o tempo futuro, na Nova Terra.

C. O CRESCIMENTO NO CONHECIMENTO DE CRISTO TRAZ GLÓRIA A ELE AGORA E NO FUTURO

Quanto mais conhecemos sobre Jesus Cristo nesta presente vida, mais atribuímos as glórias de nossa redenção a ele! Quanto mais entendemos o que significa sua graça, mais louvores gloriosos trazemos sobre a pessoa do Filho encarnado. As pessoas que não conhecem as doutrinas da graça não são capazes de avaliar a riqueza da redenção ou do Redentor.

Todavia, quanto mais a luz do entendimento vem da parte de Deus, quanto mais as escamas da escuridão caem de nossos olhos, mais aprendemos sobre Jesus Cristo no presente tempo. Por isso Pedro diz que "a ele seja a glória, tanto *agora*...". Essa glória deve ser atribuída a ele pelos remidos de Deus ainda neste habitat. Ele deve ser glorificado aqui e agora, antes que chegue o "dia eterno".

O mesmo princípio de glorificação de Cristo está prescrito para o "dia eterno". A expressão "dia eterno" é uma referência à Nova Terra, e não ao céu. Embora hoje ele seja glorificado no céu, para onde os remidos que morreram foram, o céu não é o dia eterno. Por dia eterno, devemos entender o tempo definitivo, o período que não termina nunca, porque a Nova Terra é o lugar de morada interminável dos remidos de Deus. Ali, "no dia eterno", haveremos de dar glórias a Deus, em virtude do conhecimento cada vez mais crescente e continuado que teremos dele.

4. DEUS REVELARÁ MAIS COISAS SOBRE NÓS PRÓPRIOS

A visão que temos hoje de nós próprios será muitíssimo ampliada na Nova Terra. Hoje, nossa visão é anuviada, mas depois haveremos de ver com muita clareza nossa própria humanidade. Hoje vemos como por espelho, obscuramente, mas amanhã veremos as coisas de forma clara e inequívoca!

A. NÓS CONHECEREMOS MUITO MAIS SOBRE A DEPRAVAÇÃO QUE TEMOS NESTE PRESENTE HABITAT

A visão que temos hoje sobre nossa depravação é muito limitada, pois nossos olhos ainda têm dificuldade de enxergar em profundidade como realmente somos.

Temos consciência de que somos pecadores, mas não sabemos quão profundamente a corrupção da maldição afetou nosso ser. Temos vislumbres cognitivos e experimentais dessa depravação, mas ainda não somos capazes de penetrar os meandros mais tristes e profundos de nossa depravação. Não conseguimos enxergar a podridão de nossa mente, de nossas afeições e de nossas volições, porque simplesmente não conseguimos contemplar o que o pecado causou em nosso coração, por não termos acesso ao nosso próprio coração. Por essa razão, não conseguimos ver a nós mesmos hoje como Deus nos vê. Até temos alguns vislumbres de nossa depravação no ensino das Escrituras, mas custa-nos crer nas verdades ali afirmadas. Temos uma autoestima muito grande, a qual nos impede de ver a nós mesmos como realmente somos no presente tempo. O entendimento sobre a presença degradante do pecado é aliviado pelo autoengano, muito comum entre nós.

Quando a redenção se completar, e nós estivermos na Nova Terra, veremos com muito mais clareza de onde Deus nos tirou (do lamaçal do pecado) e o que ele tirou de nós (a lama internalizada em nossa alma e vista também em nosso corpo). Essa visão de contraste nos dará uma ideia bem clara de quem fomos e do que seremos.

Assim, a grandeza da noção de perdição nos fará ver a grandeza de nossa redenção! Dito em ordem inversa, podemos afirmar que o conhecimento da grandeza de nossa redenção nos fará enxergar com mais clareza a grandeza de nossa perdição!

B. NÓS CONHECEREMOS MUITO MAIS SOBRE A OBRA DA REDENÇÃO APLICADA A NÓS

A obra de redenção operará *em nós* uma mudança tão grande que não seremos capazes de avaliar no presente tempo. Não somos sequer capazes de imaginar um mundo sem pecado, pois todas as coisas que conhecemos são tingidas pelo pecado. Nunca vimos nada neste mundo que não tenha sido manchado pelo pecado. Portanto, no presente habitat, não sabemos muitas coisas sobre o que significa a redenção.

Quando estivermos na glória (seja celestial, seja terreal), haveremos de conhecer a grande mudança realizada por Deus em nossa natureza material e imaterial. Hoje, temos uma noção da salvação, mas ainda estamos longe de conhecer sua profundeza. Hoje enxergamos as coisas como se estivéssemos na aurora, mas, então, enxergaremos como em dia perfeito. Hoje vemos obscuramente, mas na glória veremos face a face, com a maior clareza possível!

Deus nos dará a conhecer grandes coisas sobre nós próprios que hoje não temos condição de sequer imaginar! Deus não revelará simplesmente *a nós* essas coisas, mas as revelará *em nós*! Não apenas receberemos informação sobre nós, como também perceberemos em nosso ser essas mudanças maravilhosas! Elas serão experimentais, e não simplesmente cognitivas!

No tempo presente, nosso conhecimento da redenção ainda apresenta tons de obscuridade, mas, na glória, perceberemos clara e integralmente todas as suas maravilhas! Spurgeon disse que, "sem dúvida, muitas dessas coisas [da redenção] serão mais claramente reveladas no estado próximo. Aqui a luz é igual à da aurora: começa a clarear paulatinamente".[22] Spurgeon ainda disse que, na glória,

> conheceremos melhor o lado brilhante do que conhecemos agora. Sabemos hoje que somos salvos, e que não há agora nenhuma condenação para os que estão em Cristo Jesus; mas o manto da justiça que nos cobre agora, e que nos cobrirá então, será visto melhor por nós, e nós discerniremos quão lustroso ele é, com seu bordado cheio de ouro — quão melhor do que as

---

22 Spurgeon. Disponível em http://www.biblebb.com/files/spurgeon/1002.htm.

pérolas e as gemas que têm enfeitado os mantos dos monarcas são o sangue e a justiça de Jeová-Jesus, que se deu por nós.[23]

No estado futuro, a luz de Deus brilhará sobre nosso entendimento, e não somente compreenderemos, como também experimentaremos a glória da aplicação plena da redenção. Os efeitos disso serão percebidos no nosso corpo e em nossa alma. Nenhuma parte constituinte de nosso ser será deixada de lado na redenção. Além disso, teremos plena consciência de quem éramos e do que seremos. O contraste entre as duas condições (a do presente e a do futuro) será salientado enormemente! Então, Deus nos revelará muito mais do que terá feito em nós!

A visão que teremos da redenção será muito mais apurada e, então, daremos muito mais glórias a Deus pelo que ele terá realizado em nós!

C. NÓS CONHECEREMOS MAIS SOBRE NOSSA LOCOMOÇÃO NA NOVA CRIAÇÃO

É *possível* que Deus faça alguma coisa ainda mais extraordinária do que as presentes tecnologias fazem em termos de locomoção.

Várias vezes Cristo foi transportado, num abrir e fechar de olhos, de um lugar para outro. Basta pensar nas vezes em que ele entrou e saiu de um ambiente com todas as portas fechadas. É muito mais natural entender que ele foi teletransportado do que pensar que um corpo, com carne e ossos, tenha atravessado as moléculas de uma parede. A possibilidade do teletransporte é muito mais plausível do que uma molécula física atravessar outra.

---

23 Ibid.

Se ele resolver fazer conosco o que fez com Jesus Cristo, mesmo enquanto ainda estava neste mundo, transportando-o de modo extraordinário, de um lado para outro, ou como fez com Filipe, fazendo-o achar-se em Azoto, é possível pensar que ele fará o mesmo conosco.

Se isso acontecer, será um meio de transporte extraordinariamente sobrenatural, ou seja, um meio que ultrapassa a presente concepção da natureza. Nesse tipo de transporte, poderemos não apenas conhecer a Nova Terra, mas também os Novos Céus, com suas distâncias imensuráveis! E essa possibilidade será uma revelação extraordinária para nós, que vivemos neste mundo impossibilitados de nos locomover em distâncias intergalácticas!

Veja esse argumento no entendimento de um texto a que poucas pessoas prestam atenção:

> Pai, a minha vontade é que, onde eu estou, estejam também comigo os que me deste, *para que vejam a minha glória que me conferiste*, porque me amaste antes da fundação do mundo (Jo 17.24).

De que glória ele está falando? Seria a glória do seu corpo? Não creio que ele esteja falando disso, pois será a primeira coisa que veremos quando nos encontrarmos com ele. Estaremos face a face com ele.

A glória de que ele fala, com grande probabilidade, tem a ver com a criação do novo universo, "os Novos Céus". Os velhos céus não puderam ser mostrados a nós. Deus não nos deu esse privilégio, mas o dará aos seus remidos numa condição superior. Haveremos de ver o universo sem noção da maldição divina. Veremos um universo puro, sem máculas. Jesus será nosso guia pelas viagens intergalácticas. Afinal de contas, ele será o Criador de tudo e quererá exibir sua obra extraordinária!

O Salmo 19 fala que Deus criou os céus, que refletem a sua glória. Os Novos Céus refletirão ainda mais a sua glória. Por que os incontáveis bilhões de galáxias, contendo talvez trilhões de nebulosas, com suas estrelas e planetas, ficarão para sempre desconhecidos por nós? Deus fez todas essas coisas, com toda essa imensidão, para ficar contemplando sozinho? Certamente que não! Ele compartilhará conosco o contemplar da beleza de sua nova criação e seu Filho nos cicereoneará nas estonteantes viagens que haveremos de fazer!

Não faltará tempo para visitarmos muitos lugares hoje sonhados e também lugares com que nunca sonhamos, porque viveremos eternamente na Nova Terra. Com o teletransporte, até mesmo as barreiras do tempo poderão ser vencidas.

A Nova Terra será pequena para os remidos. Para ver a glória de Cristo, haveremos de participar de viagens extremamente longas, sem o desgaste que as viagens de hoje impõem. Essas viagens excederão os limites de nosso lugar de habitação. Provavelmente, com esse tipo de teletransporte, Deus ainda poderá nos levar a qualquer parte do universo sem que precisemos gastar uma quantidade imensurável de anos num veículo ultradesenvolvido, de acordo com nossa presente tecnologia. Os remidos, portanto, poderão ser levados para jornadas longínquas, a fim de contemplar ainda mais as grandezas, o poder e a sabedoria da criação divina!

APLICAÇÕES

Em primeiro lugar, essas aplicações somente servem para aqueles que já têm uma noção do que somos agora e do que seremos amanhã. Paulo disse uma verdade que você não pode esquecer:

> *Porque agora vemos como por espelho, em enigma, mas então veremos face a face*; agora conheço em parte, mas então conhecerei plenamente, como também sou plenamente conhecido (1Co 13.12).

Se você não conseguir enxergar a si mesmo, ainda que obscuramente, em espelho, neste tempo presente, certamente não conseguirá enxergar as coisas sobre si mesmo "face a face", ou seja, claramente.

As coisas do "então" são muito mais importantes do que as coisas do "agora", mas, sem as coisas do "agora", você nunca poderá conhecer as coisas do "então". Se seus olhos não conseguirem ver Cristo pela fé aqui neste presente habitat, você nunca o verá na glória do céu ou da Nova Terra.

Em segundo lugar, esse conhecimento maior sobre si mesmo o deixará mais pleno de esperança. Essa esperança está ligada ao fato de que você será melhor (ou até mesmo incomparavelmente melhor). Não somente a Nova Terra será melhor do que esta, como também você será melhor do que é agora!

Essa verdade deve enchê-lo da mais doce esperança! Você nasceu espiritualmente cego; aqui mesmo, você veio a enxergar espiritualmente, mas ainda possui certas miopias que o impedem de ver as coisas de longe, as coisas que são claras. No entanto, você terá uma visão perfeita para enxergar as coisas à perfeição. Você será melhor porque conhecerá experimentalmente a redenção de maneira muito superior àquela que experimenta agora.

Em terceiro lugar, esse conhecimento maior sobre si mesmo deve levá-lo a uma gratidão muito maior do que a gratidão presente. Devemos ser gratos pelo que conseguimos perceber até agora, mas certamente você e eu seremos muito mais gratos a Deus pela grandeza de suas revelações sobre nós próprios e sobre o que ele fará em nós.

Em quarto lugar, o conhecimento que teremos de nós próprios nos fará aspirar mais às ações divinas em nosso futuro. Por ora, pensamos somente no aqui e agora, nas bênçãos materiais e passageiras, como saúde, dinheiro e relacionamentos presentes. Pensamos muito pouco sobre o futuro.

É meu desejo que estas lições levem você a desejar ter coisas mais duradouras, que não terminam nunca e que são, além de tudo, incomparavelmente melhores do que as melhores coisas que temos agora. Com isso, não estou pedindo que você tire os pés desta terra, mas que tenha todo o seu ser voltado para as coisas futuras que conheceremos sobre nós próprios, coisas que Deus tem reservado para nosso encanto e para que seu nome seja mais glorificado do que é agora!

5. DEUS REVELARÁ UMA GLÓRIA QUE CONTRASTA COM O SOFRIMENTO PRESENTE

Deus já nos revelou o que vai acontecer no tempo de glória, mas ainda não temos noção do que, exatamente, nossa glória será. No entanto, existem algumas poucas sugestões que nos são valiosas para fazer projeções do que nos acontecerá no futuro.

A. Em primeiro lugar, nós seremos glorificados com Cristo

Ora, se somos filhos, somos também herdeiros, herdeiros de Deus e coerdeiros com Cristo; se com ele sofremos, também *com ele seremos glorificados* (Rm 8.17).

As coisas gloriosas que veremos são absolutamente contrastadas com as coisas tristes e feias deste presente habitat. O que aconteceu com Cristo acontecerá conosco. Assim como ele sofreu e depois foi exaltado, também nós passamos por sofrimentos neste presente tempo, mas, de forma semelhante a Cristo, experimentaremos a glória!

Como o Filho é herdeiro de Deus, também nós, como filhos adotados, receberemos a herança com Cristo. Essa herança tem uma grande dose de glória que Cristo vai repartir conosco, que somos coerdeiros junto com ele.

B. Em segundo lugar, conheceremos nossa própria glória

Paulo faz esse contraste entre o aqui e agora com o que acontecerá em nós:

> Porque para mim tenho por certo que os sofrimentos do tempo presente não podem ser comparados *com a glória a ser revelada em nós* (Rm 8.18).

Conheceremos a glória de Deus, em seu grande esplendor, que é alguma coisa que não conseguimos divisar neste presente habitat. Além disso, conheceremos nossa própria glória, porque o texto diz que ela será "revelada em nós". A glória de Deus será revelada _a_ nós, mas Deus também diz que a glória será revelada _em_ nós!

Se você me perguntar o que significa essa glória que será revelada em nós, eu não sei. Significa mais do que a conclusão da redenção. Essa glória hoje está escondida e nos será dada somente quando nossa redenção estiver terminada e, ainda assim, na glória da Nova Terra, que é o lugar das coisas definitivas.

C. Em terceiro lugar, conheceremos uma glória que não termina nunca

Porque a nossa leve e momentânea tribulação produz para nós *eterno peso de glória*, acima de toda comparação (2Co 4.17).

Paulo está contrastando a temporalidade dos sofrimentos com a perenidade da glória.

O tempo presente é de sofrimento, enquanto o tempo futuro é de glória. Todas as coisas deste tempo presente têm um fim. Nada dura para sempre, nem mesmo o sofrimento. No entanto, as coisas eternas ou perenes estão reservadas somente para depois da conclusão da redenção.

Entretanto, é praticamente impensável a ideia de glória para nós! A concepção de glória está muito distante de nossa presente compreensão. Todavia, essa promessa de Paulo aos coríntios é muitíssimo clara. Não podemos duvidar do "eterno peso de glória" que desfrutaremos em tempos futuros, mas não sabemos exatamente o que isso significa. Essa é a revelação que Deus nos dará no futuro!

CONCLUSÕES

Este capítulo teve como objetivo expor o entendimento da teologia reformada acerca da revelação que Deus concederá ao seu povo na consumação da redenção.

Em primeiro lugar, analisamos o que, tradicionalmente, se crê por visão beatífica de Deus, sendo ele nosso sumo bem e a fonte de toda a satisfação eterna. Em seguida, que tipo de conhecimento teremos no Novo Céu e na Nova Terra, e como haverá continuidade da ciência e dos demais saberes do tempo presente estendidos para o porvir. Após, ao adquirir a visão gloriosa de Deus e seu conhecimento santo e perfeito, seria plausível questionarmos se a memória do sofrimento e das consequências do pecado será preservada naquele lugar de gozo e de imensurável alegria? Por último, ainda caberia responder se, num lugar perfeito, haverá progresso da cultura?

O conhecimento acerca do futuro é algo sedutor, instiga a curiosidade em muitos temas, mas nós devemos extraí-lo somente da autoridade da Escritura Sagrada. Deus nos criou com a capacidade de aprender e se compraz em se dar a conhecer. A redenção implica o conhecimento verdadeiro de quem ele é, e o Redentor não quer deter nossa aprendizagem. A vida eterna consiste em "que te conheçam a ti, o único Deus verdadeiro, e a Jesus Cristo, a quem enviaste" (Jo 17.3). João ainda nos revela que "o Verbo se fez carne e habitou entre nós, cheio de graça e verdade, e vimos a sua glória, glória como do unigênito do Pai" (Jo 1.14), e isso somente foi possível porque "ninguém jamais viu a Deus; o Deus unigênito, que está no seio do Pai, é quem o revelou" (Jo 1.18). Nesse sentido, Jonathan Edwards declarou que "a felicidade do céu é progressiva e tem vários períodos nos quais tem um novo e glorioso avanço e muito do que consiste é em contemplar as manifestações que Deus faz de si na obra da redenção".[24]

Desse modo, ao usufruirmos a vida eterna em graça e verdade, veremos a glória do Pai, em Cristo, que nos revelará. O conhecimento que Deus dará de si mesmo será o motivo da felicidade eterna. Randy Alcorn assinala que "ver a Deus será o nosso maior gozo, o prazer em que serão medidos todos os demais gozos".[25]

---

24 John Gerstner. *Jonathan Edwards on Heaven and Hell*, p. 26.
25 Randon Alcorn. *El Cielo*. Tyndale House Publishers, 2004, p. 124.

Alcorn ainda explica que, "como Deus é a fonte suprema de prazer, todos os demais gozos secundários emanam dele; assim, amar os prazeres secundários na terra pode ser — e no Céu sempre será — amar a Deus, a fonte de todos eles".[26] O gozoso conhecimento que teremos no Senhor não eliminará os demais prazeres que ele mesmo nos preparou na Nova Terra, e que serão manifestações de seus atributos. Turretini explica que,

> Aqui, Deus, em graça, se comunica a seu povo mediatamente pela Palavra e pelos sacramentos, e transmite seus dons não plenamente, mas parcialmente. Mas, quando ele se comunicar imediatamente com os santos, fará isso não apenas em parte, mas plena e totalmente (*holôs*). Ele será "todas as coisas" no tocante à universalidade dos súditos, porque outorgará todas essas bênçãos indivisamente a todos os bem-aventurados.[27]

Assim, veremos os atributos divinos com maior percepção pela satisfação que teremos neles, e Deus será mais glorificado. Além do conhecimento perfeito e glorioso que teremos de Deus por meio de Cristo, também haverá uma manifestação mais intensa de seus atributos, fornecendo-nos um conhecimento nunca antes alcançado. Nunca mais teremos ideias erradas, nem raciocínios falaciosos, tampouco chegaremos a conclusões contraditórias ou falsas. Brakel comenta que,

> quando Deus, de maneira imediata e imanente — de uma maneira que Deus atualmente ainda não se fez conhecido a nós

---

26 Ibid.
27 François Turretini, *Compêndio de teologia apologética*, v. 4, p. 732.

—, revelar suas gloriosas perfeições aos seus filhos, causará na alma uma experiência que é a sua porção, e proporcionará o seu saborear desse contentamento eficaz, somente então eles conhecerão o que significa ver o fraterno, glorioso, amável, santo, encorajador e prazeroso semblante de Deus.[28]

A. A revelação futura ainda será mediada por Jesus Cristo

No futuro, aprenderemos com prazer, de modo que teremos uma cosmovisão completamente centrada em Deus. O que é ansiado pelos filhos de Deus no tempo presente será em Cristo uma realidade no porvir. Paulo orou pelos crentes da igreja de Éfeso, para que

> o Deus de nosso Senhor Jesus Cristo, o Pai da glória, vos conceda espírito de sabedoria e de revelação no pleno conhecimento dele, iluminados os olhos do vosso coração, para saberdes qual é a esperança do seu chamamento, qual a riqueza da glória da sua herança nos santos e qual a suprema grandeza do seu poder para com os que cremos, segundo a eficácia da força do seu poder; o qual exerceu ele em Cristo, ressuscitando-o dentre os mortos e fazendo-o sentar à direita nos lugares celestiais, acima de todo principado, e potestade, e poder, e domínio, e de todo nome que se possa referir não só no presente século, mas também no vindouro. E pôs todas as cousas debaixo dos pés, e, para ser a cabeça sobre todas as cousas, o deu à Igreja, a qual é o seu corpo, a plenitude daquele que a tudo enche em todas as cousas (Ef 1.17-23).

---

28 Brakel. *The Christian's Reasonable Service*. Grand Rapids: Reformation Heritage Books, 2007, v. 4, p. 366.

Os teólogos falam da revelação futura como uma *lumen gloriae*, ou seja, a luz da glória. O apóstolo Paulo afirmou que, "das trevas, resplandecerá a luz, ele mesmo resplandeceu em nosso coração, para iluminação do conhecimento da glória de Deus, na face de Cristo" (2Co 4.6). E João declara que, na Nova Jerusalém, "a cidade não precisa nem do sol, nem da lua, para lhe darem claridade, pois a glória de Deus iluminou, e o Cordeiro é a sua lâmpada" (Ap 21:23). Balthasar observa que, na Nova Terra, "a glória de Deus nunca é — nem por um só momento — divorciada do Cordeiro; a luz trinitária nunca está separada da luz de Cristo, que é o encarnado".[29] Mais uma vez, volta-se à ideia de que a revelação será pela mediação de Cristo.

B. A revelação futura ainda será limitada

Não conheceremos nada além do que nossa capacidade permite. Não podemos esquecer que, mesmo na glória, a finitude ainda fará parte de nossa essência. Portanto, ainda que venhamos a conhecer muita coisa sobre Deus, não poderemos conhecer à exaustão sobre quem ele é. Sua essência ultrapassa em profundidade o que podemos absorver dele.

A perfeição não produzirá onisciência nos glorificados porque nossa finitude sempre estará presente conosco. Embora se espere que a mente humana seja empregada perfeitamente, com todos os seus poderes, para o conhecimento de Deus, não podemos concordar com E. H. Johnson, quando afirma que isso "implicará um completo conhecimento dele".[30] Isso porque, no estado eterno, seremos perfeitos, mas nossa capacidade de conhecer

---

29 Balthasar apud Berkouwer, G. C., op. cit., p. 383.
30 E. H. Johnson.. *An Outline of Systematic Theology*, p. 307.

ainda será gradativa e teremos a limitação comum àqueles que são finitos, em comparação ao Criador transcendente. Por essa razão, concordamos com Alcorn, no sentido de que, "ao comparar nosso conhecimento com o conhecimento de Deus, conheceremos Deus e todas as outras coisas com mais 'exatidão', mas não de forma exaustiva".[31] De igual modo, os anjos, embora estejam em perfeição e preservados na presença de Deus, continuam obtendo conhecimento, mas eles também apresentam limitação de conhecimento, pois possuem uma mente finita, em virtude de serem parte da criação de Deus (1Pe 1.10-12).

C. A revelação futura será contrastada com o sofrimento presente

> Porque para mim tenho por certo que os sofrimentos do tempo presente não podem ser comparados com a glória a ser revelada em nós (Rm 8:18).

No futuro, seremos transformados e todas as deficiências físicas serão eliminadas, bem como os demais efeitos do pecado sobre nosso corpo, como doenças e envelhecimento. Além disso, em nossa habitação eterna, vamos nos encontrar com salvos de períodos diferentes da história da redenção — e nos reconheceremos!

Como tudo isso será possível? Será necessário que o próprio Deus nos revele, concedendo-nos a capacidade de nos identificar uns aos outros, assim como os discípulos reconheceram Moisés e Elias no monte da transfiguração (Mt 17.3). Brakel ensina que

---
31 Alcorn, op. cit., p. 210.

todos os que estarão no céu se reconhecerão mutuamente, pela divina revelação e pela contínua comunhão eterna que terão uns com os outros. Não haverá estranhos uns para os outros, nem considerarão a ninguém assim, pois não haverá perda de memória. Ignorância é uma fraqueza e, lá, não haverá imperfeição. A comunhão mútua será perfeita naquele lugar; não será empenhada na ignorância, mas em sua capacidade de reconhecer.[32]

Jó nos revela que sua esperança se fundamenta no fato de que "o meu Redentor vive e por fim se levantará sobre a terra. Depois, revestindo este meu corpo, da minha pele, em minha carne verei a Deus" (Jó 19.25-26). Em meio a perdas, sofrimentos físicos e injustas acusações, em vez de se entregar a desafetos e à amargura, declara o motivo de seu conforto, que não se limita à ressurreição, mas estabelece-se em seu redentor, que vive e a quem poderá ver face a face.

O estado eterno de toda a criação, inclusive o nosso, que seremos glorificados, será, em alguma medida, uma existência de continuidade com a criação original (2Pe 3.8-13; Ap 21.1-4). Segundo Wayne Grudem,

> seremos capazes de continuar por toda a eternidade aprendendo mais sobre Deus e sobre seu relacionamento com sua criação. Desse modo, prosseguiremos no processo de aprendizado iniciado nesta vida, em que uma vida "para seu inteiro agrado" é a que inclui constante crescimento "no pleno conhecimento de Deus" (Cl 1.10).[33]

---

32 Brakel, op. cit., p. 361.
33 Grudem, op. cit., p. 992.

Como parte do propósito para o qual fomos criados, continuaremos no processo de conhecer a Deus.

E. A revelação futura não dispensará o conhecimento passado

A memória dos remidos deverá permanecer neles. Ela não será apagada, como alguns imaginam. Se houvesse o cancelamento das coisas passadas, então nos esqueceríamos do que aconteceu em termos de pecado e de redenção em nós e, portanto, esqueceríamos também a obra e a pessoa do Redentor. O que conheceremos no estado de glorificação não anulará o que aprendemos no tempo presente. Então, surge a seguinte questão: quando estivermos no Novo Céu e na Nova Terra, teremos lembrança de quem fomos aqui, de nossos parentes e amigos, das coisas boas e tristes que ocorreram conosco? Será que a Escritura nada tem a nos dizer acerca disso?

Este estudo não se refere à memória dos salvos ou condenados durante o estado intermediário, comumente chamado céu e inferno, mas ao seu estado eterno, após o juízo final. Assim, pelas evidências bíblicas, sabemos que aqueles que estão no céu ou no inferno usufruem de consciência e memória de seus sofrimentos, clamando, dia e noite, para que Deus manifeste sua justiça sobre os ímpios (Lc 16.19-31; Ap 6.9-11).

No entanto, alguns afirmam que, após o juízo final, não haverá recordação dos eventos passados. Concluem que, quando Deus estabelecer definitivamente a realidade do Novo Céu e da Nova Terra, anulará toda lembrança que envolve sofrimento. Um escritor afirmou que "sequer recordaremos deste velho mundo a que chamamos terra (...) não poderemos, ainda que o queiramos. Simplesmente não virá às nossas mentes".[34] De modo semelhante, Millard Erickson diz:

> Poderíamos deduzir que não recordaremos de nossos fracassos, dos pecados passados, nem das pessoas amadas que perdemos, pois isso introduziria uma pena que é incompatível com a assertiva de que "Deus enxugará toda lágrima dos seus olhos; e não mais haverá a morte, nem pranto, nem clamor ou dor, porque as primeiras coisas passaram" (Ap 21.4).[35]

Erickson crê que haverá completa descontinuidade de conhecimento entre o tempo presente e o futuro. Seria como se Deus simplesmente apagasse a memória dos glorificados, fazendo-os esquecer de tudo o que se refere ao sofrimento em seu estado decaído e desfazendo toda relação mental com aqueles que foram condenados à punição eterna, cancelando, desse modo, suas recordações acerca de quem eram ou dos vínculos afetivos que tiveram anteriormente. Erickson ainda acredita que saber que seus amados não desfrutarão da vida celestial causaria um sofrimento desnecessário e impróprio, pois esse estado eterno seria somente de satisfação na presença gozosa do Senhor Deus. Esse pensamento, porém, não condiz com o ensino das Escrituras, defendendo a premissa equivocada de que a lembrança dos efeitos do pecado será anulada naquele estado de glória.

O fato é que não há na Escritura um ensino claro de que Deus apagará a memória dos salvos que estão no céu, nesse tempo intermediário; nem mesmo há indicação bíblica de que, no futuro, os glorificados não terão memória das coisas passadas.

---

34 Salem Kirban. *What is Heaven like?* Huntingdon Valley, Second Coming, 1991, p. 8.
35 Millard Erickson. *Teología sistemática*. 2 ed. Barcelona: Editorial CLIE, 2008, p. 1.236.

Memória e identidade mantêm relações inseparáveis. O que Carter Lindberg afirma acerca da memória no tempo presente também pode ser declarado para os que estarão no estado de glorificação, ou seja, a "perda da memória não é apenas a ausência de 'fatos' — é a perda da identidade pessoal, familiar, dos amigos e de todo o complexo de significados da vida".[36] Deus ressuscitará uns e transformará outros, mas a glorificação não anulará a identidade essencial de ninguém. Os ressurretos serão funcionalmente perfeitos em todas as suas faculdades.

Será que, na perfeita eternidade, seremos menos inteligentes do que no presente tempo, afetado pelo pecado?

Wayne Grudem, comentando 1Coríntios 13.12, interpreta que Paulo "diz apenas que conheceremos de modo mais completo ou intenso, 'como também somos conhecidos', ou seja, sem nenhum erro nem interpretação incorreta em nosso conhecimento".[37] O discernimento e a sabedoria serão dominantes em nosso senso crítico, e nós conheceremos perfeitamente com a mente de Cristo.

Após a glorificação, teremos uma inteligência que será capaz de assimilar e relacionar as informações entre si. E mais: será uma inteligência emocional glorificada. Não estaremos mais sujeitos a afeições pecaminosas, nem tenderemos a sentimentos desordenados. Desse modo, a memória não será instigada com emoções corrompidas por vingança, amargura, insatisfação, trauma ou algo que possa causar sofrimento como neste tempo presente. Mesmo que nos lembremos de situações entristecedoras, eventos dolorosos e pecados vergonhosos, essas recordações não produzirão depressão nem suscitarão traumas; essas lembranças tão somente exaltarão a misericórdia de Deus!

---

36 Carter Lindberg. *Uma breve história do cristianismo*. São Paulo: Edições Loyola, 2008, p. 15.
37 Wayne Grudem. *Teologia sistemática*. São Paulo: Edições Vida Nova, 1999, p. 994.

No estado futuro, o corpo será glorificado como o de nosso Senhor Jesus (1Co 15.35-49). Embora houvesse descontinuidade da aparência afetada pelas consequências do pecado e da terrível tortura sofrida antes e durante a crucificação, podemos perceber que a mente de nosso Senhor permaneceu intacta após a ressurreição. Ele sabia, recordava e ainda repreendeu os discípulos por não crerem naquilo que havia ensinado antes de ser preso. No céu,[38] os filhos de Deus têm sua memória preservada, então por que devemos crer que, no Novo Céus, essas lembranças deixarão de existir?

Lemos nas Escrituras que, no céu, os redimidos estão louvando a Deus e cantando "Santo, Santo, Santo é o Senhor Deus, o Todo-Poderoso, aquele que era, que é e que há de vir" (Ap 4.8).[39] Em sua visão, o apóstolo João descreve que,

> quando ele abriu o quinto selo, vi debaixo do altar as almas daqueles que haviam sido mortos por causa da palavra de Deus e do testemunho que deram. Eles clamavam em alta voz: 'Até quando, ó Soberano santo e verdadeiro, esperarás para julgar os habitantes da terra e vingar o nosso sangue?' Então cada um deles recebeu uma veste branca, e foi-lhes dito que esperassem um pouco mais, até que se completasse o número dos seus conservos e irmãos, que deveriam ser mortos como eles (Ap 6.9-11).

---

38 A Escritura ensina que o céu é o lugar, em um estado intermediário, onde as almas dos salvos permanecerão até o dia do juízo final.

39 Em 1546, Felipe Melanchton pronunciou um discurso em memória ao falecido Martinho Lutero. Nessa preleção, ele disse: "Recordemos com grande deleite como [Lutero] narrou a trajetória, os conselhos, os perigos e aventuras dos profetas, e a erudição com que dissertou sobre os períodos da Igreja, mostrando, dessa forma, que estava ardendo com uma paixão extraordinária por esses homens maravilhosos. Agora eles o recebem com alegria, como um companheiro, e agradecem a Deus com ele por tê-los reunido e preservado a Igreja" (Robertson W. Nicoll. *Reunion in Eternity*. New York: George H. Doran Publishers, 1919, pp. 117-118.

Essa passagem aponta para a consciência que os remidos têm das coisas passadas que lhes acometeram por causa de sua submissão ao Evangelho de Cristo. Eles não estão invocando algo que não sabem, nem clamando por alguma coisa que não recordam!

A perda de memória afetaria os motivos de gratidão e de louvor a Deus. Eles adorariam a Deus por tão grande salvação, ou pelos livramentos, e ainda pela providência nas necessidades, ou pelo conforto em meio à dor, às perseguições e à humilhação desmedida? A história exemplifica o testemunho de milhares de mártires que viveram e morreram cantando em adoração fiel a Cristo Jesus.

Devemos considerar que a perda de memória de tudo o que viveram e de seus conhecidos também seria uma forma de sofrimento. Aqueles que convivem com pessoas que padecem da doença de Alzheimer sabem quanto é dolorosa a anulação de suas lembranças, porque isso envolve a anulação de sua identidade e de seus vínculos afetivos. A memória preservada poderá trazer algum sofrimento inicial, mas nós seremos suficientemente confortados na Nova Terra. A lembrança dos eventos dolorosos será interpretada à luz da providência de Deus. Ali, entenderemos tudo o que o Senhor quiser nos revelar, pois, por enquanto, somos incapazes disso.

A ausência das pessoas amadas será aceita por submissão à soberania de Deus (Rm 9.1-18; 11.33-36). Nossa percepção da justiça de Deus será perfeita, em contraste com a perversidade de seus pecados contra a divina santidade, e sua consequente e merecida condenação eterna.

Nesse aspecto, se o amor por nossos familiares e amigos for maior do que o amor e o temor pelo Senhor, isso significa que estamos em desalinho com o propósito de Deus. Os maiores motivos de consolo diante de possíveis lembranças tristes será uma visão gloriosa, bem como a gozosa presença e a comunhão perfeita de Deus (Ap 22.1-4). Jonathan Edwards sustentou que "a felicidade do [Novo] Céu é progressiva, apresentando vários estágios, com um avanço novo e glorioso, que consiste em contemplar as manifestações que Deus fez de si mesmo na obra da redenção".[40] Todos os salvos de todas as épocas se reconhecerão porque Deus revelará a identidade de cada um deles.

Não há motivo para temermos as lembranças no Novo Céu e na Nova Terra. Tudo o que lembrarmos em perfeito estado de glorificação, sem conflito ou desordem, será conforme a finalidade para a qual fomos primeiramente criados: a glória do Senhor!

F. A revelação futura não ELIMINARÁ a cultura do passado

A cultura é formada de valores e conhecimento acumulado. A providência de Deus manifesta conhecimento por meio da revelação geral, da revelação especial e da imagem de Deus ainda presente no homem. Sabemos que a beleza, a tecnologia, a justiça, a arte, bem como outras manifestações da cultura, resultam dos atributos de Deus, apesar das consequências danosas do pecado neste mundo.

Todas as coisas boas que aprendemos neste mundo serão úteis para o desenvolvimento de uma cultura futura, em que faremos coisas ainda melhores, pois não haverá nada em nosso ser interior que obste os costumes de serem absolutamente santos. A cultura passada, hoje ainda debaixo do pecado, se manifestará pura e perfeita após a conclusão da redenção. Seus princípios fundamentais serão os mesmos. No entanto, ela será expurgada de tudo que traz mancha hoje.

---

40 John Gerstner. *Jonathan Edwards on Heaven and Hell*. Grand Rapids: Baker Books, 1980, p. 24.

A revelação de Deus codificada em cultura não será desprezada na Nova Terra. Stephen Travis observa que

> a Bíblia fala da transformação deste mundo mais do que de sua destruição e Paulo fala, em 1Coríntios 15, da continuidade de nossa personalidade na morte e na ressurreição. Há uma continuidade paralela do que chamamos, em termos amplos, de cultura. Apocalipse 21.26-27 diz: "E lhe trarão a glória e a honra [em outra tradução: a grandeza e as riquezas] das nações. Nela, nunca jamais penetrará cousa alguma contaminada". Isso sugere que, porque Deus é um Deus criativo que afirma a bondade do mundo que ele fez, não vai simplesmente apagar toda a riqueza da arte, da beleza e da inventividade humana. Na economia de Deus, nada é desperdiçado. Todo trabalho criativo de homens e mulheres que reflete a criatividade abundante de Deus será levado adiante no mundo transformado. Podemos somente adivinhar como será. Mas isso nos diz alguma coisa sobre como Deus valoriza o trabalho criativo de homens e mulheres — com muito sofrimento e um grande custo pessoal. E é outro sinal de que o mundo porvir não é uma existência descolorida, sombria, mas um mundo totalmente digno de seu Criador.[41]

Não sabemos exatamente em que medida haverá continuidade da complexa cultura de todos os povos. Entretanto, podemos deduzir que "o melhor da cultura, da história, da arte, da música e dos idiomas da primeira Terra será redimido, purificado e levado para a Nova Terra".[42]

---

41 Stephen Travis. *Creio na segunda vinda de Jesus*. Campinas: LPC, 1990, p. 177.
42 Alcorn, op. cit., p. 261.

Os salvos não perderão seus dons no estado de glória. Hoekema declara que,

> na vida vindoura (...) os dons se desenvolverão de uma forma sem pecado, e serão usados para produzir novos produtos culturais para a eterna glória do nome de Deus, e Cristo, que é a luz da cidade, levará toda a produção cultural a seu serviço, para a glória de seu Pai.[43]

A continuidade dos dons no estado de perfeição terá sua utilização potencializada.

As diferentes culturas terão sua beleza continuada, revelando a glória de Deus. João nos revela: "vi, e eis grande multidão que ninguém podia enumerar, de todas as nações, tribos, povos e línguas, em pé diante do trono e diante do Cordeiro, vestidos de vestiduras brancas, com palmas nas mãos" (Ap 7.9). As características culturais dos povos serão preservadas na ressurreição, de modo a preservar suas diferenças.

Ao criar o homem, Deus projetou a cultura para que fosse, inevitavelmente, produzida em obediência ao pacto. Hoekema afirma que,

> no princípio, foi dado ao homem o assim chamado mandato cultural — o mandato de governar a terra e de desenvolver uma cultura que glorifique a Deus. Como o homem caiu em pecado, esse mandato cultural nunca foi consumado da forma como Deus exigiu, e somente na Nova Terra será consumado perfeitamente e sem pecado. Somente então, poderemos governar a terra de maneira apropriada.[44]

---

[43] Anthony Hoekema apud Alcorn, op. cit., p. 262.
[44] Hoekema apud Alcorn, op. cit., p. 285.

O homem, tendo restaurada a imagem de Deus, poderá cumprir o que, originalmente, lhe foi ordenado, desfrutando a perfeita comunhão com Deus — e essa intimidade produzirá maior conhecimento nele. No Novo Céu, a cultura será afetada imediatamente pelo conhecimento de Deus. Cornelius Venema assinala que

> cada fruto excelente e legítimo da cultura humana será levado e contribuirá para o esplendor da vida na nova criação. Por mais que a nova criação seja um novo começo radical, em que todos os frutos nobres e excelentes do cumprimento do mandato cultural para a humanidade sejam completamente descartados, ela se beneficiará deles e será imensamente enriquecida ao receber tais frutos.[45]

A cultura deverá continuar e seguir em desenvolvimento sob a luz e a glória dos atributos de Deus. A percepção de quem o Senhor Deus é produzirá maior gozo e amor por ele, e a humanidade glorificada viverá e produzirá uma cultura redimida a partir dessa satisfação e do mais perfeito conhecimento.

---

45 Cornelius Venema.apud Alcorn, op. cit., p. 286.

CAPÍTULO 14: ESTRUTURA

ANÁLISE DE TEXTO: ROMANOS 11.33-36

1. A ADMIRAÇÃO DIANTE DA PROFUNDIDADE DAS RIQUEZAS DE DEUS
   A. As riquezas de Deus podem ser vistas *quantitativamente*
   B. As riquezas de Deus podem ser vistas *qualitativamente*
      I. A profundidade da riqueza de Deus é qualitativa em sua sabedoria
      II. A profundidade da riqueza de deus é qualitativa em seu conhecimento

2. A ADMIRAÇÃO DIANTE DA INSONDABILIDADE DA REVELAÇÃO DIVINA
   A. O que são os juízos de Deus?
   B. Em que sentido os juízos são insondáveis?

3. A ADMIRAÇÃO DIANTE DA INESCRUTABILIDADE DA REVELAÇÃO DIVINA
   A. Os caminhos de Deus são inescrutáveis porque são diferentes dos nossos caminhos
   B. Os caminhos de Deus são inescrutáveis porque são mais altos do que nossos caminhos
      I. Os caminhos altos são os mais difíceis
      II. Os caminhos altos são desconhecidos
   C. Os caminhos de Deus são inescrutáveis porque são caminhos estreitos

4. A ADMIRAÇÃO DIANTE DA PROFUNDIDADE DA MENTE DO SENHOR

5. A ADMIRAÇÃO DIANTE DA INCOMPARABILIDADE DA REVELAÇÃO DO SENHOR

6. A ADMIRAÇÃO DIANTE DA INICIATIVA De SUAS REVELAÇÕES

7. A ADMIRAÇÃO DIANTE DO PROPÓSITO DAS REVELAÇÕES
    A. Deus indica *a procedência* de tudo o que acontece
    B. Deus indica *o modo* como tudo acontece
    C. Deus indica *o propósito* de tudo o que acontece

8. A ADMIRAÇÃO CÚLTICA DIANTE DAS REVELAÇÕES

APLICAÇÕES

CAPÍTULO 14
A REVELAÇÃO VERBAL É ADMIRÁVEL!

Este capítulo final nasceu após a oitiva de uma pregação feita por um colega do Andrew Jumper sobre o texto de Romanos 11.33-36, que abriu nossos olhos para o aspecto da revelação verbal. Nessa passagem, Paulo manifesta seu encantamento diante da grandeza das revelações de Deus!

A história gerada por Deus aponta para a sua glória! Todos os modos de revelação usados por Deus acabam conduzindo para a exaltação diante de suas maravilhas! Paulo não foi diferente quando percebeu a maneira gloriosa como Deus dirige a história redentora dos homens. Então, ele prorrompeu num cântico que está registrado nos seguintes versos:

> Ó profundidade da riqueza, tanto da sabedoria como do conhecimento de Deus! Quão insondáveis são os seus juízos, e quão inescrutáveis, os seus caminhos! Quem, pois, conheceu a mente do Senhor? Ou quem foi o seu conselheiro? Ou quem primeiro deu a ele para que lhe venha a ser restituído? Porque

dele, e por meio dele, e para ele são todas as coisas. A ele, pois, a glória eternamente. Amém!" (Rm 11.33-36).

Depois de trabalhar com o pecado humano, a rejeição e a redenção dos judeus nos dias finais, Paulo inicia uma doxologia que exalta os majestosos atributos divinos expressos em sua sabedoria (*sophia*) e conhecimento (*gnosis*).

Podemos usar muitas expressões quando contemplamos as obras de Deus e as maneiras que ele usa para revelar suas verdades: espanto, encantamento, estupefação ou admiração! Pessoalmente, prefiro a última, mas todas elas deveriam ser usadas em conjunto, pois nenhuma, isoladamente, é capaz de traduzir o que Paulo realmente sentiu quando escreveu essas palavras, depois de meditar nas muitas revelações que o Senhor lhe deu.

1. A ADMIRAÇÃO DIANTE DA PROFUNDIDADE DA RIQUEZA DE DEUS

Rm 11.33a: "Ó profundidade da *riqueza*"

O que significa o termo "profundidade"? A profundidade é algo tão indescritivelmente inalcançável que simplesmente inspira o apóstolo. Quando ele perscruta os desfiladeiros das riquezas da sabedoria e do conhecimento de Deus, exclama: *Oh!*, apontando para a natureza indescritível daquilo que estava observando.

As revelações de Deus a Paulo foram profundas, ou seja, foram insondáveis em sua profundeza. Via de regra, as coisas profundas são insondáveis. Por isso, escrevendo aos Efésios, Paulo fala das "insondáveis riquezas de Cristo" (Ef 3.8).

A expressão *profundidade da riqueza* aponta para um suprimento inexaurível das riquezas de Deus. Deus não é pobre em sentido algum. Ele tem tudo em abundância: sua bondade, sua tolerância e sua longanimidade são uma riqueza (Rm 2.4); sua graça é uma riqueza (Ef 1.7); sua misericórdia é uma riqueza (Ef 2.4). Deus é abundante em tudo o que, essencialmente, possui. Por essa razão, também sua sabedoria é uma profunda riqueza!

Por isso, podemos comparar o termo *profundidade* com o termo *grandeza* no que diz respeito às revelações divinas. Depois de receber coisas inefáveis, Paulo disse:

> E, para que não me ensoberbecesse com a *grandeza* das revelações, foi-me posto um espinho na carne, mensageiro de Satanás, para me esbofetear, a fim de que não me exalte (2Co 2.7).

A. As riquezas de Deus podem ser vistas quantitativamente

Essas riquezas de Deus podem ser vistas quantitativamente, em virtude de suas posses, e são observadas na criação.

Deus é rico sem dever nada

Você pode emprestar muito dinheiro e parecer rico com esse dinheiro, mas está em débito; por isso, não pode dizer que é rico. Com Deus, as coisas são bem diferentes!

Deus dá todas as coisas aos homens, mas suas doações não diminuem sua riqueza! Quanto mais ele dá, mais tem! Paulo diz que Deus tem tudo e que ninguém deu nada a ele, ninguém repôs o que ele deu (v. 35). Deus é rico por natureza. Ele não pode ser menos que rico porque tudo o que existe é dele e vem dele.

Ninguém pode compensar Deus com alguma coisa. Ninguém pode deixar Deus debaixo de qualquer obrigação com o homem.

Se o homem pudesse dar a Deus alguma coisa, Deus se tornaria devedor dele. Entretanto, Deus nunca é devedor de ninguém, porque ninguém é credor dele.

Esse é um raciocínio a que poucos chegam, pois, em geral, a teologia evangélica faz do homem uma espécie de "cooperador" de Deus, especialmente nas coisas soteriológicas. Contudo, é uma injustiça tornar Deus dependente de nossa cooperação. Quando Paulo conclui os capítulos 8-11 de Romanos, prorrompe em cânticos, pois Deus não deve nada a ninguém. Ele faz o que faz por causa de sua vontade inclinada à sua criação caída!

Ilustração: Ouvi alguém perguntar sobre como ajudamos os outros, dando dízimo e ofertas, e sempre temos o suficiente para nós. Então, outra pessoa respondeu: À medida que abro minha mão para dar liberalmente àqueles que necessitam, Deus abre a sua mão para me dar aquilo de que eu preciso, e a mão dele é maior do que a minha.

> E o meu Deus, segundo a sua riqueza em glória, há de suprir, em Cristo Jesus, cada uma de vossas necessidades (Fp 4.19).

Deus é o provedor de todas as coisas para os homens e para o mundo, mas sempre continua rico, porque tudo o que temos continua sendo dele e para ele. Por isso, ele não se exaure em sua riqueza. Nós podemos fazer uso da riqueza que ele nos dá, mas tudo continua a pertencer a ele.

Deus provê cada uma de nossas necessidades, mas ele fica com tudo. Recebemos abundantemente de Deus, e a ele nunca falta nada, porque ele é a causa e a fonte de todo bem. Ele produz os recursos porque faz com que venham à existência de modo miraculoso, além daqueles que ele já proveu na natureza. Deus tem uma grande mão que nos dá abundantemente, e nunca lhe falta nada nem diminui sua riqueza.

Quando damos abundantemente "nosso" dinheiro para o bem do reino, não estamos fazendo nada além de devolver o que pertence a Deus. Somos apenas mordomos das riquezas de Deus, com as quais ele nos contempla. Tudo vem dele, por ele e para ele. Por essa razão, ele não deve nada a ninguém!

Quando nos tornamos ricos por sua graça, somos ainda mais devedores dele. Deus é rico, sem dever nada a ninguém! Tudo o que ele tem foi o que trouxe à existência. Ninguém é capaz de ser rico dessa maneira! De forma diferente, todos os homens que enriquecem devem sua riqueza a Deus, porque dependem em tudo dele. Deus é o provedor de tudo e de todas as coisas!

Deus é rico porque possui tudo

Deus possui tudo o que existe. Uma das expressões mais familiares dessa verdade se encontra em Salmos 24.1: "Do Senhor é a terra e a sua plenitude, e tudo o que nela se contém". De modo semelhante, Moisés já havia dito: "Eis que os céus e os céus dos céus são do Senhor teu Deus, a terra e tudo o que nela há" (Dt 10.14).

Não somente Deus possui a terra e tudo o que nela existe, incluindo você, como também possui as riquezas do espaço e os céus além dos céus, com todos os exércitos de seres celestiais. Em outras palavras, nada existe fora de Deus que não pertença a ele. A riqueza humana, comparada com a riqueza de Deus, é ridiculamente pequena, e Deus se ri dela. Os homens mais ricos do mundo são ridículos em sua riqueza em comparação com Deus.

No entanto, os cristãos são mais ricos do que os homens deste mundo, porque são filhos de Deus. Portanto, conclui Paulo, "se somos filhos, somos também herdeiros de Deus e coerdeiros com Cristo, para que também com ele sejamos glorificados" (Rm 8.17).

Deus é rico porque faz tudo

Deus é rico não somente porque possui tudo, mas ele possui tudo porque faz tudo. "No princípio criou Deus os céus e a terra" (Gn 1.1; cf. Sl 8.3; 104.24). Deus é rico no sentido de que todas as coisas "foram feitas por intermédio dele e, sem ele, nada do que foi feito se fez" (Jo 1). Ele trouxe todas as coisas à existência sem que antes existisse nada. Do nada, Deus fez tudo. Isso é quase incompreensível.

Você nunca poderá ser rico porque jamais poderá produzir coisa alguma a partir do nada. Sua riqueza é limitadíssima, pois sua capacidade de criar é nula se você não tiver material preexistente. Deus não somente é rico porque cria as coisas, como também as cria a partir do nada. Deus faz tudo sem dispor de material preexistente e faz coisas espantosas com o material que ele próprio criou. Quão rico é o nosso Deus!

> B. As riquezas de Deus podem ser vistas *qualitativamente*

A riqueza de Deus pode ser vista não somente quantitativamente, mas também *qualitativamente*.

Em Romanos 11.33-36, esse aspecto da riqueza de Deus tem uma conotação diferente, pois vai além das coisas criadas. Paulo exulta em dois atributos divinos pelos quais ele é mais rico ainda. A riqueza de Deus mencionada por Paulo tem dois aspectos aos quais, em geral, os homens não dão valor.

A riqueza de Deus não é somente porque ele possui tudo, e possui tudo porque faz tudo; ele faz tudo porque conhece tudo de forma infinita e é infinitamente sábio em tudo que faz.

Em Deus e em seu Filho Jesus Cristo, estão ocultos todos os tesouros de conhecimento e sabedoria (Ef 3.8). Deus tem porque faz, e faz e tem pelo que ele é. A existência do universo e todas as suas obras são uma pequena amostra da infinitude da sabedoria e do conhecimento de Deus.

Deus não precisava criar nada, nem possui nada para ser rico. Ele é rico em si mesmo, de infinito valor. Ele não precisava fazer nada do que fez para ter prazer. Ele simplesmente existe trinitariamente e se basta no que é. Todavia, ele resolveu exibir sua riqueza às suas criaturas racionais, para que conheçam a imensidão de sua sabedoria e de seu conhecimento.

Deus fala com frequência de sua riqueza: "riqueza da sua graça" (Ef 1.7); "riqueza da sua bondade" (Rm 2.4); "riqueza da sua glória em vasos de misericórdia" (Rm 9.23); "riqueza da sua glória no mistério de Cristo, a esperança da glória" (Cl 1.27), mas aqui ele fala da riqueza de seu conhecimento e de sua sabedoria (Rm 11.33).

Qual é a diferença entre sabedoria e conhecimento?

Algumas vezes, esses dois termos são indistintos. Todavia, outras vezes, são ligeiramente diferentes. O *conhecimento* tem a ver com a consciência dos fatos, enquanto a *sabedoria* está associada à consciência de como usar os fatos para atingir seus alvos.

Esta é a coisa principal: Deus é rico pelo que ele é, e não somente pelo que mostra. No entanto, ele nos dá um vislumbre de sua riqueza para que nós o amemos, o admiremos e creiamos nele.

I) A profundidade da riqueza de Deus é qualitativa em sua sabedoria

Rm 11.33b: "Ó profundidade da riqueza, *tanto da sabedoria...*"

A riqueza de Deus manifesta-se qualitativamente em sabedoria. Sua sabedoria é uma riqueza profunda que jamais pode ser atingida pelo homem em sua plenitude.

A sabedoria de Deus, entre outras coisas, é o atributo por meio do qual ele realiza todas as coisas da melhor forma e com o mais elevado dos propósitos, dispondo dos melhores meios.

Sua sabedoria concentra-se em realizar tudo para sua própria honra e glória. Nada escapa desse seu propósito último, seja nas coisas agradáveis que ele traz à existência, seja nas coisas desagradáveis que surgem em nosso meio. Tudo concorre sabiamente para a glória do grande Sábio e Conhecedor de tudo! Sua sabedoria manifesta-se nas obras de sua providência, e Deus afirma que também é bastante profunda.

Paulo afirma, com todas as letras, que a sabedoria de Deus é profunda. Deus é infinitamente conhecedor e infinitamente sábio. Isso quer dizer que ele sempre foi, é e será capaz de conceber e executar todos os planos que tem estabelecido para este mundo, inclusive o de nossa redenção. Ele sabe como usar todos os fatos e guiar todos os eventos do universo para alcançar o melhor propósito, ou seja, para exibir a plenitude de sua glória, que é proclamada na adoração de todos os que foram remidos pelo sangue de Cristo.

Toda a riqueza profunda de sabedoria e conhecimento está escondida em Cristo (Cl 2.3), porque não somente ele é o Criador e sustentador de todas as coisas, como também "é antes de todas as coisas e nele tudo subsiste" (Cl 1.16-17).

A sabedoria de Deus está finalmente no próprio Cristo, crucificado e ressurreto, aquele que foi escândalo para os judeus e loucura para os gentios; para nós, os remidos, ele é o poder de Deus e a sabedoria de Deus (1Co 1.23-24): "Ó profundidade da riqueza!"

O conhecimento de Deus também está finalmente em Cristo Jesus. Todos os fatos e eventos surgem dele, são sustentados por ele e apontam para ele. Ele é o sumo de todo o conhecimento. Não há nenhum conhecimento verdadeiro que não esteja relacionado a Jesus Cristo.

Que Deus seja gracioso em revelar a você alguma coisa de Jesus Cristo, em quem estão escondidos todo o conhecimento e toda a sabedoria de Deus! Somente então, você perceberá quão profunda é a riqueza de Deus, e adorará devidamente ao Deus triúno.

Análise de Texto: Visto como, na sabedoria de Deus, o mundo não o conheceu por sua própria sabedoria, aprouve a Deus salvar os que creem pela loucura da pregação. Porque tanto os judeus pedem sinais como os gregos buscam sabedoria; mas nós pregamos a Cristo crucificado, escândalo para os judeus, loucura para os gentios; mas para os que foram chamados, tanto judeus como gregos, pregamos a Cristo, poder de Deus e sabedoria de Deus. Porque a loucura de Deus é mais sábia do que os homens; e a fraqueza de Deus é mais forte do que os homens (1Co 1.21-25).

Esse texto de Coríntios é muito importante porque aponta para a impotência humana em conhecer Deus em sua sabedoria, mostrando quão abaixo dos padrões divinos está a sabedoria dos homens.

A qualidade profunda da sabedoria de Deus não pode ser conhecida pelo mundo

1Co 1.21: "Visto como, *na sabedoria de Deus, o mundo não o conheceu por sua própria sabedoria,* aprouve a Deus salvar os que creem pela loucura da pregação".

Se a pessoa de Deus não pode ser conhecida pela sabedoria dos incrédulos, então sua sabedoria também não pode.

A sabedoria do mundo não dispõe de elementos para que o homem conheça a sabedoria de Deus. É uma impossibilidade a sabedoria de Deus ser conhecida pelos que detêm unicamente a sabedoria do mundo!

A sabedoria de Deus é inatingível pelas qualidades do homem natural, por mais inteligente que ele seja; a sabedoria de Deus é inalcançável pela alma dos que não são remidos, pois faz parte das profundezas da riqueza de Deus. Trata-se de um dom que Deus dá àqueles em quem ele internaliza sua revelação objetiva.

A qualidade profunda da sabedoria de Deus não é buscada pelo mundo

1Co 1.22: "Porque tanto os judeus pedem sinais como os gregos buscam sabedoria"

Não apenas a sabedoria de Deus não pode ser conhecida pelo mundo, como também o mundo (que procura tanta sabedoria) não tem intenção de buscá-la.

Os gregos [gentios] buscam sabedoria, mas uma sabedoria de outra natureza, mundana, uma sabedoria que não reflete a sabedoria de Deus.

No dizer de Tiago, a sabedoria que o mundo busca tem uma procedência bem diferente da sabedoria divina. Por sua procedência, podemos afirmar, categoricamente, que essa sabedoria buscada pelos gentios "não é a sabedoria que desce lá do alto; antes, é terrena, animal e demoníaca" (Tg 3.15).

Na linguagem de Tiago, de forma contrária à humana, "a sabedoria, porém, lá do alto é, primeiramente, pura; depois, pacífica, indulgente, tratável, plena de misericórdia e de bons frutos, imparcial, sem fingimento" (Tg 2.17). Essa é a sabedoria que Deus compartilha, em alguma medida, com aqueles a quem ele redime!

A qualidade profunda da sabedoria de Deus é expressa eminentemente em Cristo

1Co 1.23-24: "mas nós pregamos a Cristo crucificado, escândalo para os judeus, loucura para os gentios; mas para os que foram chamados, tanto judeus como gregos, *pregamos a Cristo*, poder de Deus *e sabedoria de Deus*".

Jesus Cristo é não somente o poder de Deus, mas também a sabedoria de Deus. Não há maneira mais eficiente de Deus exibir sua sabedoria do que *em, com* e *através de* Jesus Cristo.

Os homens judeus veem Cristo crucificado como escândalo, enquanto os homens gregos o veem como loucura. Por que essas cosmovisões judaica e gentílica eram tão distintas da cosmovisão dos cristãos? Porque a cruz tinha um significado bem diferente para todos eles. O Jesus morto na cruz era escândalo para os judeus porque era sinal de maldição divina; o Jesus morto na cruz para os gentios é loucura porque um morto não é um vitorioso, mas um derrotado. Por outro lado, a visão que os cristãos têm dele é totalmente diferente, porque eles conseguiram enxergar em Cristo o que os outros ainda não conseguem. Para eles, Cristo é "sabedoria de Deus".

Para os cristãos, a cruz tem um significado muito diferente: o Jesus morto representava a morte e o pagamento que eles deviam a Deus. Deus tornou a loucura e o escândalo uma manifestação do poder e da sabedoria de Deus! Como? Tornando a morte de Jesus o único meio para haver redenção de pecadores sem ferir a santidade e a justiça de Deus. Isso é sabedoria divina!

Nesse sentido é que Jesus é sabedoria de Deus para os cristãos! A morte de Jesus foi uma sabedoria inédita que entrou no mundo. A morte do Filho de Deus foi um evento jamais esperado. Ninguém podia imaginar que aquele espetáculo da cruz fosse a maior demonstração da sabedoria divina!

Portanto, Jesus Cristo não somente prega a sabedoria de Deus, como também nele essa sabedoria toma forma. Jesus Cristo não somente revela a Palavra de Deus; ele próprio é essa Palavra (verbo) que tomou a forma de homem, pelo que ele foi crucificado e, no terceiro dia, ressurgiu dos mortos. Hoje, essa Sabedoria de Deus está exaltada ao lado do Pai.

A qualidade profunda da sabedoria de Deus é insuperavelmente maior do que a dos homens

1Co 1.25: "Porque a loucura de Deus é mais sábia do que os homens; e a fraqueza de Deus é mais forte do que os homens".

Paulo usa uma linguagem de comparação para tornar ainda maior a sabedoria de Deus em contraste com a sabedoria dos homens. Ele usa duas expressões: "loucura de Deus" e "fraqueza de Deus"

Quanto à expressão "loucura de Deus", podemos dizer que a palavra grega traduzida como loucura é *mwro.n* [*moron*], que significa estupidez. A língua inglesa provavelmente adotou essa palavra grega *moron* para denotar aquele que é idiota, tolo etc. Entretanto, Deus não pode ser caracterizado como um *moron*. Paulo usa a comparação para contrastar com a sabedoria dos homens, que é menor do que a suposta "loucura" de Deus.

Quanto à expressão "fraqueza de Deus", podemos dizer que a palavra grega traduzida como fraqueza é *avsqene.j* [*asthenes*],[1] que significa alguma coisa que é doentia, inexpressiva ou fraca. Obviamente, Deus não possui nenhum tipo de astenia, mas Paulo usa essa palavra para ressaltar que até mesmo uma suposta fraqueza em Deus é mais forte do que qualquer ser humano.

Deus é tão profundo, tão rico e tão maravilhoso em sua sabedoria que supera qualquer tipo de sabedoria neste mundo. Além disso, Deus é tão forte e poderoso que supera qualquer tipo de força neste mundo. Afinal de contas, tudo o que existe além de Deus é produto da criação divina. Portanto, o Criador não pode ter as mesmas coisas [como loucura e fraqueza] que sua criação possui. Loucura e fraqueza são aspectos próprios da finitude, enquanto a sabedoria suprema e a força suprema são próprias de quem possui a Infinitude!

Não obstante, Deus escolhe as coisas fracas e as coisas loucas deste mundo para confundir aqueles que se acham sábios e fortes (1Co 1.26-29). Ele transforma os fracos e os loucos, por sua graça, em pessoas sábias e fortes, restaurando sua imagem [por intermédio de Cristo], que neles foi altamente prejudicada pelo pecado.

APLICAÇÃO: Observe outro texto que trata abundantemente da sabedoria de Deus e ilustra o texto de 1Coríntios 1.21-25 em foco.

---

[1] No jargão da medicina, essa palavra grega aparece com muita frequência. Por exemplo, *miastenia* significa fraqueza muscular causadora de fadiga.

A minha palavra e a minha pregação não consistiram em linguagem persuasiva de sabedoria, mas em demonstração do Espírito e de poder, para que a vossa fé não se apoiasse em sabedoria humana, e sim no poder de Deus. Entretanto, expomos sabedoria entre os experimentados; não, porém, a sabedoria deste século, nem a dos poderosos desta época, que se reduzem a nada; mas falamos a sabedoria de Deus em mistério, outrora oculta, a qual Deus preordenou desde a eternidade para a nossa glória; sabedoria essa que nenhum dos poderosos deste século conheceu; porque, se a tivessem conhecido, jamais teriam crucificado o Senhor da glória (1Co 2.4-8).

A sabedoria de Deus contrasta com a sabedoria dos homens
1Co 2.6: Entretanto, expomos sabedoria entre os experimentados; *não, porém, a sabedoria deste século, nem a dos poderosos desta época*, que se reduzem a nada;"

Você não pode se esquecer de que Paulo vivia numa época em que o pensamento era dominado pela cultura grega. Homens sábios antecederam Paulo, viveram com ele e ele até foi educado aos pés de um deles, Gamaliel. Por essa razão, Paulo fala da sabedoria dos "poderosos desta época".

A sabedoria deste século [mundo], que é cantada pelos poetas e pelos cientistas, não passa de loucura diante de Deus. O que os homens veem como sábio, Deus vê como estultícia. É uma pena que os sábios deste mundo não tenham olhos para ver a si mesmos com os mesmos olhos que Deus os vê! Se tivessem olhos espirituais, eles se arrepiariam de sua estultícia.

Nunca o mundo havia sido dominado filosoficamente por um povo tão aplicado à sabedoria como a dos sábios gregos. Entretanto, a Escritura chama essa sabedoria do mundo de alguma coisa que é "reduzida a nada". Ela não vale nada em comparação com a sabedoria de Deus.

Observe o que Paulo diz acerca da sabedoria humana, quando contrastada com a sabedoria divina, no capítulo seguinte:

> Ninguém se engane a si mesmo: se alguém dentre vós se tem por sábio neste século, faça-se estulto para se tornar sábio. *Porque a sabedoria deste mundo é loucura diante de Deus*; porquanto está escrito: Ele apanha os sábios na própria astúcia deles. E outra vez: O Senhor conhece os pensamentos dos sábios, que são pensamentos vãos (1Co 3.18-20).

A sabedoria dos poderosos desta época, no dizer de Paulo, é "loucura diante de Deus". Quando Deus depara com a sabedoria humana, ele se ri dela, tão sem poder que ela é! Ela não protege os homens, pois Deus apanha os sábios "na própria astúcia deles"; os pensamentos deles são vãos, ou seja, não protegem ninguém, por sua ineficácia.

A sabedoria de Deus é um mistério oculto que foi parcialmente revelado

1Co 2.7a: "*mas falamos a sabedoria de Deus em mistério, outrora oculta, a qual Deus preordenou desde a eternidade para a nossa glória*"

(a) A sabedoria de Deus é um mistério

Deus está envolto em muitos mistérios. Se você começar a estudar quem é o Senhor dos Exércitos, vai se ver envolvido por intrincados mistérios: o mistério da Trindade, o mistério da encarnação, o mistério da redenção, todos mistérios que foram desconhecidos de muitos por séculos.

Até hoje, quando falamos desses mistérios aos homens, eles não conseguem entendê-los, pois ultrapassam a capacidade mental daqueles que estão sem a luz de Deus. Todos esses mistérios estão englobados no que a Escritura chama "sabedoria de Deus".

(b) A sabedoria de Deus é um mistério que estava oculto

Esse grande mistério esteve escondido na mente de Deus desde a concepção de seus planos. Por séculos na história, o mistério da sabedoria de Deus ficou escondido dos homens.

A sabedoria de Deus, que é manifestada em Cristo, foi um mistério que esteve vedado aos homens por muitos séculos. Isso significa que o plano para o envio de Cristo foi um plano eterno, que ficou em silêncio por muitos séculos, até chegar o tempo apropriado de se tornar manifesto.

(c) A sabedoria de Deus foi um mistério revelado

É verdade que, nos tempos do Antigo Testamento, tivemos um vislumbre da chegada de um Messias futuro, mas somente nos tempos do Novo Testamento entendemos que o Messias haveria de ser e de manifestar a sabedoria de Deus. O mistério que estava oculto nos séculos tornou-se revelado em Cristo.

No entanto, passaram-se séculos antes da revelação desse mistério. Cristo Jesus não foi revelado abruptamente. Ele foi revelado em tipos, símbolos e sombras das leis cerimoniais. Somente mais tarde, com a encarnação do Filho, é que o mistério tornou-se claramente revelado aos homens.

(d) A sabedoria de Deus foi um mistério proclamado

Quando Deus revelou seu mistério, que é Cristo, ordenou que esse mistério fosse proclamado. E foi a respeito dessa misteriosa sabedoria divina que Paulo falou aos crentes de Éfeso. Estes estavam recebendo, em termos teológicos, a maior boa-nova de que o mundo poderia ter notícia: Cristo era a sabedoria de Deus manifesta em pessoa e em suas palavras.

A sabedoria de Deus é um mistério ordenado desde a eternidade
1Co 2.7b: "mas falamos a sabedoria de Deus em mistério, outrora oculta, *a qual Deus preordenou desde a eternidade para a nossa glória*"

A sabedoria de Deus, manifesta neste mundo, é chamada "eterna" porque a sabedoria é um atributo eterno, como o próprio Deus. Se Deus é eterno, também eternos são seus atributos, que lhe são essenciais. Se a sabedoria lhe é essencial, ele nunca deixou de tê-la. Na história humana, percebemos que essa sabedoria foi demonstrada com um propósito específico: evidenciar nossa própria glória!

Em sua eterna sabedoria, Deus fez os planos para a criação, a queda e a redenção. Essas coisas ainda não são compreendidas por nós, mas foram ordenadas antes que o mundo existisse.

Paulo insiste em que está proclamando a sabedoria de Deus, e não a sabedoria deste mundo. Esta sabedoria é histórica, mas aquela é eterna. Ela existia somente na mente de Deus e, por não ser o tempo apropriado, ainda não se havia manifestado e, portanto, os homens não poderiam saber nada a seu respeito, pois ela estava eternamente oculta no coração de Deus.

Essa sabedoria era um eterno tesouro escondido, o qual, na plenitude dos tempos, foi mostrado aos homens remidos, para a própria glória deles. Não sabemos a razão última pela qual Deus faz o que faz, da forma como faz.

A sabedoria de Deus é um mistério desconhecido dos ímpios

1Co 2.8: "sabedoria essa que nenhum dos poderosos deste século conheceu; porque, se a tivessem conhecido, jamais teriam crucificado o Senhor da Glória".

Paulo insiste em comparar a sabedoria do mundo à sabedoria de Deus. A sabedoria suprema não pode ser captada pelos poderosos deste século. Mas quem são eles?

Talvez Paulo tivesse em mente as autoridades romanas, como Pôncio Pilatos, e as autoridades religiosas judaicas. Paulo está afirmando, em outras palavras, que a sabedoria dos políticos, acadêmicos, filósofos e até mesmo dos religiosos não era capaz de atingir a profundeza dos mistérios da sabedoria divina que foram revelados em Cristo. Por essa razão os gregos chamam essa sabedoria divina de "loucura" e "escândalo".

Por causa dos defeitos sérios em sua cosmovisão religiosa/filosófica, eles não conseguiram entender a razão para o Filho de Deus ter vindo ao mundo. Eles não conseguiam ver a si mesmos como Deus os via. Eles não tinham as lentes corretas para discernir as coisas do mundo espiritual e, por isso, rejeitaram a sabedoria de Deus. Então, o raciocínio de Paulo fecha o assunto de maneira fantástica! Ele diz: "Se os poderosos deste século tivessem conhecido a sabedoria de Deus em Cristo, jamais teriam crucificado o Senhor da Glória".

É curioso que Paulo use um título para Cristo que já era conhecido dos cristãos que sabiam alguma coisa do Antigo Testamento. Ele chama Jesus Cristo de "Senhor da Glória", como em Salmos 24.7, um título divino daquele que é a expressão maior da sabedoria de Deus. Na verdade, ele é a sabedoria encarnada que foi crucificada pela cegueira daqueles que possuíam a sabedoria deste mundo.

A sabedoria de Deus é um mistério que tem de ser pregado

A minha palavra e a minha pregação não consistiram em linguagem persuasiva de sabedoria, mas em demonstração do Espírito e de poder, ⁵ para que a vossa fé não se apoiasse em sabedoria humana, e sim no poder de Deus (1Co 2.4-5).

Os vv. 4 e 5 são analisados ao final por uma questão didática.

Paulo estava pregando a sabedoria de Deus, que era Cristo, não através de uma linguagem persuasiva de sabedoria humana, mas com confiança na demonstração do poder do Espírito Santo. Paulo não queria que a base teológica de seus leitores fosse embasada na sabedoria humana, mas no poder de Deus.

O mistério de Deus vem sendo proclamado desde que se tornou revelado e as nações, pouco a pouco, vão ouvindo a esse respeito. Aqueles a quem Deus resolveu internalizar o significado dessa sabedoria misteriosa creem em Cristo e o abraçam de todo o coração! Esses creem porque receberam lentes para ter uma cosmovisão correta e, assim, podem ver Cristo como Deus quis que ele fosse visto.

II) *A profundidade da riqueza de deus é qualitativa em seu conhecimento*

Rm 11.33c: "Ó profundidade da riqueza, tanto da sabedoria *como do conhecimento de Deus!*"

A profunda riqueza de Deus se manifesta na qualidade de sua sabedoria, mas também na qualidade de seu conhecimento abundante. Deus não apenas é profundamente sábio, como também é um profundo conhecedor de tudo.

O conhecimento de Deus abrange a totalidade das coisas que foram criadas. Nada escapa ao profundo conhecimento de Deus!

Tudo está sob seu escrutínio! Diferente de nós, Deus não adquire nem obtém conhecimento; ele tem conhecimento porque é parte da sua natureza conhecer todas as coisas. Ele não precisa fazer esforço para conhecer porque seu conhecimento é intuitivo.

Por causa de sua onisciência, Deus tem um conhecimento completo e consciente de todas as coisas, enquanto o conhecimento que os homens possuem é adquirido, parcial e nem sempre corresponde à realidade. Não existe nenhum mistério, enigma, sentimentos, desejos ou qualquer coisa escondida de Deus, pois ele detecta tudo o que existe, e seu conhecimento das coisas visíveis e invisíveis, tanto na terra como no céu, é exaustivo!

Deus conhece todas as coisas, e seu conhecimento abrange os eventos que existiram, que existem e que ainda vão existir. Nada do que vem a existir no tempo escapa de seu conhecimento. Tudo o que acontece na história é produto de seu conhecimento antecipado, e o conhecimento *a posteriori* que ele tem não se altera, pois a realização de seus planos é perfeita. Tudo aquilo de que ele teve conhecimento antes da história veio a se realizar plena, literal e cabalmente. As profecias registradas na Escritura são uma atestação dessa verdade!

Você já tentou imaginar quão grande é a riqueza do conhecimento de Deus? Todas as coisas que existem foram imaginadas, planejadas e criadas por ele. Ele é o grande Arquiteto do universo e não existe nada que esteja fora de seu conhecimento, tanto no mundo inanimado como no mundo animado.

Paulo diz que o conhecimento de Deus é profundo. Ele conhece todos os fatos registrados — todos os dados registrados em todos os computadores, nos livros de todas as bibliotecas do mundo e tudo o que está na mente de todos os homens. Mas ele conhece mais do que isso. Ele conhece todos os eventos do macrocosmo: tudo o que acontece na terra, nas estrelas e nas galáxias. Ele conhece todos os eventos e dados do microcosmo: tudo o que acontece nas moléculas, nos átomos, elétrons, prótons, nêutrons e quarks. Ele conhece todos os seus movimentos, onde se localizam e para que servem. Ele conhece cada partícula de cada nanossegundo de tempo.

Deus conhece seus pensamentos, suas afeiçoes, suas volições e as intenções de seu coração, tanto as coisas do passado, como as do presente e as do futuro. Isso não é extraordinário!? Oh, profundidade da riqueza! Isso é o que significa ser Deus!

Seu conhecimento supera, em muito, o conhecimento de todos os cientistas juntos ao longo da história. Os cientistas apenas descobrem o que já estava planejado e belamente feito. Todos os ingredientes já estavam prontos quando os cientistas descobrem alguma verdade. Eles apenas juntam as peças, mas elas todas estão prontas para ser verificadas pelos estudiosos. Veja o caso da estrutura do DNA de todos os seres vivos que foram criados, para não falar de outras coisas! Tudo é espantosamente belo e maravilhosamente organizado no universo de Deus! Tanto o macrocosmo como o microcosmo revelam o rico e admirável conhecimento de Deus!

APLICAÇÃO: Se você é cristão, precisa ter o mesmo senso de admiração de Paulo diante do conhecimento de Deus. Você deveria prorromper em cânticos de louvor diante da riqueza do conhecimento dele, que vai além de seu entendimento!

Se você é cristão, a verdade sobre a onisciência de Deus é uma grande notícia. O conhecimento que você tem desse Deus onisciente deveria ser visto como um verdadeiro evangelho, pois é uma boa-nova que nos conforta até mesmo nas horas de tribulação. Como? Sabemos que Deus está por trás de tudo o que acontece e que a história toda está debaixo do seu controle. Isso é boa-nova porque nós sabemos que o mundo não está nas mãos do Maligno, mas nas mãos daquele que sabe tudo e faz tudo!

Quão empobrecida é a fé daquele cristão que não tem consciência da riqueza desse conhecimento de Deus! Existem até alguns teólogos famosos que admitem que o conhecimento de Deus é limitado.[2] Esses teólogos não têm boas-novas porque estão firmados na liberdade de autonomia que eles pensam que o homem possui.

Segundo a teologia deles, não há lugar para "a riqueza do conhecimento de Deus", pois ele conhece apenas o que aconteceu, mas não sabe o que vai acontecer amanhã. Para eles, "o futuro não pertence a Deus", mas ao exercício da liberdade de autonomia que os homens supostamente possuem. Eles não têm evangelho para contar aos outros a respeito da riqueza do conhecimento de Deus.

Se você é um cristão verdadeiro, crê na riqueza do conhecimento de Deus, que é tão admirável, e tem o dever de proclamar ao mundo quem é o Deus em quem você crê. Louve-o, pois ele lhe deu olhos para ver quem está por trás de todas as maravilhas que nós contemplamos na natureza. Embora os ímpios consigam ver a beleza da criação, não conseguem enxergar quem está por trás dela. Eles não têm olhos para ver e, consequentemente, não são capazes de admirar o criador de todas as coisas! Mas você tem olhos para ver e tem o dever de usar sua voz para proclamar a riqueza do conhecimento de Deus!

---

2 Se quiser conhecer mais sobre essa matéria, leia vários livros e artigos que são críticos do teísmo aberto ou do neoteísmo. A propósito, escrevi um pequeno artigo na *Fides Reformata* que aborda esse assunto.

2. A ADMIRAÇÃO DIANTE DA INSONDABILIDADE DA REVELAÇÃO DIVINA

Rm 11.33d: "Quão *insondáveis* são os seus juízos!"

A. O que são os juízos de Deus?

A palavra grega para *juízos*, kri,mata [*krimata*], tem vários usos na Escritura. Significa os arranjos de Deus, seus planos ou procedimentos. Algumas vezes, refere-se a leis; outras vezes, a uma decisão ou uma determinação de Deus; outras vezes ainda, ao fato de Deus aplicar sua justiça.[3] Provavelmente, este último é o sentido que Paulo dá a ela.

Krimata denota, portanto, todos os julgamentos de justiça que Deus pronuncia em sua corte. No entendimento de Paulo, o dia do juízo parecia ser algo iminente. Nesse dia final, segundo Paulo, Deus haverá de julgar todos os segredos dos homens (Rm 2.16), tanto dos ímpios como dos justos. Estes últimos serão salvos da ira, mas os primeiros receberão a devida punição.

B. Em que sentido os juízos são insondáveis?

A palavra grega traduzida como insondáveis é avnexerau,nhta [*anexerauneta*], uma palavra composta que significa algo que não pode ser examinado, sondado, investigado ou entendido.

Os homens até podem investigar os juízos de Deus, mas sairão desapontados, pois não conseguem penetrar sua natureza profunda. Das muitas grandes e insondáveis coisas que Deus faz (Jó 5.9), os julgamentos estão incluídos.

Por que os julgamentos de Deus são insondáveis?

---

3 Comentário encontrado no site http://www.godvine.com/bible/romans/11-33, acessado em maio de 2017.

Os julgamentos de Deus são insondáveis [*anexerauneta*] porque são profundos demais. O salmista diz que "os teus juízos são como um abismo profundo" (Sl 36.6). Nenhum ser humano pode penetrar ou compreender as profundezas dos julgamentos de Deus! Não existe ferramenta humana que faça com que os homens — nem mesmo os crentes — penetrem os arcanos de Deus!

Os julgamentos do Senhor, assim como todas as suas maravilhas, não podem ser esquadrinhados (Jó 9.10)! Jó é um especialista quando fala das maravilhas insondáveis de Deus. Ele se sente pequeno diante das manifestações profundas das maravilhas de Deus. Por isso, pergunta: "Porventura, desvendarás os arcanos de Deus ou penetrarás até à perfeição do Todo-Poderoso? (Jó 11.7)

Não tente sondar as profundezas de Deus, nem mesmo quando essas maravilhas nos fazem bem. Mesmo o amor, a graça e a paz de Deus excedem nosso entendimento porque sua profundeza é insondável! Quando mais insondáveis são os julgamentos que ele faz!

Se você meditar na sabedoria de Deus, sempre ficará perplexo ao contemplar sua riqueza! Isso não significa que Deus seja totalmente ininteligível. Os mistérios de Deus têm sido parcialmente revelados nas Escrituras, mas mesmo o que ele revelou ultrapassa nosso entendimento, ainda que tenhamos a mente de Cristo e a luz do Espírito Santo (1Co 2.14-16). Essas coisas não nos fazem enxergar com clareza, por causa da finitude de nossa mente. Não podemos penetrar totalmente as coisas reveladas, quanto mais as escondidas!

O profeta Daniel disse que Deus "revela o profundo e o escondido" (Dn 2.22), mas, se ele não revela essas coisas, não podemos perscrutá-las. Observe a conexão entre sua profundidade e a noção de serem insondáveis e inescrutáveis.

Todas as coisas de Deus são insondáveis e inescrutáveis aos homens, a menos que ele as revele. Todavia, ainda que as revele, as coisas de Deus são tão profundas que escapam ao nosso entendimento pleno. Ainda que Deus as revele, elas continuam insondáveis ao nosso entendimento. Se nosso coração é insondável, quanto mais a riqueza dos juízos de Deus!

Devemos curvar nossa fronte e admirar humildemente as profundezas insondáveis de Deus. Ainda que não possamos penetrar os arcanos de Deus, podemos nos deliciar nas riquezas de seu conhecimento e de sua sabedoria, que proporcionam seus profundos julgamentos!

3. A ADMIRAÇÃO DIANTE DA INESCRUTABILIDADE DA REVELAÇÃO DIVINA

Rm 11.33e: "e quão *inescrutáveis*, os seus caminhos!"

A palavra grega traduzida como "inescrutáveis" é *avnexicni,astoi* [*anexichniastoi*], que significa algo que não pode ser detectado, localizado, algo que a mente humana não consegue compreender.

Essa palavra lembra uma figura de linguagem que aponta para o fato de que as pegadas que Deus deixa na história não podem detectadas, sondadas ou compreendidas. Deus não deixa pegadas na areia tal como nós deixamos quando andamos pelo deserto. Os caminhos de Deus não podem ser seguidos pelos homens. Randy Yeager observa que "os pensamentos de Deus, sua filosofia, seu raciocínio por trás de seus decretos desafiam a análise humana".[4]

Por ora, os caminhos de Deus estão escondidos aos olhos dos homens. Por enquanto, o *Arcana Dei* (os Arcanos de Deus), os

---

4 Citação disponível em http://www.preceptaustin.org/romans_1133-36. Acesso em maio 2017.

segredos de Deus, não são percebidos pelos homens em geral. A apenas algumas pessoas, dentre elas, Paulo, foi permitido conhecer "o evangelho das insondáveis riquezas de Cristo" (Ef 3.8), mas virá o tempo em que muitos de seus caminhos se tornarão claros aos homens em geral, pois os inescrutáveis caminhos de Deus serão manifestos em seus juízos, que hoje são insondáveis.

Os caminhos de Deus dizem respeito aos seus procedimentos em nosso mundo, ao modo como ele conduz os seus negócios nesta terra.

Por que os caminhos de Deus são inescrutáveis?

A. Os caminhos de Deus são inescrutáveis porque são diferentes dos nossos caminhos

Porque os meus pensamentos não são os vossos pensamentos, *nem os vossos caminhos, os meus caminhos*, diz o Senhor (Is 55.8).

A maneira de Deus pensar é muito diferente da nossa, ainda que sejamos feitos à sua imagem e semelhança. A distância entre as coisas de Deus e as nossas é muito grande, porque há um grande contraste entre a infinitude dele e nossa finitude.

A Escritura mostra que os caminhos de Deus são incrivelmente diferentes dos nossos caminhos. Por essa razão, a maioria dos homens não consegue compreender a soberania de Deus, acusando-o de ser injusto e não concordando com seu *modus operandi*.

A Escritura mostra que os métodos de Deus diferem dos nossos métodos. Deus não usa as mesmas ferramentas que nós usamos ou as medidas que nós temos. Assim, em todos os sentidos, a "grandeza do Senhor é insondável" (Sl 145.3). Os caminhos de Deus são inescrutáveis porque ele opera de modo misterioso, que escapa à nossa percepção!

A escala de medida de tempo é diferente da nossa. Quando ele diz que alguma coisa está próxima, pode durar muitos séculos. Porque os pensamentos de Deus são diferentes dos nossos, assim também são seus caminhos. Eles não podem ser perscrutados pelos olhos humanos. Nunca conheceremos nada dele, a menos que ele dê a conhecer claramente seus planos. Os cristãos genuínos conhecem algumas coisas dos caminhos de Deus, mas muito pouco em comparação à sua grandeza e à sua estatura.

A diferença entre os caminhos de Deus e os nossos tornam seus caminhos inescrutáveis!

B. Os caminhos de Deus são inescrutáveis porque são mais altos que os nossos caminhos

> (...) porque, assim como os céus são mais altos do que a terra, *assim são os meus caminhos mais altos do que os vossos caminhos,* e os meus pensamentos, mais altos do que os vossos pensamentos (Is 55.9).

Há uma distância muito grande entre o céu e a terra. E Deus usa essa distância para mostrar a grande separação entre os caminhos de Deus e os nossos caminhos. Essa distância é imensurável porque os céus não podem ser vasculhados nem mesmo pelas mais potentes lentes de telescópio. E os céus são mais altos do que os homens pensam.

Depois do sol, a estrela mais próxima de nós [*Proxima Centauri*] está a mais de quatro anos-luz de distância,[5] uma distância incalculável para nossos padrões finitos. Portanto, a distância entre os caminhos de Deus e os nossos é muitíssimo maior do que a distâncias físicas medidas pelos telescópios. Isso mostra quão elevados são os caminhos de Deus!

I. Os caminhos altos são os mais difíceis

Não temos fôlego para sondar nem para andar nos caminhos de Deus. Falta-nos fôlego para trilhar as alturas dos caminhos de Deus. Só podem trilhar esses caminhos aqueles que frequentaram a escola da aflição. Esses podem penetrar um pouco mais alto as esferas que Deus tem reservado para alguns. Poucos neste mundo são alpinistas de Deus, sendo capazes de andar pelos caminhos mais altos, pois são treinados intensamente enquanto vivem aqui.

A maioria dos cristãos tem uma vida confortável, sem comprometimento maior em conhecer os caminhos elevados de Deus. Eles preferem ficar no plano da vida sem se aventurar em caminhadas que demandem grande esforço de negação de si mesmos. Quando alguma coisa pesada recai sobre eles, reclamam dos caminhos difíceis que Deus lhes põe.

Todavia, aqueles que vão para caminhadas mais altas descobrem quão belos são os caminhos do Senhor e se deleitam neles. E, ao andar pelos caminhos altos, descobrem a riqueza do conhecimento e da sabedoria de Deus. Isso acontece porque eles não sabem que os planos de Deus frequentemente incluem tristezas e

---

5 4,2 anos-luz correspondem a 24 trilhões, 673 bilhões, 274 milhões e 438 mil milhas! Essa é uma distância pequena em comparação à imensidão dos céus que Deus estabeleceu! (Dados obtidos no artigo "God's Ways", escrito por David J. Stewart. Disponível em http://www.jesus-is-savior.com/Believer's%20Corner/gods_ways.htm. Acesso em maio 2017.

aflições, e também não sabem que esses caminhos nos fazem compreender, em alguma medida, a profundidade de suas riquezas!

II. Os caminhos altos são desconhecidos

Entre nós, há muitos que ignoram os planos do Senhor e pensam que seus caminhos só incluem as coisas agradáveis da vida. Eles desconhecem os caminhos de Deus, porque são caminhos altos, elevados, que demandam um conhecimento que é produto da revelação divina. Paulo experimentou um grande sofrimento para ter os caminhos de Deus conhecidos, assim como José, quando esteve no Egito.

Via de regra, os crentes não têm a inteligência nem a sabedoria necessárias para subir no mesmo nível por onde Deus anda. Não sabemos todas as coisas desse caminho. Por isso, não entendemos toda a história. Pedro, por exemplo, não entendia por que Jesus Cristo tinha de morrer. Ele não sabia praticamente nada sobre os planos do Pai para o Filho encarnado. Esse caminho alto não havia sido revelado a ele. Ele não sabia que a redenção exigia a morte do Redentor como pagamento. Ele não sabia o preço que o próprio Deus havia estabelecido para a libertação daqueles que viriam a se tornar filhos de Deus. Por essa razão, Pedro pegou a espada e começou a lutar fora do padrão estabelecido. Porque ele não conhecia *o modus operandi* de Deus, adiantou-se e errou o alvo. Os caminhos do Senhor são mais altos que os nossos caminhos e, por isso, não entendemos toda a história deste lado da existência.

Existem dimensões do conhecimento e da sabedoria de Deus que nos escapam. Elas são profundas demais, não porque estejam fora de nosso campo de visão; ainda que Deus no-las mostrasse, elas ainda seriam inescrutáveis. Esse é o grande abismo entre a mente infinita e a mente finita.

C. Os caminhos de Deus são inescrutáveis porque são caminhos estreitos

Os caminhos de Deus são impenetráveis porque são estreitos; os caminhos do mundo, ao contrário, são largos.

Por si sós, os homens não conseguem avaliar nem sondar os caminhos de Deus. Os instrumentos dos homens não conseguem penetrar o *modus operandi* de Deus em seus negócios deste mundo.

Somente os cristãos podem trilhar, ainda que sem entender, os caminhos de Deus. Mesmo sem a compreensão de tudo o que os caminhos de Deus encerram, "bem-aventurado é quem teme ao Senhor e *que anda nos seus caminhos*" (Sl 128.1).

Aprenda a trilhar os caminhos que Deus lhe deu a conhecer. Esses são caminhos de retidão, caminhos santos, caminhos que conduzem à vida eterna. Ainda que seja difícil transitar pelo caminho estreito, siga olhando para a frente e para o alto, para o prêmio da soberana vocação em Cristo Jesus.

4. A ADMIRAÇÃO DIANTE DA PROFUNDIDADE DA MENTE DO SENHOR

Quem, pois, conheceu *a mente do Senhor*? (Rm 11.34a)

A doxologia apresentada por Paulo mostra a admiração que ele tinha pela insondável mente do Senhor. Como Isaías, Paulo também sabia que os pensamentos do Senhor estão acima dos nossos pensamentos. A mente do Senhor é incognoscível aos homens, em virtude de sua pequenez e da limitação de suas próprias mentes.

Paulo estabelece um contraste acentuado entre o conhecimento limitado permitido pela mente humana e o conhecimento ilimitado da mente divina. Nenhuma criatura divina, nem mesmo os anjos, podem perscrutar a mente do Senhor para conhecê-la. A menos que Deus se dê a conhecer, não podemos conhecer nada dele.

Se você me perguntar: "Como eu sei que a mente do Senhor é admirável se não posso conhecê-la?", a resposta é simples e lógica. É verdade que não posso conhecer a mente de Deus de um modo exaustivo. No entanto, como sou feito à sua imagem e semelhança, minha mente é reflexo de alguma coisa da mente dele. Nenhum de nós, em sã consciência, atreve-se a negar o caráter admirável da mente humana! Ela é impressionante, a ponto de os homens tentarem imitá-la, criando os grandes computadores. A capacidade de raciocínio, cálculo e lógica nos deixa boquiabertos!

Portanto, se a mente humana é tão admirável, quanto mais admirável é a mente de Deus!

As coisas de Deus são insondáveis e inescrutáveis porque não podemos conhecer a mente do Senhor. Ela sobrepassa nosso entendimento porque é muito superior ao nosso raciocínio. Não foi sem razão que Deus disse: "Os meus pensamentos não são os vossos pensamentos" [Is 55.8].

5. A ADMIRAÇÃO DIANTE DA INCOMPARABILIDADE DA REVELAÇÃO DO SENHOR

Ou quem foi o seu conselheiro? (Rm 11.34b)

A palavra grega para *conselheiro* é su,mbouloj [*sumboulos*], apontando para a ideia de alguém ajudar na tomada de decisões.

A mente do Senhor é perfeita e dispensa outros conselheiros para a elaboração de seus planos ou a respectiva consecução.

Para Deus estabelecer um curso de ação, ele não precisa de nenhuma outra mente como conselheira para lhe comunicar uma sabedoria extra.

Se você argumentar que Deus, o Pai, teve a mente do Filho e a do Espírito para fazer o que fez, está incorrendo em erro, porque Deus possui somente uma mente. A mente não pertence à pessoa, mas à natureza. Portanto, a Trindade não tem três mentes, mas apenas uma, pois Deus possui uma só natureza.

Portanto, Deus não precisou da consultoria de ninguém para fazer qualquer coisa que fez, porque seu conhecimento e sua sabedoria são integralmente perfeitos!

Todas as outras mentes humanas e angélicas precisam de conselho para que suas decisões sejam inteligentes e sábias, mas não a mente de Deus. Ninguém, na condição de parte da criação, é qualificado para ser conselheiro de Deus. Ele é tão inteligente e sábio que não precisa de conselho.

Todos os grandes arquitetos precisam do serviço de consultoria de outras mentes para fazer um bom trabalho, mas Deus, não! Ele não precisa de pesquisadores que sejam seus assistentes porque sua mente é absolutamente perfeita e completa. Ela se basta!

> Quem guiou o Espírito do Senhor? Ou, como seu conselheiro, o ensinou? (Is 40.13)

Isaías fecha a questão levantada por Paulo. Perceba que o profeta menciona o "Espírito do Senhor", um dos membros do conselho de Deus. Esse Espírito é o próprio Senhor quando falamos de mente, porque a mente do Pai e do Espírito é a mesma. O espírito pertence à natureza, e não às pessoas. Como Deus tem somente uma natureza, possui apenas uma mente para exercer juízo e para mostrar sabedoria e entendimento. Ninguém foi conselheiro de Deus quando os planos da criação, da queda e da redenção foram elaborados. Tudo foi produto da mente do Senhor, que é Pai, Filho e Espírito Santo.

> *Porque quem esteve no conselho do* Senhor, *e viu, e ouviu a sua palavra? Quem esteve atento à sua palavra e a ela atendeu?* (Jr 23.18)

Quando Deus elaborou seus projetos na eternidade, não havia ninguém para lhe sussurrar o que fazer. E não havia ninguém porque ninguém existia quando Deus planejou a história humana. O Pai não estava só, obviamente; ele tinha a companhia do Filho e do seu Espírito. No entanto, não são três mentes distintas; a mesma mente, da mesma natureza, foi que elaborou todo o imenso projeto que se desenvolveu na história humana. Ninguém, exceto a própria divindade, esteve no que Isaías chamou de conselho do Senhor. Houve, de fato, um conselho, porque os planos de Deus sempre são elaborados pelas três pessoas da Trindade, mas havia somente uma mente: a mente divina.

> Pois quem conheceu a mente do Senhor, que o possa instruir?
> Nós, porém, temos a mente de Cristo (1Co 2.16).

Ninguém tem a capacidade de penetrar a mente do Senhor, por causa de sua infinitude. Nossa mente, ainda que seja um reflexo, em alguma medida, da imagem de Deus, não tem a capacidade de pensar como ele.

O fato de Paulo dizer que temos a mente de Cristo não significa que nossa mente se assemelhe à mente do Senhor. Já foi dito que a mente pertence à natureza, e não à pessoa. Jesus Cristo possuía duas naturezas: a divina e a humana. Logo, ele possuía duas mentes: a mente divina e a mente humana. Portanto, quando o profeta diz que nós temos a mente de Cristo, está se referindo à mente humana de Jesus, e não à sua mente divina. Ter a mente segundo a natureza divina de Cristo é ter a mente de Deus, e isso é uma impossibilidade.

Portanto, podemos dizer, com toda a convicção, que não houve ninguém por trás da mente do Senhor quando ele planejou trazer todas as coisas à existência. Ninguém lhe deu sugestões para fazer as belezas que a Criação encerra. E, como a mente do Senhor é perfeita, Deus não carece de ninguém para lhe fazer sugestões sobre como fazer ou desenvolver alguma coisa neste mundo. Ninguém foi conselheiro do Senhor. Ele é independente em seus pensamentos, em seus planos e em sua respectiva realização!

Como ninguém conhece suficientemente a mente de Deus, ninguém pode ser seu conselheiro. Ora, se não conhecemos a mente do Senhor, não podemos aconselhá-lo sobre como deve fazer as coisas. Portanto, não se atreva a aconselhar Deus, dizendo algo como: "Se eu fosse o Senhor, não faria assim...". Ninguém tem o direito, nem mesmo a capacidade, de aconselhar o Senhor, porque todas as suas criaturas estão aquém da sua mente infinita!

Essas verdades sobre a mente de Deus são absolutamente admiráveis porque, entre outras coisas, fogem de qualquer padrão já visto na natureza criada. Deus é singularmente autossuficiente em sua mente. Por isso, não precisa de conselheiros!

Aplicação: Por ignorar a profundeza da mente do Senhor, nunca o ameace pelo que ele faz. Apenas confie nele e o ame. O que passar disso é suicídio espiritual.

Todavia, existem algumas pessoas que não concordam com o modo como Deus age neste mundo, e pensam que seriam melhores do que Deus se estivessem no lugar deles.

Essas pessoas são capazes de dizer: "Eu não gosto muito da maneira como o Senhor age no mundo, na salvação dos pecadores e na condenação dos ímpios". Esses pecadores (e alguns deles são filhos de Deus) presumem que é possível dar conselhos a Deus. Eles não oferecem amor nem obediência a Deus, mas, sim, conselhos! Não sugira a Deus o que ele deve fazer. Não se atreva a dar conselhos a Deus, como se você pudesse ameaçá-lo. Não seja soberbo em seu conhecimento. Somente ele é Deus. Não diga a Deus: "Se eu fosse o Senhor, não faria desse jeito".

Não dê conselhos a Deus. Não ameace Deus. Apenas confie nele e o ame.

6. A ADMIRAÇÃO DIANTE DA INICIATIVA DE SUAS REVELAÇÕES

Ou quem primeiro deu a ele para que lhe venha a ser restituído?
(Rm 11.35)

A iniciativa das revelações das riquezas de Deus advém do fato de Deus ser quem é.

A admiração que toma conta de todos os cristãos é o fato de todas as coisas que nos são boas procederem de Deus. Tudo que termina em nós tem iniciativa divina! Tudo provém de Deus. As ações de Deus para conosco não são a resposta ao que fazemos a ele. Ele não recebeu nenhum tipo de fornecimento para, em resposta, dar aquilo que nos dá maravilhosamente.

> Quem primeiro me deu a mim, para que eu haja de retribuir-lhe? Pois o que está debaixo de todos os céus é meu (Jó 41.11).

Tratando das manifestações de seu poder, Deus faz essa pergunta desafiadora a Jó, que revela o pensamento que Paulo, centenas de anos depois, teve sobre essa matéria. Em outras palavras, Deus disse a Jó: "Nunca pense que a iniciativa de qualquer coisa boa procede de vocês. Nada do que vocês pensam que podem me dar pertence a vocês. Tudo o que está debaixo dos céus é meu. Os céus são meus, a terra é minha e tudo o que nela se contém. Vocês não possuem nada para me dar. Toda a iniciativa é minha. Portanto, não se jactem em pensar que vocês, seres humanos, podem dar-me qualquer coisa".

O profeta Isaías registra, com todas as letras, o que Paulo haveria de dizer no texto em estudo.

> Com quem tomou ele conselho, para que lhe desse compreensão? Quem o instruiu na vereda do juízo, e lhe ensinou sabedoria, e lhe mostrou o caminho de entendimento? (Is 40.14)

A mente do Senhor é independente. Ou seja, Deus é singular em sua capacidade de bastar a si mesmo. Ele não precisa do conselho de ninguém para tomar as decisões que toma. Ele não precisa da ajuda de ninguém para instruí-lo em qualquer vereda para que ele venha a ter sabedoria ou entendimento.

O Criador jamais recebeu qualquer dotação, pois não existia nenhuma criatura quando ele elaborou todos os planos que haveriam de se realizar na história humana.

Pretender que Deus tenha recebido algum conselho é negar o maravilhoso e espantoso atributo da *asseidade*, ou independência. Todos os outros seres inteligentes precisam de conselho ou de alguém que lhes diga o que fazer, mas Deus, não.

> Pois quem é que te faz sobressair? *E que tens tu que não tenhas recebido?* E, se o recebeste, por que te vanglorias, como se o não tiveras recebido? (1Co 4.7)

Com frequência, os homens são soberbos, mesmo alguns crentes, que ainda não entenderam a doutrina da graça. Se eles recebem muitas bênçãos espirituais, pensam que é porque exercitaram devidamente a liberdade de sua vontade e, então, Deus resolveu ser bondoso com eles, por causa de sua atitude correta diante dele. Quando eles recebem os dons divinos, parecem pensar de si mesmos mais do que deveriam. Eles se tornam jactanciosos. Então, em outras palavras, Deus diz à igreja de Corinto: "Vocês têm muitos dons, vocês têm grandes manifestações do Espírito na vida de vocês, mas não pensem que essas coisas vieram de qualquer mérito de vocês. Elas são dádivas minhas. Fui eu quem lhas dei. O que vocês têm agora, vocês receberam. Portanto, não tenham a atitude de vanglória, pensando que o mérito é de vocês. Não se portem como se não tivessem recebido o que possuem".

Ninguém pode obrigar Deus a nada. Nem mesmo se atreva a pensar que Deus lhe deve alguma coisa em virtude de algumas ações boas suas em relação a ele. Deus nunca se torna devedor de ninguém, pois o homem nunca consegue tornar-se credor de Deus, ainda que muitos pensem que o que Deus nos dá é uma resposta sua a uma atitude louvável nossa.

Deus é o alfa e o ômega de todas as coisas abençoadas que possuímos. Ele é o começo e o fim de tudo. Não nos sobra qualquer tipo de glória nas coisas boas que temos. Recebemos tudo dele. Ainda que esse pensamento seja uma pancada em nosso orgulho, peçamos a Deus para que possamos entender que essa é uma verdade suprema e que ele não abre mão dela. Deus tem e quer a nossa glória pelas bênçãos materiais e espirituais que possuímos, porque tudo o que temos foi recebido dadivosamente de suas mãos.

O que Deus nos dá não é um pagamento por alguma coisa que nós lhe demos. Deus não quer que você pense diferente, pois esse pensamento tira a glória de Deus, direcionando-a a nós mesmos. Na verdade, Deus não reparte sua glória com ninguém. O que é dele pertence a ele, e ele não abre mão dessa prerrogativa.

Temos de nos admirar do fato de que Deus nos dá todas as coisas graciosamente e que não temos nada a lhe oferecer, exceto a nossa gratidão por tudo o que recebemos de suas mãos!

APLICAÇÃO: Ninguém dá nada a Deus. Não pense que você pode tornar-se credor de Deus. Tudo o que você tem vem dele, e tudo o que Deus possui é essencialmente dele e tem origem nele.

Você não deu nada a ele. O que você poderia oferecer a ele do que é seu? Nada! Quem deu a ele alguma coisa? Ninguém!

Nunca considere Deus como se ele devesse alguma coisa a você. Nunca pense que Deus lhe dá alguma coisa em retribuição ao que você fez a ele. Nunca pense que Deus elegeu você porque teria visto alguma coisa boa que você faria, como fé ou arrependimento.

Deus não deve nada a você. Não se torne credor de Deus, nem torne Deus seu devedor.

Não faça negócios com Deus. Nunca haveremos de estar numa posição de barganha com ele. Lembre-se de que cada respiração sua é um dom dele. Cada virtude que você tem é graça dele. Lembre-se de que Deus não é servido por mãos humanas, como se precisasse de alguma coisa (At 17.25). Lembre-se de que Deus o amou não por alguma coisa que tivesse, mas a despeito do que você era.

O efeito dessa verdade deveria fazê-lo humilde. Paulo diz aos Coríntios: "Pois quem é que te faz sobressair? e que tens tu que não tenhas recebido? e, se o recebeste, por que te vanglorias, como se o não tiveras recebido?" (1Co 4.7). Nunca torne Deus seu devedor, nem se imagine credor dele.

7. A ADMIRAÇÃO DIANTE DO PROPÓSITO DAS REVELAÇÕES

Porque *dele* [*ek*], e *por meio* dele [*dia*], e para ele [*eis*] são todas as coisas (Rm 11.36a).

Paulo está chegando ao final de sua doxologia. E, nesse verso, ele faz um resumo das razões últimas de todas as coisas.

A. Deus indica *a procedência* de tudo o que acontece

A expressão "*porque dele*" aponta para a procedência de todas as coisas existentes, tanto no mundo material como no mundo espiritual. Não se esqueça de que, em Romanos 8-11, Paulo tratou da revelação divina sobre a salvação na história, não somente para Israel, mas também para os gentios.

Deus não quer que você se esqueça da procedência das bênçãos espirituais. Nenhum judeu ou gentio remido deve ter qualquer jactância no tocante à sua salvação. A glória da redenção deve ser tributada a ele somente.

O plano veio todo de Deus. Não foi produto de qualquer ideia humana. A redenção teve seu nascedouro na eternidade, na mente de Deus, quando ainda não havia homens criados nem caídos. Deus fez uma provisão *eterna* do plano para que tudo fosse realizado no *tempo*.

B. Deus indica *o modo* como tudo acontece

Deus não somente foi o originador de todas as bênçãos espirituais, como também arranjou os meios pelos quais tudo é feito.

A expressão "por meio de [*diá*]" indica o instrumento de que Deus se serve para fazer com que suas bênçãos cheguem ao seu povo. Deus se serviu de seu próprio Filho para ser o agente de sua redenção. Deus origina todas as coisas e as faz acontecer por meio daquele que veio a ser chamado Jesus Cristo. Deus é o Criador, e o Filho é o agente da criação, sem o qual "nada do que foi feito se fez". Deus faz tudo por meio de Cristo e, assim, o povo recebe todas as bênçãos que lhe estão, de antemão, destinadas.

Deus originou o plano de redenção, e ele próprio, através de seu Filho, executou o que havia planejado. Não poderia ser de outra maneira. A realização tinha de ser do modo como foi, porque o Redentor tinha de possuir as duas naturezas: a divina e a humana. E foi o que verdadeiramente aconteceu. Ele tomou sobre si a nossa natureza, assumiu o nosso lugar e pagou todas as nossas contas, para que fôssemos libertados de toda ira divina.

C. Deus indica *o propósito* de tudo o que acontece

Eu me encanto com o fato de Deus fazer tudo para sua própria glória. Afinal de contas, ele é o único ser existente que pode gloriar-se do que é, porque ele não depende de ninguém no que é e no que faz.

A jactância é proibida aos homens, porque eles não possuem nada de si mesmos, mas pensam de si mesmos mais do que convém. Essa é uma impossibilidade em Deus. Deus não se jacta, pois ele realmente é o que diz ser. Diferentemente de Deus, os homens não são o que pensam ser. Deus tem todo o direito de fazer as coisas que tenham por finalidade sua glória. A respeito, Paulo escreveu aos colossenses:

> (...) pois, nele, foram criadas todas as coisas, nos céus e sobre a terra, as visíveis e as invisíveis, sejam tronos, sejam soberanias, quer principados, quer potestades. Tudo foi criado por meio dele e para ele (Cl 1.16).

A Escritura é farta de afirmações no sentido de que tanto o *Pai* como o *Filho* recebem a glória de tudo o que há no mundo. Tudo é feito para eles.

Matthew Poole resumiu Romanos 11.36 da seguinte maneira:

> Todas as coisas procedem dele, como a causa eficiente; através dele, como a causa arranjada; para ele, como a causa final. Elas são dele, sem qualquer outro motivo; através dele, sem qualquer assistência; e para ele, sem qualquer outro fim — para a sua glória somente.[6]

---

[6] Em seu comentário sobre Romanos *English Annotations on the Holy Bible*,.citado no site http://www.preceptaustin.org/romans_1133-36, acessado em maior de 2017.

Henry Alford rotulou esse verso como "o mais sublime".[7]

Denney disse mais: "Dele, como a fonte deles; através dele, como o poder por cuja energia contínua o mundo é sustentado e governado; para ele, [...] por cuja glória eles existem".[8][10]

Com observações mais técnicas, Charles Hodge disse:

> A preposição *ek* (de [ele indicando procedência]); *diá* (através de ou por meio de); e *eis* (para) indicam que Deus é a *Fonte*, a *Causa* constantemente em operação e o *Fim* de todas as coisas.[9]

Porque as riquezas do conhecimento e da sabedoria de Deus são insondáveis e inescrutáveis, então tudo vem dele, através dele e para ele são todas as coisas.

Essa parte do verso 36 quer dizer que as causas últimas e supremas de todas as coisas estão em Deus e que tudo está dependente para sua existência em Deus. Tudo vem dele e através dele. Deus opera todas as coisas de acordo com o conselho de sua vontade (Ef 1.11).

Satanás não é coeterno com Deus, e não é independente de Deus. Tudo está subordinado a Deus, inclusive os atos malignos originados, em última instância, nos propósitos divinos, e ninguém e nada escapam de se envolver nos planos de Deus, porque "dele e por meio dele e para ele são todas as coisas".

Ainda que sejamos responsáveis por todos os nossos atos, executados voluntariamente (porque sempre agimos de acordo com as

---

7 Disponível em http://www.preceptaustin.org/romans_1133-36. Acesso em maio 2017.

8 Em seu comentário *Expositor´s Greek Testament*. Disponível em http://www.preceptaustin.org/romans_1133-36. Acesso em maio 2017.

9 Disponível em http://www.preceptaustin.org/romans_1133-36. Acesso em maio 2017.

disposições de nosso coração), Deus está por trás de todo propósito debaixo do sol, porque "dele e por meio dele e para ele são todas as coisas". Isso tudo diz respeito à soberania absoluta de Deus.

Você não gosta disso? Então, analise com mais profundidade as Escrituras. Você gosta disso? Então, louve e proclame o Deus grande que você tem.

8. A ADMIRAÇÃO CÚLTICA DIANTE DAS REVELAÇÕES

A ele, pois, a glória eternamente. Amém! (Rm 11.36b)

Fechando sua doxologia, admirando tudo o que Deus faz revelacionalmente, Paulo atribui a Deus o que somente a ele pertence — a glória! Porque ele é o originador, o sustentador e consumador de todas as coisas, merece toda a nossa glória para sempre!

A palavra grega traduzida como glória é *doxa*. Daí o nome doxologia. A palavra *doxa* significa a opinião favorável que devemos dar a Deus pelo que ele é e faz. Dar glória a Deus é fazer com que a estima dele cresça entre os homens.

Existem dois tipos de glória que devem ser devidamente entendidos: a) uma glória que é inerente a Deus, que pertence a Deus em virtude do que ele é. Ninguém pode fazer nada para aumentar essa glória; b) Entretanto, há uma glória que suas criaturas lhe devem. A glória que lhe prestamos pelo que ele é e não pode aumentar em si mesma, mas pode aumentar ou diminuir à vista dos homens.

Quanto mais somos reconhecidos em relação ao seu poder, à riqueza de sua sabedoria e à riqueza de seu conhecimento, mais temos o dever de lhe prestar a glória devida ao seu nome, e Deus será mais admirado e exaltado entre os homens! É essa glória que devemos a ele!

A Escritura está cheia de versos que falam de nosso dever de glorificar ao Senhor. Esse é um dever do qual não nos podemos furtar. Afinal de contas, ele é merecedor da nossa glória. Se não lhe prestarmos glória, ele não ficará menos glorioso, mas será menos admirado pelos homens! Até mesmo os homens ímpios ficam perplexos diante da consecução dos planos de Deus. Esse será um fato muito real quando chegar o fim da presente história.

Deus mostrará aos homens que é verdadeiro no que diz e todos os homens se dobrarão diante do Senhor. Os cristãos, então, farão o que nunca fizeram neste presente tempo. Eles darão os maiores louvores a ele. Por que não aprendemos a fazer isso de imediato? Por que esperar que a redenção se complete para dar glória a ele? Obedeçamos ao Senhor agora e lhe tributemos a honra e o louvor desde agora e para sempre.

A expressão cúltica de glorificação do Senhor deve ser uma constante na vida de seu povo. Porque todas as coisas são de Deus, vem por meio de Deus e são para Deus, então você deve dar a glória de todas as coisas a Deus.

APLICAÇÃO: Não se esqueça de que a totalidade da admiração de Paulo tem a ver com as misericórdias de Deus concedidas ao seu povo, tanto aos judeus como aos gentios.

- Certifique-se de que você tem sido objeto da compaixão de Deus, o qual o tem levado ao arrependimento e à fé em Cristo, mediante a pregação de sua Palavra. Se isso é fato, não espere mais tempo para glorificar o nome de Deus!
- Desenvolva sua salvação mediante a adoração constante do Senhor. A atividade cúltica deve ser alguma coisa co-

mum e constante na vida de seu povo. Se você é parte do povo remido, cresça no conhecimento daquele que possui as riquezas da sabedoria e do conhecimento.

- Se você já foi objeto das misericórdias do Senhor, aprenda a exercer misericórdia em relação às outras pessoas que dependem de você para o conhecimento do evangelho. Corra atrás delas para lhes dizer o que lhe aconteceu e glorifique a Deus pelos resultados de sua obra missionária.
- Se você já foi objeto das promessas fiéis de Deus realizadas em sua vida, anuncie essas mesmas promessas aos que convivem com você. Apenas espere os resultados que vêm somente de Deus na vida deles. Confie apenas na fidelidade de Deus!
- Se você já foi objeto dos abençoadores e inescrutáveis caminhos de Deus, lembre-se de que essas bênçãos também são dirigidas à sua progênie. Deus prometeu abençoar você e sua descendência, que são os filhos de Abraão, ou seja, todos que são herdeiros de suas promessas pactuais.
- Se você foi trazido ao conhecimento de Cristo, não se esqueça de permanecer na doutrina de Deus. Não se esqueça de que os judeus, por sua desobediência, foram cortados. Cuide-se para que você não receba as mesmas punições que os judeus no passado (veja Rm 11.20-22).
- Se você já ouviu a verdade de Deus, não a rejeite. A rejeição da verdade de Deus é uma ofensa direta a ele. Se você for inimigo de Deus, sofrerá a punição dele. Ouça a verdade de Deus com a totalidade de seu coração.
- Se Deus lhe falou ao coração, alegre-se, pois você tem sido objeto da graça de Deus. Não há nada melhor neste mundo do que ser depositário da bondade graciosa de Deus!

Você ama a ideia de que existe para tornar Deus glorioso? Você ama a ideia de que toda a criação existe para exibir a glória de Deus? Você ama a ideia de que toda a história é designada por Deus para que você venha a ver a grandeza de seu poder? Você ama a ideia de que Jesus Cristo veio para vindicar a justiça de Deus e, com isso, trazer glória a Deus? Você ama a ideia de Deus exibir as riquezas de sua glória em vasos de misericórdia, em vasos de ira, em conhecimento e sabedoria infinitos? Você ama a ideia de ver a glória de Deus e de anunciá-la aos outros homens?

Essa é a razão pela qual Deus criou todo o universo e todas as coisas. Essa é a razão pela qual ele ordenou a história. Essa é a razão pela qual ele enviou seu Filho. Ele quis exibir a sua glória.

Todavia, você sabe a razão de sua existência: dar glória a Deus. Então, dê a ele a glória por todas as coisas que existem, e faça isso para todo o sempre.

LEIA TAMBÉM

EU SOU

Doutrina da Revelação Verbal

VOLUME I

HEBER CAMPOS

LEIA TAMBÉM

EU SOU

Os Modos da Revelação Verbal

VOLUME II

HEBER CAMPOS

FIEL MINISTÉRIO

O Ministério Fiel visa apoiar a igreja de Deus, fornecendo conteúdo fiel às Escrituras através de conferências, cursos teológicos, literatura, ministério Adote um Pastor e conteúdo online gratuito.

Disponibilizamos em nosso site centenas de recursos, como vídeos de pregações e conferências, artigos, e-books, audiolivros, blog e muito mais. Lá também é possível assinar nosso informativo e se tornar parte da comunidade Fiel, recebendo acesso a esses e outros materiais, além de promoções exclusivas.

Visite nosso site

www.ministeriofiel.com.br